浙江智库
ZHEJIANG
THINK TANK

文化和旅游论

理论溯源与实践探索

易开刚 等◎著

中国旅游出版社

项目策划：段向民
责任编辑：张芸艳
责任印制：孙颖慧
封面设计：武爱听

图书在版编目（CIP）数据

文化和旅游IP：理论溯源与实践探索 / 易开刚等著．-- 北京：中国旅游出版社，2022.6
ISBN 978-7-5032-6959-2

Ⅰ．①文… Ⅱ．①易… Ⅲ．①旅游文化—旅游业发展—研究—中国 Ⅳ．①F592.3

中国版本图书馆CIP数据核字（2022）第085141号

书　　名：文化和旅游IP：理论溯源与实践探索

作　　者：易开刚　等
出版发行：中国旅游出版社
（北京静安东里6号　邮编：100028）
http://www.cttp.net.cn　E-mail:cttp@mct.gov.cn
营销中心电话：010-57377108，010-57377109
读者服务部电话：010-57377151
排　　版：北京旅教文化传播有限公司
经　　销：全国各地新华书店
印　　刷：北京明恒达印务有限公司
版　　次：2022年6月第1版　2022年6月第1次印刷
开　　本：720毫米×970毫米　1/16
印　　张：18.5
字　　数：302千
定　　价：49.80元
ISBN　978-7-5032-6959-2

前　言

党的十九届五中全会提出的“加快构建以国内大循环为主体，国内国际双循环相互促进的新发展格局”，是对“十四五”和未来更长时期我国经济发展形势、战略、路径做出的重大调整和决策。在此背景下，引导更多产业探索融合发展的创新路径和方式，是创造新的消费、产品、业态和市场，进而提振内需、促进发展的重要途径。文化和旅游产业的融合发展也必将带来生产方式的创新、消费潜力的激活、市场要素的整合、生活方式的改变，为构建“双循环”新发展格局带来重要助力，让经济社会展现新的气象。而优质文化和旅游IP的开发、应用和可持续发展恰是文旅融合发展的重要着力点，地方文化资源挖掘、多元化呈现、跨媒介传播等要素成为文化和旅游IP建设与发展的新一轮迭代动力，它们不仅能创造出卓越的经济价值，而且兼顾了社会价值和文化价值。

但是，我们也必须正视，现阶段文化和旅游IP的建设还存在文化基因解码和内涵挖掘不够深入，同质化竞争激烈，优劣难以识别评价，呈现形式和传播渠道较为单一，难以在具体应用中实现价值创造和转化等问题。随着各地政府、企事业单位对文化和旅游IP认识深度和重视程度的逐步提高，他们开始积极寻求开发优质文化和旅游IP的具体方法和实践路径，进而实现文化和旅游IP的价值转化。然而，目前在理论研究方面，尚缺乏一个系统的用于引导文化和旅游IP开发应用，解释文化和旅游IP价值创造内在机制的理论框架。

为此，本书以“文化和旅游IP：理论溯源与实践探索”为主题，希望通过深入的思考和严谨的研究，对文化和旅游 IP 开发、应用与价值创造的内在规律和阶段性经验进行分析总结，并以案例分析的形式为优质文化和旅游 IP 的开发应用提供思路借鉴。基于此，本书共设置四篇：理论篇、开发篇、应用篇和案例篇，共十三章。理论篇为第一章到第四章，其中，第一章绪论对本书的背景和意义、内容和框架进行了梳理；第二章文化和旅游 IP 的概述，对文化和旅游 IP 的概念和构成要素进行了理论回顾，重点总结了文化和旅游 IP 的类型特征，并通过对文化和旅游 IP 类型的划分，对有形市场主体类、无形市场主体类、有形公共主体类和无形公共主体类文化和旅游 IP 进行了详细分析；第三章梳理了文化和旅游 IP 的相关理论研究，重点剖析了文化和旅游 IP 的价值创造和建设机制；第四章构建了文化和旅游 IP 的评价体系，明确了文化和旅游 IP 评价体系的构建依据和指标说明，并思考了独特性、应用性、价值性和传播性这四个文化和旅游 IP 评价指标的评估细则。开发篇包括第五章至第七章，第五章着重介绍了文化和旅游 IP 的开发过程，详细解释了文化和旅游 IP 从文化基因到产业体系完整的开发步骤；第六章分析了文化和旅游 IP 的设计基础，包括设计理念、设计过程和具体的设计呈现；第七章从传播渠道、传播方式和传播效果三方面对文化和旅游 IP 的传播进行了分析总结。应用篇包括第八章至第十章，这三章分别从跨场景应用、跨产业应用和跨区域应用，通过不同的应用目的、路径和实践，分析总结了文化和旅游 IP 在不同领域中的应用。案例篇包括第十一章至第十三章，这三章按照不同的文化和旅游 IP 种类，分别从城镇乡村类、景区景点类、商品节庆类文化和旅游 IP 的视角，对不同类别 IP 的发展现状和成效进行研究，并选取大量文化和旅游 IP 案例进行验证，总结分析了不同类别文化和旅游 IP 的发展经验。

本书的研究特色和创新之处在于：一是系统性，本书根据文化和旅游 IP 发展的实际需求，从文化和旅游 IP 的发展背景、理论研究、类型特征、评价体系构建、开发过程、设计基础、传播渠道等多个视角展开，章节之间环环相扣；二是实践性，本书的研究结论源于大量的调研基础，与文化和旅游 IP 的其他相关书籍相比，本书不仅丰富了相关理论，而且增加了更多不同类型文化和旅游IP的实践案例并展开了深度剖析和经验总结，加强了文化和旅游IP在不同领域中的应用研究，具有较强的实际应用价值。

在本书撰写过程中，笔者参阅、借鉴和引用了国内外专家学者关于文化和旅游IP的文献成果，基本上都进行了注释，如有疏漏，敬请谅解！在此对这些材料和研究成果的作者表示感谢！在写作过程中，浙江工商大学杭州商学院副教授厉飞芹，浙江工商大学2021级博士研究生刘星宝，浙江工商大学硕士研究生王拓宇（2019级）、宋海波（2020级）、张玉莹（2021级）、胡雪琪（2021级），浙江工商大学文化和旅游创新发展研究院成员佟庆、万扬柳、王喜梅、林逍、何筱莉、赵之璇、葛玲君、王丹妮、王玉歆等，在资料收集、内容整理、文献分析、文字撰写和校对等方面付出了辛勤劳动。其中，刘星宝撰写了第十章的部分内容（1.2万余字），宋海波撰写了第十一章的部分内容（1万余字），张玉莹撰写了第十二章的部分内容（1万余字），胡雪琪撰写了第十三章的部分内容（1万余字）。本书在写作过程中，得到浙江省文化和旅游厅产业发展处的大力支持，文旅厅原副厅长王峻、陈吉芬处长、钱剑力主任、程刚主任、俞冰清副处长都给予了很好的指导，在此一并致谢！

由于时间精力和研究水平有限，本书中的错误和不妥之处在所难免，欢迎大家批评指正！

易开刚于浙江工商大学

2021年7月20日

目　录

第一篇　理论篇

第二篇　开发篇

第三篇　应用篇

第四篇　案例篇

第一篇　理论篇

第一章　绪论

IP 是 Intellectual Property 的缩写，可直译为知识产权。“知识产权”一词于 1967 年世界知识产权组织成立后出现，被定义为关于人类在社会实践中创造智力劳动成果的专有权利。[①] 在中国，IP 已超越“知识产权”的本义，逐渐演变成一种具有独特精神内涵的价值符号。近年来，影视、动漫、游戏、音乐、娱乐等产业纷纷以 IP 为核心，构建了产业新生态。IP 作为产业升级的重要推动力，受到了学界和业界的普遍关注。文化和旅游业亦期望通过 IP 的开发和应用来提升文化和旅游产品和服务的价值，这是文化和旅游业带动区域经济复合式发展的关键所在。但是，如何定义和评价文化和旅游 IP（以下简称“文旅 IP”）？如何正确地开发和应用优质文旅 IP，有效实现价值创造？人们对这些问题的认知一直处于一个动态的变化过程中。文旅 IP 相关理论和实践的发展，为解答以上问题提供了新的视角。例如，从产权理论和符号理论的逻辑来看，文旅 IP 具有一定的法律效力。同时，它具有地域性特征，承载了文化和旅游目的地特殊的内涵和意义，是一种对目的地价值内涵的符号化显现，可以展示文旅产业各要素之间的逻辑关系，从而实现价值创造。随着文旅产业的同质化竞争日益加剧，从国家到地方，从政府到企业，无不面临着发展理念的变革和行为实践的挑战。打造具有地域特色的优质文旅 IP，加快推进文旅产业创新，形成新的文旅产业链，为文旅产业经济发展带来新的增长点，提升文旅产业核心竞争力，实现文旅 IP 价值创造，是实现文化和旅游部提出的“宜融则融、能融尽融，以文促旅、以旅彰文”目标的重要着力点。

因此，明晰文旅 IP 的概念，设计文旅 IP 评价体系，开发优质文旅 IP，并

① 黄云志．知识产权保护对创新的影响［J］．区域治理，2019（42）：96-98.

将其通过产业链方式创造多方效益，已成为我国文旅产业融合发展现实并迫切的需求。本书以“文化和旅游 IP：理论溯源与实践探索”为主题，重在揭开文旅 IP 在实现开发、应用和价值创造过程中的“面纱”。为此，本书从理论层面梳理了文旅 IP 的概念和相关理论，设计了文旅 IP 的评价体系，构建了文旅 IP 的价值创造模型，并从实践层面探讨了文旅 IP 的开发过程和具体应用，最后选取了相关案例对文旅 IP 价值创造机制进行佐证。本章作为开篇章节，对本次研究进行了整体构思和设计，并构建了总体研究框架。

第一节　研究背景

文旅 IP 开发、应用与价值创造的研究背景主要包括理论背景和现实背景。文旅 IP 是一个在文化和旅游产业融合发展过程中逐步形成的概念。一般认为，文旅 IP 是指在文化和旅游发展过程中具有独特精神内涵和知识产权特征，得到广泛传播和应用，并产生良好经济、社会和文化效益的文化符号和品牌形象。[①] 发展至今，国内外学者已围绕文旅 IP 的基本内涵、构成要素、传播与运营方式等开展了初步探索，总体上呈现更加聚焦优质文旅 IP 的打造，更加注重文旅 IP 的运营和价值转换等趋势，但仍然缺少对“文旅 IP 价值创造”更深层次和系统性的机制研究。同时，在实践过程中，人们对文旅 IP 的认识、开发与应用情况还不尽如人意，存在误把名人古迹当 IP、缺乏对文旅 IP 的深入理解、文旅 IP 消费转化能力弱、缺乏系统化打造等问题，这使得大多数文旅 IP 仅是昙花一现，尚未实现可持续的价值转化，其建设之路还任重道远，亟待深刻反思和总结规律。

一、理论背景

文旅 IP 从开发、应用到价值创造，涉及管理学、法学、传播学和文学等众多学科领域，是一个涉及面广、综合性强的研究过程。基于系统论、产业融

① 浙江省文化和旅游厅 . 浙江省文旅 IP 综合评价指南（试行），2020.

合论、社会认同论、生命周期论、符号论、知识产权论和差异论等理论，学界对文化和旅游融合发展的内在机制、应用模式与实现路径等方面的研究，为文旅 IP 的研究奠定了坚实基础。国内外学者开始从不同视角解读文旅 IP 的开发、应用和价值创造。

由于研究视角和研究方法存在差异，国内外学者就文旅 IP 的价值创造得出了不同的观点：基于系统论的视角，可将文旅 IP 视作系统进行分析，通过梳理子系统之间的关系及变动规律，掌握其运行的内在机制，从而创造更大的价值；基于产业融合论的视角，文旅 IP 具有文化和旅游双重属性，通过广泛传播和应用，能够产生经济和社会双重价值；基于社会认同论的视角，文旅 IP 是对目的地核心价值的高度凝练，它能否形成广泛的社会认同，是价值创造的关键。此外，生命周期理论将事物分为初创期、发展期、成熟期和衰退期，并提出其在不同期间的特征属性以及相对应的发展方向，该理论为文旅 IP 的开发、创建、应用以及后期转型升级这一整个发展过程提供了理论支撑。故事理论、符号学理论和差异化理论的相关研究都为文旅 IP 的开发与应用提供了理论指导。

事实上，作为文旅融合内核的文旅 IP 创造的不仅是经济价值，其创造的社会价值和文化价值对当地的可持续、高质量发展也有着重大的战略意义。无论是世界范围内广受喜爱的迪士尼，还是近年来颇受关注的熊本熊，都展现了文旅 IP 的开发建设所带来极大的经济、社会、文化效益。然而，文旅 IP 的开发建设是个循序渐进的过程，不是短时间能够看见成效的。过于重视短期的经济价值会导致文旅 IP 得不到充分的文化内涵挖掘，囿于同质化困境。在文旅 IP 层出不穷，却又大多昙花一现的当下，我们急需客观、准确、科学地辨别文旅 IP 的优劣，探索文旅 IP 在打造过程中精准的目标定位和创新方向，注重文化内涵挖掘的深度与广度，长远规划文旅 IP 的生态周期。因此，本书将着重探索文旅 IP 的价值创造、评价体系、开发过程、设计基础、传播途径、应用模式等方面的研究，为揭开文旅 IP 在开发、应用和实现价值创造过程中的神秘“面纱”，提供系统性的分析框架，从而帮助各地在文旅融合发展过程中，凭借优质文旅 IP 的打造实现价值创造，提升文化和旅游产业的竞争力，促进文旅产业的可持续发展。

二、现实背景

随着我国综合国力的日益强盛和国民可支配收入的不断提高，人们在满足基本物质需求后逐渐将目光转向精神文化领域的消费。文化和旅游产业作为人民群众喜闻乐见、参与度高的幸福产业，是反映民众生活质量的晴雨表，具有众多未释放的消费需求和巨大的发展空间，是在双循环新发展格局下提振内需的主力军。同时，人工智能、大数据技术的快速进步也为文化和旅游消费市场的品牌化发展提供了越来越多样态、多元化、多路径的可能，加快文旅融合品牌化发展，扩大以提高人民生活质量为目标的文旅消费已是大势所趋。2021年6月，文化和旅游部发布的《“十四五”文化和旅游发展规划》更是明确指出：要实施一批品牌培育项目，推动文旅融合品牌化发展。探索推进文旅融合IP工程，用原创IP讲好中国故事，打造具有丰富文化内涵的文旅融合品牌。① 在此背景下，文旅IP建设成为从传统旅游升级到文化旅游的核心驱动力，也成为文旅融合发展的重要着力点。

从国内文旅IP的开发和应用现状看，各地政府、企事业单位对文旅IP的认识逐渐加深，对文旅IP建设的重视程度也在逐步提高，开始争相创建、积极打造文旅IP。然而，文旅IP的开发和应用情况仍不容乐观。在开发方面，存在文旅IP的文化基因解码和内涵挖掘不够深入，文旅IP的优劣难以识别评价等问题。有的地方尚未全面、深刻地认识到文旅IP带来的长远价值，不够注重文旅IP的开发；有的地方对文旅IP的开发仅浮于表面，缺乏对文化内涵的深入挖掘，导致IP缺乏地域特色，被动面临同质化竞争；还有的地方在文旅IP开发过程中缺乏识别其优劣程度的经验和指导性意见。在应用方面，有的地方存在不知如何具体应用优质文旅IP，难以实现文旅IP的价值创造和转化等问题；有的地方在开发出较为优质的文旅IP之后，仍不知如何将其运用至具体场景中，文旅IP的呈现形式和传播渠道都较为单一；还有的地方尚未利用文旅IP的品牌效应，设计出相关的文化创意和旅游产品，打造全新的文化和旅游产业链，未能有效实现IP的价值创造和转化。

事实上，文化资源的差异是一个地区可识别性的重要表现，是精神文明的契约，文化基因凝聚着一个地区最深厚、持久的精神力量、审美和生活方式，

① 中华人民共和国文化和旅游部.“十四五”文化和旅游发展规划，2021.

而文化品牌则是地域价值的重要体现。在文化和旅游产业中，只有以文化和旅游品牌为导向，以文旅 IP 建设为切入点，积极追寻地方文化、生活习惯、人文风貌，从文化形态入手，解码文化基因，挖掘提炼有价值、有影响力的优质文化资源，才能实现旅游的差异化发展，为文化和旅游产业的发展构筑新的发展格局，实现文化和旅游产业的可持续发展。

上述调查结论和现实情况引发了我们对文旅 IP 更深层次的思考：如何评价文旅 IP 的优劣；如何通过识别、挖掘、设计和传播这一路径，开发优质的文旅 IP；文旅 IP 是如何在现实场景中具体应用的；它能否创造价值；又创造了什么价值等；这些问题都值得我们进行更深入的理论探究和实践思考。

第二节　研究意义

文旅 IP 的概念已在学界初步达成统一，然而，对于文旅 IP 评价体系、价值创造机制的研究，尚未形成系统化、规范化的结论。因此，本书从理论上进一步明晰文旅 IP 的概念，设计文旅 IP 评价体系，构建文旅 IP 价值创造模型，从实践上探讨文旅 IP 的开发过程和具体应用，并选取相关案例加以佐证，具有一定的理论和实践意义。

一、理论意义

基于前期的文献梳理，本书发现，在当前有关文旅 IP 的研究成果中，学界主要围绕文旅 IP 的开发设计和实践应用等展开，缺少有关文旅 IP 开发和价值创造之间转化机制的研究，且均以定性分析为主，缺少定量分析。目前仅有针对影视、动漫、网红 IP 价值评估的定量研究，可供评估文旅 IP 价值时参考借鉴。可见，“文旅 IP 要如何进行评价、开发和应用”以及“文旅 IP 的开发如何创造价值”还存在非常大的研究空间。因此，本书的理论意义主要有以下两点：

（一）探索性设计文旅 IP 评价指标体系

要想让文旅 IP 在文旅融合中更好地发挥出主抓手、强内核和新引擎的作用，需要建立一套标准对文旅 IP 的识别、评价和建设进行规范化指引。本书围绕独特性、应用性、价值性、传播性四项评价内容，探索性地构建了文旅 IP 评价指标体系，有助于规范和引领文旅 IP 建设，进一步推动文旅深度融合和产业发展，并为全国文旅 IP 建设提供经验和参考。

（二）探索性构建文旅 IP 价值创造机制

本书探索性地构建了文旅 IP 的价值创造机制，即通过资源解码、内容挖掘，提炼出文旅 IP 的符号，并在不同领域、产业和区域进行应用，从而实现文旅 IP 的经济、文化、社会价值的创造，具有一定理论指导意义。

二、实践意义

虽然各地已开始意识到文旅 IP 建设的重要性，但是文旅 IP 的开发、应用情况仍存在较大提升空间。文旅 IP 的文化基因解码和内涵挖掘不够深入，文旅 IP 的优劣难以识别评价，不知如何具体应用优质文旅 IP，难以实现文旅 IP 的价值创造和转化等问题屡见不鲜。如何帮助地方更好地开发和应用文旅 IP，实现价值创造，就成为文旅相关管理部门和企业面临的现实而迫切的需求。因此，本书的实践意义主要有以下几点。

（一）有助于提高文旅 IP 的开发水平

开发文旅 IP，本质上是旅游业在发展和运营过程中“人格化”的深度体现。各地既要传承发展当地优秀传统文化，也要积极发挥文化对旅游品牌的提升作用，为旅游业植入文化基因。本书有助于全面提高文旅 IP 的开发水平，为各地挖掘文旅 IP 的特色内涵、创新 IP 设计形式、拓展 IP 传播渠道提供思路借鉴。

（二）有助于指导文旅 IP 的具体应用

文旅 IP 具有文化和旅游双重属性，而文化和旅游都是极具包容性和灵活性的领域，这种特性使得文旅 IP 在应用领域中展现出极强的包容性。本书从不同角度对文旅 IP 的应用范围进行分类，有助于指导文旅 IP 在不同场景、不同产业和不同区域中的具体应用。

（三）有助于引导文旅 IP 的价值创造实践

本书通过挖掘地方文化内涵和市场化运作，实现文化资源的品牌化和资本化，提升文化和旅游产品和服务的附加值。探求文旅 IP 开发和价值创造的转化路径，有助于将地方文化资源融入文化和旅游产品和服务的生产中，将无形资产转化为有形文旅产品，实现文旅 IP 的经济、社会和文化价值创造。

第三节　研究内容与框架

围绕研究目标，本书对文旅 IP 的开发、应用与价值创造进行了深层次的剖析。本书的主要内容共分为十三章，研究思路如图 1–1 所示。

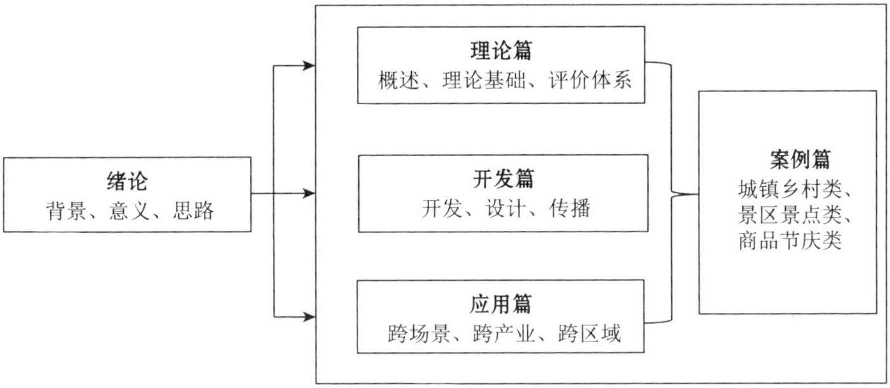

图 1–1　研究思路

一、理论篇（第一、二、三、四章）

第一章为绪论，本章系统梳理了本次研究的背景和意义、研究内容与框架，对本次研究起到了一个统领作用，为本次研究奠定了良好基础。

第二章为文旅 IP 的概述，本章重点梳理了文旅 IP 的概念内涵和类型特征。文旅 IP 的概念、构成要素主要通过对文化 IP 和旅游 IP 的概念、构成要素梳理整合得出，文旅 IP 的类型特征主要从有形和无形、市场主体和公共主体这两个维度进行分类，为后续文旅 IP 的开发、应用等做好铺垫。

第三章为文旅 IP 价值创造的理论基础，本章重点梳理了文旅 IP 价值创造的内涵、相关理论和机制构建。首先，本章梳理了文旅 IP 价值创造的具体内涵。其次，梳理文旅 IP 价值创造的相关理论，为文旅 IP 的基础研究与实践应用提供了理论支撑。文旅 IP 的价值创造主要是分析了文旅 IP 的建设路径，IP 体系的构建，以及如何创造经济价值、社会价值和文化价值。文旅 IP 的建设机制也是通过分析因市场融合与产业转型的需要来打造、开发和应用文旅 IP，构建文旅 IP 体系，实现文旅 IP 价值创造，最终得出文旅 IP 机制构建图。

第四章为文旅 IP 的评价体系构建，首先，本章主要从评价的法律依据、标准化依据、相关文件三个层面提炼总结出文旅 IP 评价的基本要求。其次，分别从独特性、应用性、价值性、传播性四个维度对文旅 IP 进行评价。最后，本章对文旅 IP 的评估细则和指标进行了详细解读。

二、开发篇（第五、六、七章）

第五章为文旅 IP 的开发过程，详细梳理了文旅 IP 的开发步骤。本章首先明确了文旅 IP 的开发要点和开发原则，其次从解码文化基因、洞察市场需求和开发创新产品三个层次阐明了文旅 IP 的开发步骤。

第六章为文旅 IP 的设计基础，重点从文旅 IP 的设计原则、过程和呈现三个步骤来阐述文旅 IP 如何进行设计和呈现的，其中设计原则主要包括地域独特性、审美艺术性、时代化发展、整体统一性和坚持创新性原则；设计过程主要是从视觉形象设计和产品设计两个方面对文旅 IP 进行包装设计；设计呈现主要包括形象类呈现方式和应用类呈现方式两种方式。

第七章为文旅 IP 的传播过程，重点从文旅 IP 的传播渠道、方式和效果三个步骤来阐述文旅 IP 是如何进行传播的。其中传播渠道主要分为线上传播和线下传播；传播方式主要分为公益营销传播、事件营销传播、节庆营销传播、媒介应用传播；文旅 IP 的传播效果主要包括改善目的地形象、扩大目的地知名度、优化产业发展环境、创新市场营销载体、实现短时引流作用、延长产业价值链条、弘扬优秀地方文化等。

三、应用篇（第八、九、十章）

第八章为文旅 IP 的跨场景应用，阐述了文旅 IP 在社会公共服务和市场经济活动中的应用，主要从应用目的、路径和实践这三个方面对跨场景应用进行分析和解读。

第九章为文旅 IP 的跨产业应用，阐述了文旅 IP 在传统产业和新兴产业中的具体应用。在传统产业领域，主要阐述的是文旅 IP 在传统农业、手工业和制造业的应用；在新型产业领域，主要阐述的是文旅 IP 在文创、人工智能和游戏这三大产业的跨产业应用。

第十章为文旅 IP 的跨区域应用，阐述了文旅 IP 的溯源地应用、跨省域应用和跨境域应用，主要从应用目的、路径和实践这三个方面对跨区域应用进行分析和解读。

四、案例篇（第十一、十二、十三章）

第十一章为城镇乡村类文旅 IP 案例分析，选取了国内外六个经典案例，分别是城市类文旅 IP:“衢州有礼”IP 和熊本熊 IP；小镇类文旅 IP：南浔古镇 IP 和玛塔玛塔小镇 IP；乡村类文旅 IP：中国英台之乡 IP 和大力水手村 IP，并对这六个 IP 案例的 IP 简介、IP 发展历程、IP 的开发应用、IP 的价值创造、IP 发展启示进行了分析和解读。

第十二章为景区景点类文旅 IP 案例分析，本章的六个 IP 案例为华强方特 IP、横店影视城 IP、大唐不夜城 IP、良渚文化 IP、日本马里奥主题乐园 IP、法国卢浮宫 IP，通过分析其基本情况、发展历程、开发应用以及价值创造等得出对发展景区景点类文旅 IP 的启示。

第十三章为商品节庆类文旅 IP 案例分析，其中选取的 IP 案例为故宫文创 IP、缙云烧饼 IP、云南映象 IP、宋城千古情 IP、西班牙法雅节 IP 和查干湖冰雪渔猎文化旅游节 IP，对其基本发展情况、发展历程、开发应用和价值创造等的梳理，对目前商品节庆类文旅 IP 的打造具有一定的借鉴意义。

第二章　文化和旅游 IP 的概述

在产业融合发展背景下，文旅 IP 建设成为现阶段文化和旅游产业融合发展的重要抓手和关键着力点，被业界视作产业升级的重要推动力。这引起了学界对文旅 IP 的广泛关注，但目前有关文旅 IP 概念和价值转化机制的研究还处于探索阶段。因此，本章将全面、系统地对文旅 IP 的概念内涵、构成要素、核心理论与类型特征进行梳理，把握当前研究的主要成果和研究趋势，探索性地构建一个文旅 IP 赋能文化和旅游产业的概念框架，为研究奠定理论基础。

第一节　文化和旅游 IP 的概念界定

文旅 IP 是在文旅融合发展背景下提出的，兼具文化和旅游的双重属性，但不能简单地看作两者的相加。因此，本节将通过对文化 IP 和旅游 IP 相关概念的梳理，对文旅 IP 的概念内涵进行科学界定。

一、文化和旅游 IP 的概念梳理

（一）文化 IP 概念

“文化”一词源于拉丁文“culture”，原指修养、教育、文化程度、种植、耕种、加工等含义。[①] 关于文化的概念界定，英国人类学之父泰勒在《原始文化》一书中认为，文化是由“知识、信念、艺术、伦理、法律、习俗以及

① 程超功 . 文化旅游产品评价体系研究［D］. 无锡：江南大学，2009.

作为社会成员的人，所需要的其他能力和习惯所构成的综合体”。IP 是英文 Intellectual Property 的缩写，直译为知识产权。“知识产权”一词是在 1967 年世界知识产权组织成立后出现的。知识产权，即关于人类在社会实践中创造智力劳动成果的专有权利。①从定义上可以看出，IP 本身就与文化存在密切的联系，但是两者在长期的发展中并没有实现真正意义上的融合，因而也鲜少有学者将两者进行关联，伴随着我国泛娱乐产业的发展，国内学者开始探索文化产业与 IP 的内在联系。向勇在其著作中提出：“目前，知识产权的概念与文化产业息息相关，主要指版权、商标、专利和设计权”。②虽然，IP 与文化产业联系密切，但是业界对于文化 IP 并没有一个明确的定义，在 2018 年 9 月发布的《2018 中国文化 IP 产业发展报告》中对 IP 进行了重新定义，“IP 特指一种文化产品之间的连接融合，是有着高辨识度、自带流量、强变现穿透能力、长变现周期的文化符号。”③ 2018 年 9 月 21 日召开了 2018 中国文化 IP 发展高峰论坛，此次论坛聚集了中国文化领域的学者、专家和知名文化产业的企业家，围绕文化 IP 在多个专题领域进行了分享，共同探讨了文化 IP 最核心的竞争力，以及如何运用 IP 赋能新时代的运营传播。④自此，国内越来越多的学者开始关注文化 IP，并从不同的角度对文化 IP 进行解读。国内关于文化 IP 的研究主要包含三个方面：一是关于文化 IP 概念和内涵的界定，二是关于文化 IP 构成要素的理论探讨，三是从营销和传播的角度总结文化 IP 的传播策略和运营模式（见表 2–1）。⑤

① 黄云志．知识产权保护对创新的影响［J］．区域治理，2019（42）：96–98.

② 向勇．文化产业导论［M］．北京：北京大学出版社，2015.

③ 孙华．乡村振兴视阈下城市 IP 建设的路径分析——基于成都城市形象传播的分析［J］．今传媒，2020，28（2）：90–91.

④ 罗攀．中国 IP 展在京举行大咖云集畅谈文化 IP［EB/OL］．（2018–9–22）［2021–6–5］．http://www.chinanews.

⑤ 张融．传统文化 IP 的传播策略研究——以北京故宫博物院为例［D］．上海：华东师范大学，2019.

表 2-1　文化 IP 的内涵研究

研究方向	作者观点	文献来源
文化 IP 概念和内涵的界定	从影响力和商业价值两个方面阐述文化 IP 的内涵，其中，影响力指在社会上的知名度高，并且有大量的忠诚用户，商业价值则指创意可以被不断地丰富和再创造，受众可以通过信息接触转化为消费行为	尹鸿等（2015）
	将文化 IP 理解为一种文化资产，认为凡是能够改编或者开发成影视剧、视频等形式，通过传播媒介出现在社会大众面前的，都可纳入泛 IP 的范畴	刘昂（2015）
	文化 IP 是文化产业化进程中经济资本注入文化生产的产物，IP 驱动是文化产业进入新常态发展阶段后的主要生产范式	向勇等（2017）
	传统文化 IP 具有一定的社会属性，因为传统文化历史悠久，其历史文化和精神内涵是公有领域内的共同财富，是一种活化的公共资源	路飞翔（2017）
	文化 IP 是指一种文化产品之间的连接融合，是有着高辨识度、自带流量、强变现穿透能力、长变现周期的文化符号	陈彦（2018）
文化 IP 构成要素	提出了“双 IP”的含义，指出 IP 是互联网因素创造的，它不仅仅指文本，更多的是它所积累的那部分用户	尹鸿（2015）
	认为文化 IP 必须立足于目标受众进行精准定位，同时也是文化内容产业的一环，拥有丰富的内容素材和文化价值	刘琛（2015）
	认为“泛 IP”是一种无形资产，可以覆盖故事和一部分粉丝，IP 有时候代表的是一种版权，有时候代表一个品牌	陈少峰和李源（2017）
	对文化 IP 的要素进行了更细节的划分，认为优质 IP 包含五项基本要素：价值观、形象、故事、多元演绎与商业变现	向勇等（2017）
	从媒介融合符号传播的角度，认为 IP 核心价值观的传播，是为用户提供一种消费信仰。并指出 IP 早已不是一种身份之外的标签符号，它已经成为“意义”传播的载体	万童蛟（2018）
	文化 IP 的内核就是有态度、有观点、有价值观	陈彦（2018）
	文化 IP 由内容和粉丝两大要素构成，其中核心要素还在于价值观或者情感的传播，文化 IP 承载的精神内涵可以强化粉丝的情感认同，进而优化内容并促进商业价值转换	张融（2019）
文化 IP 的传播策略和运营模式	从 IP 营销的对象、内容和渠道三个角度分别阐释了 IP 电影的营销传播策略。首先要精准定位目标受众，然后打造符合受众需求的内容，通过合适的媒介和场景进行传播，强调了新媒体和自媒体的作用，口碑营销也是取得商业价值的关键	赖春（2016）
	随着文化产业实践的深入，文化 IP 下沉到变现层面，通过借鉴西方迪士尼的品牌传播经验，提出了文化 IP 电商发展的可能性，即围绕核心内容衍生出文化创意产品，再通过第三方或垂直类电商平台进行售卖，丰富内容和产品形式的同时扩大品牌影响力	陈少峰（2017）

续表

研究方向	作者观点	文献来源
文化 IP 的传播策略和运营模式	提出文化 IP 是以“人”为中心的 IP 人本传播。通过案例分析，他认为作为“意义载体”的文化品牌，是通过情感寄托和体验交换与消费者进行交流，通过贴近现实的娱乐化呈现，最终形成一种双重消费属性，即商品消费和精神消费，在消费者群体中进行意义的传播	万童蛟（2018）
	通过对东方梦工厂的 IP 衍生产业的研究，总结出故宫博物院 IP 的本质是匠心精神，并提出传统文化 IP 的营销思路，即抓住中国传统文化的精髓与现代审美的结合点，通过跨界线上线下多平台传播提高品牌影响力，融入消费者的当代日常生活，开发文创联名 IP 进行商业挖掘，这样不仅具有营销价值，而且具有极高的文化高度与传播价值	李皇孜（2018）

资料来源：通过文献整理。

综合以上众多学者关于文化 IP 的内涵探讨，可发现文化 IP 是文化产业基于互联网技术进步，不断挖掘文化内在价值，提升文化产业影响力，增强文化产业的变现能力，从而提升文化产业市场竞争力的一种价值符号，这种价值符号应具备正向积极的价值观、高辨识度的形象、有意义的故事、多元演绎方式与长周期变现能力。

（二）旅游 IP 概念

一直以来文化和旅游并不是两个孤立的存在，两者的密切关系一直是国内外学者的重点研究方向。早在 20 世纪 80 年代，国内学者开始关注文化与旅游的关系，有学者将社会文化视为重要的旅游资源，同时将旅游文化定义为“一个民族的共同的文化传统在旅游过程中的特殊表现”，① 因此，“旅游既是经济性很强的文化事业，又是文化性很强的经济事业”。② 进入 21 世纪后，文化体验不再仅被看成旅游目的，而是相互依存的关系：旅游即文化。③2017 年 9 月，联合国世界旅游组织将文化旅游定义调整为“文化旅游是一种游客出于学习、寻求、体验和消费的物质或非物质文化吸引物。文化产品的本质是“具备动机的旅游活动”。④ 因此，旅游 IP 概念内涵的提出离不开文化 IP 的助力，表 2–2

① 喻学才.“山以贤称 境缘人胜”——中国旅游文化的重人传统［J］.湖北大学学报（哲学社会科学版），1987（6）：67–71+95.

② 于光远 . 旅游与文化［J］. 瞭望周刊，1986（14）：35–36.

③ Richard G. The Development of Cultural Tourism in Europe［M］. Córdoba：Estudios Turísticos，2001.

④ UNWTO. Tourism Definitions，2019.

是国内学者关于旅游 IP 的定义。

表 2-2　旅游 IP 的内涵研究

概念	作者	定义
旅游 IP	洪清华（2015）	超级 IP 是以特定社群基因为基础，以特定消费价值观为引领的一种商业权利，如果这种商业权利是诞生和作用于旅游产业链的，那么这种商业权利就可以成为超级 IP
	程武（2016）	随着文化产业的实践发展，IP 被赋予各种丰富的内涵，不再是知识产权的单纯简写，而是在承载形象、表达故事和彰显情感的文化生产过程中，成为一种经过市场验证的情感载体，成为一种有故事内容的人格权
	吴声（2016）	超级 IP 的内核，是辨识度极高的可认同的商业符号，它意味着一种对于打动人心内容的身份认同，意味着自带势能和流量，自带压强，或者具有足够压强的一种社群商业标签
	张振鹏（2017）	文化旅游的核心是文化和创意，两者相结合的外显形式就是被普遍关注的旅游 IP
	王晶（2018）	旅游超级 IP 实际上是具有创造性的文化智力活动在旅游领域内结合行业特性而形成的创意构思与表达，本质上是一套旅游场景解决方案。其以当地历史文化为内核，以居民生活环境为载体，以特定人文情怀为主题，讲述引人入胜的故事情节，构建丰富的旅游场景，聚合为特定价值观所吸引的旅游人群，促成旅行者自我身份标签的认同，最大化地实现其价值主张，从而形成在全域旅游框架结构下，各大场景内容在地理空间上的整体叙事构图
	夏蜀（2019）	旅游 IP 是旅游业以生成信息产品的方式创造出的智力劳动成果，是旅游知识产权在互联网时代背景下的一种新范式

资料来源：通过文献整理。

通过国内学者对于旅游 IP 内涵的解读，本书得出如下结论：第一，旅游 IP 是以特定文化基因为基础，是文化产业发展到一定阶段的必然趋势；第二，旅游 IP 的核心是文化和创意；第三，旅游 IP 是一种创造性文化智力的外在体现；第四，文化 IP 和旅游 IP 是相互融合、相互促进、相辅相成的。基于上述有关旅游 IP 的概念界定，可知旅游 IP 是旅游产业与文化创意产业融合发展的新型产业链，旅游 IP 是以自带流量的当地文化和创意为核心，具备文化故事，传播正向积极的价值观，能够吸引游客群体的一种文化标识，在与其他产业的互动中衍生出具有社区情感和文化创意产品，从而形成可促进文化和旅游商业变现的产业链。

（三）文化和旅游 IP 概念

基于上述关于文化 IP 和旅游 IP 概念内涵的探讨，我们发现文化 IP 和旅游 IP 具有以下关系：第一，文化 IP 和旅游 IP 既是相辅相成、相互成就、彼此融合的，又有所区别，两者相互促进、共同发展。第二，文化 IP 和旅游 IP 的打造既是促进文化和旅游融合发展的关键路径，又是文化与旅游产业融合发展的重要成果。IP 建设的最终目标是实现价值创造，进而促进文化和旅游产业的可持续发展。

综上，结合前文的探讨，本书对文旅 IP 的定义是：在文化和旅游融合发展过程中具有独特精神内涵和知识产权特征，得到广泛传播和应用，并产生良好经济和社会效益的文化符号和品牌形象。

二、文化和旅游 IP 的构成要素

（一）文化 IP 构成要素

通过学界和业界对于文化 IP 的概念解读，可以看到国内关于文化 IP 的构成要素基本达到共识，即内容创意、粉丝用户以及超强变现能力，其中内容创意指的是所有和 IP 相关的原创内容，不仅是指文学作品、影视作品、漫画、景区等，而且包括形象、文创产品、表情包等一系列文化符号。[①] 粉丝用户指的是忠于文化 IP 产品并且愿意持续消费文化 IP 产品的用户，同时可以反映文化 IP 在人群中的吸引力。变现能力指的是文化 IP 通过不同的呈现方式所产生的经济价值。这三个元素相互支撑、相互融合，其中文化 IP 变现能力的强弱取决于文化创意内容的深度与粉丝用户量的广度。

文化创意内容是文化 IP 的核心内容。通过文化创意，可以丰富文化 IP 外在表现形式，通过设计系列 logo、形象、语言或者故事，抓住观众的眼球，进而给大众留下深刻的印象；通过创意策划系列文化活动，从而提升文化 IP 的吸引力；通过文化创新创意，创造出系列文创产品，进而促进文化 IP 的变现能力。例如，故宫文创从 2008 年开始，从最初严肃的风格到如今的“萌萌哒”故宫，创作内容逐渐适应当代潮流，也为其带来了更大的经济价值。2017 年，

---

① 张融．传统文化 IP 的传播策略研究［D］．上海：华东师范大学，2019.

故宫文创产品的总产值已达 15 亿元。因此文化创意内容是促进文化活化的重要路径，是提升文化 IP 变现潜力的重要手段。

粉丝用户量是文化 IP 产生经济价值的重要前提。一方面，粉丝用户量体现了文化 IP 的吸引力和传播力，一个文化 IP 的粉丝用户量越多，说明这个文化 IP 的独特性越强、影响力越大，因此，开发和运营一个文化 IP，除了讲好文化 IP 故事、设计好 IP 形象，更重要的是做好粉丝用户积累以及粉丝运营，充分运用粉丝进行宣传营销，进而提升文化 IP 的知名度和吸引力；另一方面，粉丝用户通常是文化 IP 产业消费的主力军，粉丝用户量的累积，可以大力促进文化 IP 的产业发展，进而提升文化 IP 的经济价值。

文化 IP 的变现能力是文化 IP 的发展目标。文化 IP 的一个重要衡量指标就是 IP 的变现能力，并且文化 IP 的变现能力与文化创意内容和粉丝用户量关系密切，即文化 IP 的创意内容越丰富，粉丝用户量越多，文化 IP 的变现能力就会越强。

（二）旅游 IP 构成要素

关于旅游 IP 的构成要素，向勇和白晓晴（2017）提出了明星 IP 的洋葱模型，该模型体现了 IP 的五个构成要素，分别是价值观、独特的形象、丰富的故事、多元化的演绎以及商业变现。[①] 结合前文对于旅游 IP 概念内涵的研究，旅游 IP 包括以下几个要素：独特的文化内容、正向积极的价值观、广泛的营销渠道、忠实的粉丝用户和商业变现（见图 2–1）。

一是独特的文化内容。一个好的旅游 IP 应当含有丰富的文化内涵、可解读的文化故事，因为文化底蕴是塑造旅游 IP 的内容土壤，旅游 IP 的灵魂就在于对地方独特文化内涵的解读与凝练。洪清华认为“一切文化都可以变成超级 IP”，并且特色的文化资源通过文化创新创意，可形成独特的文化产品，进而实现商业变现。

---

① 向勇，白晓晴.新常态下文化产业IP开发的受众定位和价值演进［J］.北京大学学报（哲学社会科学版），2017，54（1）：123–132.

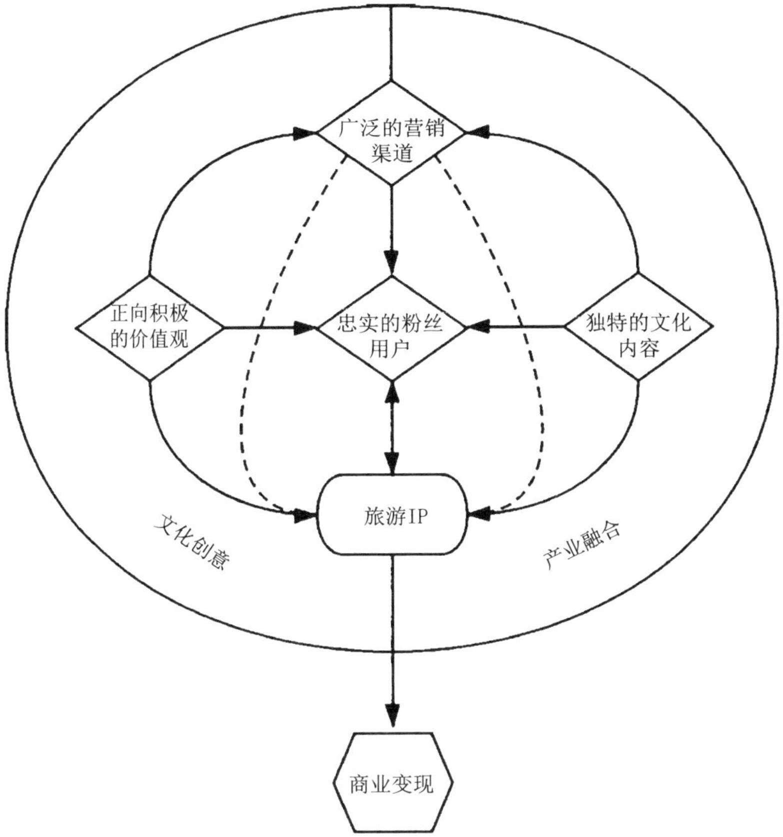

图 2-1 旅游 IP 的构成要素

二是正向积极的价值观。旅游 IP 要能够实现粉丝扩展，通常要具备正向积极的价值观，可以是一种理念、也可以是一种思想，通常是传达了“快乐”“自由”等价值观。例如，迪士尼主题乐园，从形象设计以及设施建设等各个方面，都向游客传达了快乐的观念，这种价值观恰可以满足不同年龄段以及不同背景的游客需求。积极正能量的价值观可以在一定程度上正向影响游客的旅游意愿，从而促进旅游 IP 衍生品的设计、消费等，达成个人对于旅游目的地的情感积累，实现个人和旅游目的地的价值双赢。

三是广泛的营销渠道。俗话说：酒香也怕巷子深，好的旅游 IP 如果不加以宣传，也很难实现价值观传送、吸引人气。旅游 IP 具有引爆性，而使其裂变的渠道源于多元的媒体社交平台，如抖音、微博、今日头条等被广泛使用的新型传播 App。通过多种途径进行宣传推广，可以提升旅游 IP 的知名度和影响力，进而吸引更多的粉丝用户。

四是忠实的粉丝用户。粉丝是对旅游 IP 具有黏性的用户群体，他们忠实于自己喜欢的品牌产品，往往会在特定的平台上组建虚拟社区，对品牌体验、期望进行言论发表与讨论，由此，企业可以挖掘用户需求并寻求解决方案，实现了用户共创的产品提升。基于对旅游 IP 的忠诚，粉丝消费会追随旅游产品的研发而产生。

五是商业变现。在经济意义上，IP 是受法律保护的知识产权，通常具备可转化的财产属性，旅游 IP 包含丰富的文化内容，文化经过创新创意可以产生系列文创产品，原创内容可以通过授权的形式在企业之间实现买卖，企业通过对原创内容的多元开发而创造出不同系列的文化旅游产品，在“内容为王”的文旅产业中，优质的内容在经营好价值观、形象、故事和多元演绎的 IP 要素后，便能够获得持续可观的商业收益。①

（三）文化和旅游 IP 构成要素

文化 IP 的构成要素包含文化创意内容、粉丝用户量、变现能力，旅游 IP 的构成要素包含独特的文化内容、正向积极的价值观、广泛的营销渠道、粉丝用户量、商业变现。从两者的构成要素上可以看出：第一，独特的文化创意内容既是文化 IP，又是旅游 IP 的重要构成要素；第二，粉丝用户量是文化 IP 和旅游 IP 实现价值变现的重要抓手；第三，商业变现是文化 IP 和旅游 IP 共同的发展目标。在文旅融合发展的大背景下，文旅 IP 既各自发展，又相互包含，文中有旅，旅中显文。因此，文旅 IP 应当同时包含文化 IP 和旅游 IP 的构成要素，即文旅 IP 应当具备独特的文化创意内容、正向积极的价值观、广泛的营销渠道、忠实的粉丝用户以及商业变现能力。

---

① 向勇，白晓晴.新常态下文化产业IP开发的受众定位和价值演进［J］.北京大学学报（哲学社会科学版），2017，54（1）：123-132.

第二节 文化和旅游 IP 的类型特征

文旅 IP 的概念内涵覆盖了文化和旅游两个广阔的学科领域及市场范围，这使得文旅 IP 具有极强的包容性，同时也意味着文旅 IP 必然面临着种类繁多、难以辨别的问题，本节将从多个维度对 IP 类型特征进行界定。

一、文化和旅游 IP 分类维度

本书从有形与无形、市场主体与公共主体这两个维度共四个象限，对文旅 IP 进行类型划分。

（一）有形与无形

有形与无形是以文旅 IP 是否拥有物质载体为评判前提而设置的分类维度，类似于物质文化遗产和非物质文化遗产。但作为旅游资源的文化在某种程度上具备被人所认知的物理表现形式，因此很难直接对文旅 IP 到底是否具备物质载体进行区分。因此在对 IP 的有形维度和无形维度进行区分时，将其呈现方式或价值体现是更具有文化性还是更具有物质性作为评判依据。

1. 有形类

有形类 IP 指吸引游客的资源或资源集合主要由有形文化和旅游资源组成，并不是以资源的表现形式进行评判，而是以其作为文化符号和品牌形象的核心吸引物的性质作为判断的依据。因为作为 IP 创建的内容，为了满足其应用性与价值创造以及 IP 体系的构建，通常会用可视的、有形的物质载体做具象化呈现。

为了更好地了解物质类文旅 IP，先对有形文化的内涵进行梳理。具备物质载体的有形文化种类繁多，从文化内涵和物质载体的关系出发可以将其分为三类，第一类是物质表现仅是文化的承载物，物质载体与文化内涵相比并不特别突出；第二类是文化内涵和物质载体紧密联系，浑然一体，难以就单方面的价值对二者进行分割。上述两类中，第一类毫无疑问可以被认定为是无形类文旅 IP，第二类在文化性和物质性上旗鼓相当，难以区分，在本书中，考虑到文化对物质载体的强依赖性，将文化性和物质性对游客吸引力相当的 IP 归为有形类 IP。第三类是文化内涵只作为物质载体的补充和点缀，物质载体的价值更为突出，这一类是通常我们认为作为有形类文旅 IP 的融合发展的成果。[①]

在同样都具有物质载体的前提条件下，本书认为有形类文旅 IP 是文化赋能载体并以载体为核心吸引物的文化符号和品牌形象。作为文旅融合背景下密不可分的产物，IP 本身必然是兼顾文化和旅游的双重属性的，而物质类文旅 IP 区别于精神类 IP 在于物质类 IP 是在人类历史长期发展过程中，所形成的所有物质形态的总和，反映了经济社会发展阶段和人类物质文明发展水平，通常指为了满足人类生存和发展需要所创造的物质产品及其所表现的文化，包括饮食、服饰、建筑、交通、生产工具以及乡村、城市等。物质类文旅 IP 的作用主要在于帮助消费者或游客领略生活之美，而不是用于满足精神和思想提升的需求。

通常物质类文旅 IP 包括美食打卡地、住宿打卡地、购物街、美景、文化场馆等。如浙江百县千碗、川渝美食圣地、扬州世界美食之都等美食品牌和打卡地，如成都宽窄巷子、上海南京路步行街、巴黎 Galeries Lafayette 购物中心等商业步行街或购物中心，如法国卢浮宫、英国大英博物馆、瑞典老城及王宫、国内网红博物馆南京博物院等历史文化场馆等。

2. 无形类

无形类文旅 IP 主要指为游客和消费者提供的产品与服务其核心表现形式是精神文化类的内容。精神文化是人类在物质生产和物质文化创造过程中逐渐产生的一种人类特有的意识形态，是长期历史发展中人类对事物的理解、认知的集合，是对事物的感官思想、观点、概念、思想、价值观等要素的总和。同时，精神文化是文化层次理论结构要素之一，所谓文化层次理论是一种用来描述文化的逻辑结构，用于理解文化具体空间形式的方法，文化层次理论包括精神文化、物质文化、制度文化以及行为文化。[②] 精神文化的优越性在于其具有人类文化基因的传承性，以及在实践当中不断丰富完善的成长性，这同时也是

① 程民选，刘嘉. 文化领域中政府与市场的关系探析——基于无形文化与有形文化划分的视角［J］. 当代经济研究，2011（12）：35-40+93.

② 薛汪祥 . 基于文化层次理论的广州城市特色风貌要素研究［D］. 广州：华南理工大学，2018.

人类文化精神不断推进物质文化生长发展的内在动力。由于文化精神是物质文明的观念意识体现，在不同的领域，其具体文化精神有不同的表现和含义。①因此，对于精神文化有不同的定义，通常来说有两种观点，有学者认为价值观念、道德规范、心理素质、精神面貌、行为准则、经营哲学、审美观念这一类抽象的概念为精神文化，也有学者将形成系统性的学科体系的哲学、伦理学和文学艺术等思维所涉及的领域定义为精神文化。

无形类文旅 IP 涵盖了上述所有对精神文化的概念界定，在文旅 IP 的范畴中，所有以人的思想和思维为主导的一切相关内容我们都称之为精神文化。可以被认定为无形类文旅 IP 的有如城市品牌、区域品牌、文化遗址、名人故居、文化场馆、思想萌发地、各类取景地（小说、动漫、综艺、电影等）、多样化文化呈现模式等以文化或文化载体为主题的 IP 类型。如井冈山、延安和西柏坡革命景区等传承革命思想和历史的红色旅游景区，新西兰玛塔玛塔小镇这类影视取景地，环球影城、迪士尼这类亚文化主题乐园，衢州有礼、大云云宝、“好客山东欢迎您”这类城市形象、城市吉祥物和城市口号等。

（二）市场主体与公共主体

市场主体和公共主体是以文旅 IP 的产权所属为标准进行的维度划分。与政府提供的各类公共服务以及由企业提供的其他服务类似，“由谁提供”在研究中是必须要明确的一个点，即 IP 的开发利用环境，这会对 IP 展示模式和发展方向产生重要影响。

1. 市场主体类

市场主体是市场上从事交易活动的组织和个人，即商品进入市场的监护人、所有者。通常来说，市场主体具有自主性、逐利性和能动性等基本特性。盈利性对市场主体来说是最本质最重要的特征；市场主体还具有独立性，主要表现为产权的独立和经营权的独立；灵活性主要表现在市场主体遵循市场规律对经营战略和策略进行调整，这是其存在于市场的基本功能。此外，市场主体还具有相互间的关联性、平等性、合法性等特征。其组成既包括自然人，又包括以一定组织形式出现的法人；既包括营利性机构，又包括非营利性机构。综上所述，企业、居民和其他非营利性机构成了市场主体的主要构成要素。市场

① 周志东，吴伟福．浅谈校园文化建设——以广州华商职业学院为例［J］．科教文汇（上旬刊），2013（4）：154+156.

主体类文旅 IP 指产权归企业法人（包括国企、事业单位）、个人及其他个体组织所拥有的 IP。

2. 公共主体类

公共主体包括政治管理主体和公共管理主体两部分，前者主要为政党、人大、政协等政治组织，后者是在公共事务管理的过程中，以实现公共利益为目的，按照一定程序，运用公共权力，提供公共物品与公共服务的公共组织和个人。公共主体不同于市场主体，公共主体所有的文旅 IP 不以营利为目的，主要对国家文化和旅游事业的高质量发展负责，是文化和旅游政策的重要执行力量。因此本书将公共主体类文旅 IP 定义为公共主体类文旅 IP 主要指产权主要归政府及其他公共组织或长久流传下来的、产权已没有明确归属因而归属于全社会的 IP。一般来说，除了文化场馆这类属于公共服务范畴的可做旅游资源的文旅 IP 可以算作公共主体类文旅 IP，大多数国家级或省级的旅游景区都由国企、事业单位等国家资本运营的主体所有，虽然是国家资本，但其运营模式为企业，具有营利性，因此本书中将这类主体也看作市场主体，导致公共主体类 IP 相较于市场主体类 IP 较少。

二、文化和旅游 IP 类型划分

以核心吸引物的文化性、物质性和产权归属，对文旅 IP 进行类型划分，将有形与无形、市场主体与公共主体作为横纵坐标，可以产生文旅 IP 的四种类型的排列组合模式，分别是有形市场主体类、无形市场主体类、有形公共主体类以及无形公共主体类（见图 2–2）。

（一）有形市场主体类

有形市场主体类 IP 是指综合了文化要素与物理载体，文化赋能载体以载体为核心吸引物的同时兼具文化性与物质性，物质性约等于或大于文化性，且产权归属于企业法人（包括国企、事业单位）、个人及其他个体组织的文化和旅游类 IP。有形市场主体类 IP 由企业、个人等市场主体管理，其发展与表现在一定程度上对市场变化和需求的反应更敏感，同时由于作为核心吸引物的文化在物质性方面更为凸显，这使得文旅 IP 更易呈现、设计、塑造与传播。有形市场主体类 IP 在 IP 的四种组合分类中是目前占比较大的一类。

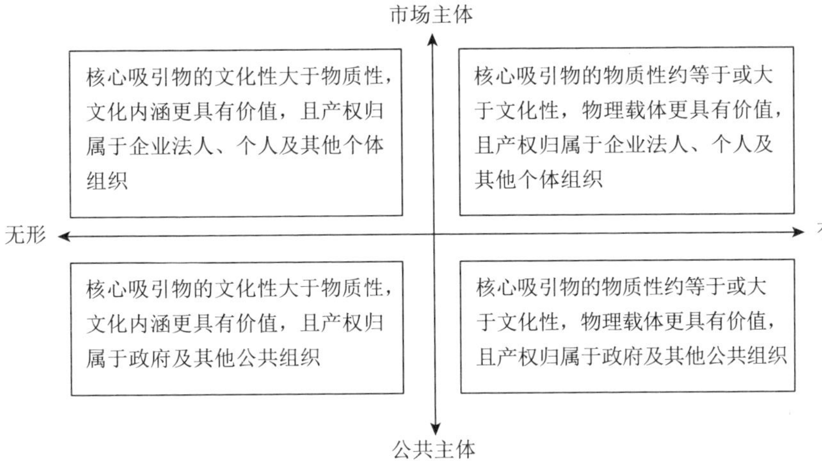

图 2-2　文化和旅游 IP 象限坐标轴

（二）无形市场主体类

无形市场主体类 IP 是指物质表现仅作为文化的承载物，以文化和人类的思想为核心吸引物，通常来说文化性大于物质性，且产权归属于企业法人（包括国企、事业单位）、个人及其他个体组织的文化和旅游类 IP。在国有景区等市场化改革的背景下，国内大多数的景区和国家公园都有专门设立的政府资本运营的企业进行管理，因此无形市场主体类文旅 IP 是另一类占比较大的组合。

（三）有形公共主体类

有形市场主体类 IP 是指综合了文化要素与物理载体，文化赋能载体以载体为核心吸引物的同时兼具文化性和物质性，物质性约等于或大于文化性，且产权归属于政府及其他公共组织所有的文化和旅游类 IP。文旅融合发展使得文化和旅游两者相互作用，文化让旅游具备了身份标签的符号意义，旅游又为文化体验者搭建了感情链接的平台和通道。[①] 公共主体类 IP 因其产权归属于政府或其他公共组织，通常来说相较于市场主体类 IP 更具有权威性和代表性，但也因此存在对市场变化和需求的适应性不如市场主体类及时的问题。

---

① 傅才武 . 论文化和旅游融合的内在逻辑［J］. 武汉大学学报，2020，73（2）：89-100.

（四）无形公共主体类

无形市场主体类 IP 是指物质表现仅作为文化的承载物，以文化和人类的思想为核心吸引物，通常来说是文化性大于物质性，且产权归属于政府及其他公共组织所有的文化和旅游类 IP。公共主体类 IP 相较于市场主体类 IP 来说占比较小，更多地表现为与公共服务相关的内容，多是以文化为核心，以文物和场馆为载体的文化场馆等。无形公共主体类与有形公共主体类一样，存在着对市场反馈和文化旅游消费者需求对接滞后的问题。

三、文化和旅游 IP 的主要特征

（一）引领性

文化和旅游融合发展不仅是国家层面部门变动的要求，更是文化和旅游产事业发展的必然趋势。文旅融合背景下，文旅 IP 的出现与发展在一定程度上破解了旅游产业遭遇的瓶颈，以文化赋予旅游产业更深刻的内涵，以旅游作为文化表达的承载物，两者互相赋能、互相促进，碰撞出新的生命力与活力。文旅 IP 为文化和旅游发展创造了新路径，指明了新方向，在文化和旅游产事业发展的方向选择方面起到引领作用。

（二）整合性

由于文旅 IP 是文化和旅游融合发展的产物，其本身必然兼具文化和旅游的双重属性，表现为对文化和旅游及其相关资源的整合梳理以及文旅行业之外的其他产业的整合。对产业的整合是由于在整合性内，文旅 IP 的整合性还具有极强的包容性，这种包容性具体体现为对各类资源的包容，包括 IP 呈现方式的包容，IP 文化内涵的包容，不同行业参与者的包容。由于文化本身具有很强的包容性，而不同行业之间又有自己独特的产业文化，这种文化与旅游产业的整合可以创造出新的 IP。

（三）延展性

文旅 IP 具有极强的延展性。IP 所具有的整合性和包容性，使得文旅 IP 在发展规划过程中可以囊括多种多样的业态。在 IP 体系构建时，通常以一个大 IP 为核心，开发其下多个吸引点，再分门别类打造大 IP 下的小 IP，从而构建 IP 体系，从空间和业态双重维度不断拓展 IP 的内容与内涵。

（四）传承性

文化的生命力在于不断地传承创新，不断地适应新时代的要求，不断地满足人们即存的精神需求。文旅 IP 以文化为轴、旅游业态为线，构建出了 IP 体系这一网络。文旅 IP 要有广泛的应用空间来确保其价值创造途径和渠道的多样化，而 IP 的广泛应用使得作为 IP 内核的传统文化和历史文化得到不断的创新，通过旅游新业态的方式被更多的人了解，充分发挥了 IP 在文化方面的应用性与传承性。

（五）创造性

文旅 IP 具有极强的创造性，或者也可以说是创新性，IP 的文化属性使得它可以不断与流行文化交流融合，不断顺应社会和文旅产业发展趋势，并不断创新其表现形式，不断丰富自身文化内涵，不断融合成诸如文创产品、民宿、主题乐园、主题节会等新业态。

（六）灵活性

灵活性主要是从应用范围的角度对文旅 IP 进行描述。通过对文旅 IP 的整理与分类，可以发现文旅 IP 有多种呈现方式和应用模式，可以是商业街区，可以是主题乐园，可以是城市品牌形象也可以是更为具体的产品。除了应用模式多种多样，其应用领域也是包罗万象。农业、工业、商业、休闲娱乐业，只要能找到能依托的核心文化，就有开发打造文旅 IP 的潜力与动力。

（七）主题性

文旅 IP 本身是一种文化符号和品牌形象，是由多种要素与业态构成的产品体系，而这个体系必然围绕着一个核心，也就是文旅 IP 体系的核心吸引物，是整个体系中最具有识别性标志，并且能作为 IP 体系的主题进行宣传推广。

（八）故事性

文旅 IP 具有极强的文化属性，这意味着 IP 有深厚的值得被挖掘的文化内涵，文化传承的本质在于故事的讲述，故事讲得好，故事性强的文化才能更加有生机地流传下去，由此可见 IP 的故事性与传承性相辅相成。

（九）符号性

本书对文旅 IP 的定义为文化符号和品牌形象，同时在第四章提到 IP 的评价体系时，IP 是否具有商标、logo、吉祥物等被列为评判标准之一。除了 IP 内部体系的符号性之外，IP 本身作为文化挖掘产生的核心内容，是最具有代表性和吸引力的内核和最具有表现力的体系结构，IP 是他人识别文化内核的重要工具与路径。

（十）系统性

文旅 IP 不是单一的业态或产品，而是围绕一种文化内涵构建而成的体系化的产品与服务体系。通常来说除了吉祥物、logo、专利证书、产权证书等，还有产品体系、业态体系、服务体系，除此之外，IP 通常配有成套的宣传体系，包括资金投入、人员配备、宣传投放、后续反馈等一系列组成内容。

第三章　文化和旅游 IP 的理论基础

在文旅融合背景下，文旅 IP 建设在外部政策与内部产业发展的共同驱动下，愈发受到文旅行业重视。本章将通过对文旅 IP 建设的背景、价值创造模式与路径的分析，构建文旅 IP 开发建设与价值创造的内在机制。

第一节　文化和旅游 IP 的相关理论

与文化和旅游产业相同，文旅 IP 从基础开发到实际应用产生价值，整个过程也涉及包括管理学、法学、传播学和文学等众多学科领域，是一个涉及知识面广泛、综合性很强的概念。较强的综合性决定了文旅 IP 的研究需要依赖众多学科基础理论，其中核心理论包括系统理论、融合理论、认同理论、差异理论、符号学理论、产权理论和周期理论等。这些理论被应用在文旅 IP 的基础研究、开发和应用整个过程，为文旅 IP 的基础研究与实践应用提供了理论支撑。

一、基于系统理论的文化和旅游 IP 研究

“系统”一词最早是出现在希腊语中，是由部分要素共同组成一个整体的意思。关于系统的定义尚未形成统一，有几十种之多，如“系统是处于一定相互关系中的与环境发生关系的各组成成分的总体”“系统是有联系的物质和过程的集合”“系统是许多要素保持有机的序列，向同一目的行动的东西”等。目前普遍使用的系统定义采用的是我国著名学者钱学森先生提出的，他认为系统是一个极其复杂的研究对象，包含众多内容。系统可以被定义为：“由若干

要素以一定结构形式根据目的构成的具有某种功能的有机整体。”该定义包含了系统、要素、结构和功能四个核心内容，强调要素与要素、要素与系统、系统与环境之间的相互关系。

虽然系统这一概念诞生较早，但是真正成为一门科学的系统论要追溯到 20 世纪的 30 年代。现代系统论是由一位美籍奥地利的生物学家贝塔郎菲（Bertalanffy）在 1932 年提出的，当时贝塔郎菲首次提出了“开放性系统理论”，在 1937 年又再一次提出了一般系统论原理，成为系统论的理论基础，直到 1968 年贝塔郎菲正式发表了一篇名为《一般系统理论：基础、发展与应用》后，系统论正式得到了学术界的认可。系统论的核心思想是将系统看作一个整体的概念，它不是各个部分的机械性组合或简单相加。系统论通常将研究对象看作一个整体，当作一个系统，分析研究对象的结构和功能，研究重点在于系统、要素和环境三者之间的相互关系及其变动规律。系统论认为整体性、关联性、等级结构性、动态平衡性、时序性等是所有系统的共同特征。从系统论出发，世界任何一件事物都可以看作一个系统，小到一个细胞、大到宇宙都是系统。

文旅 IP 也是一个系统性的概念。有关文旅 IP 的研究，是建立在将文旅 IP 看作一个整体研究对象的基础上，将其作为一个系统来进行分析，通常包括客源市场子系统、目的地吸引子系统、文旅企业子系统、支撑与保障子系统等多个系统。文旅 IP 从设计、开发到应用也是一个系统性过程，内部各个子系统之间有着紧密的逻辑关系。当前，学界对文旅 IP 的研究主要围绕设计、开发和应用三大环节展开，通过梳理各环节之间的关系及变动规律，掌握其运行的内在机制，为其产生更大的价值提供理论支撑。

二、基于融合理论的文化和旅游 IP 研究

文化产业与旅游产业都是为人们提供精神消费服务的，两者具有天然的耦合性。随着文化产业和旅游产业的边界逐渐模糊，当两者相互渗透、相互交叉、相互融合到一定程度，就会产生“文化旅游产业”，既兼具各自产业的特征，又能带来两大产业的优化提升。[①] 关于文化和旅游融合的研究最早出

① 何少琪.基于旅游IP视角的红河州哈尼族民族文化旅游产品构建研究［D］.昆明：云南财经大学，2019.

现在 1977 年，美国学者罗伯特·麦金托什（Mcintosh）和夏希肯特·格波特（Gebert）在《旅游学——要素·实践·基本理论》一书中首次提出“旅游文化”的概念，引发了学界对文化旅游的广泛关注。[①] 1999 年 10 月，世界旅游组织（UNWTO）在发布的《全球旅游伦理规范》中，提出了“如何在旅游的发展和融合过程中保护文化”这一议题。

在 20 世纪 80 年代，于光远先生认为旅游和文化兼具经济和文化的双重属性，[②] 根据旅游的文化属性后续发展出了“灵魂载体说”，即文化是旅游的灵魂，旅游是文化的载体，这一学说为文化和旅游的融合发展提供了理论基础。2018 年 3 月，文化和旅游部的正式成立，标志着文化和旅游融合成为未来文化和旅游发展的主导方向，文化和旅游的关系也由原来的弱关系转变为强关系。文旅融合是文化产业、旅游产业进行产业调整和升级的必然发展趋势，我国经济发展进入新常态，文化产业和旅游产业的发展都面临着转型升级，在深入贯彻新发展理念，构建新发展格局，把握新发展阶段的情况下，文化和旅游将向着高质量融合进一步发展。

文化和旅游的融合进一步丰富了文化和旅游各自的内涵和外延，实现了文化的旅游化和旅游的文化化发展，一方面有利于推动旅游目的地文化的交流和价值的实现，另一方面通过文化内涵进一步提升了旅游的内涵，让旅游业更具生命力。文化产业与旅游产业在融合发展中达到互促共赢，产生叠加放大效应，进一步优化产业结构，促进产业转型升级。

文旅 IP 不是文化 IP 更不是旅游 IP，文旅 IP 的诞生是在文化和旅游融合的大背景下，强调文化和旅游融合化发展，不是简单的文化和旅游的组合。文旅 IP 的打造基础是文化和旅游资源，依托是文化和旅游目的地平台，文旅 IP 自身具有明显的文化和旅游双重属性，通过广泛传播和应用，能够产生经济和社会双重价值。

三、基于故事理论的文化和旅游 IP 研究

关于故事这一概念，通常认为来源于叙事研究领域，目前主要有三个方向的解释，第一是围绕故事与事实之间的相互关系；第二是将故事看作一种

① 范周．文旅融合的理论与实践［J］．人民论坛·学术前沿，2019（11）：43-49.

② 于光远．旅游与文化［J］．瞭望周刊，1986（14）：35-36.

沟通、表达和思考的工具；第三是基于叙事与故事之间的相互关系，故事的概念相对比较多元且至今尚未形成一个统一的解释。但是大多数学者认为故事是一种含有情感和创造意义的信息组织方式，通过故事认为可以改变其行为和态度。

故事理论在管理学中的应用是位于组织管理领域，由米特罗夫（Mitroff）和基尔曼（Kilmann）两位学者在 1975 年首次应用在企业运营相关内容，极大地提升了企业的相关效率。[①] 故事理论具有塑造主体形象、增强沟通和理解、传播价值观念的功能，后续在故事理论也逐渐在市场营销领域开始发挥其作用，故事理论的应用让营销内容同对象之间建立起一种内在的关系，实现了让消费者产生品牌联想，增加了对产品的向往程度，进而提升企业效益。

故事理论在文旅 IP 中的应用显得更为突出，文旅 IP 所承载的是目的地的文化和旅游内涵，是一种对目的地核心价值的高度凝练。所以，从这个角度出发，IP 更像是一种文化和旅游目的地故事传播的载体，在 IP 传播的过程中，通过以讲故事的形式将文化和旅游目的地的文化内涵、产品特色、情感价值传递给广大游客，让游客形成价值认同，产生共鸣，激发消费动机。一个文旅 IP 能否形成广泛的社会认同，能否进一步形成独特的品牌效应与故事讲得如何有着直接的关系。

四、基于差异理论的文化和旅游 IP 研究

差异理论是指某一主体为了提升自身的独特性，在技术、形象、功能和个人性服务等层面加以突出同竞争对手的差异要点，进而实现其最大价值。差异理论的研究最早是由哈罗德·霍特林（Harold Hotelling）在进行消费者对产品的偏好程度研究中使用，他提出了一个差异化的理论模型即“霍特林模型”。[②] 该理论提出以后被广泛应用于企业，是企业为了实现利益最大化，获取竞争优势的一种理论支撑。随着差异理论在企业的广泛应用，迈克尔·波特（Michael E. Porter）将差异理论逐渐升级为企业的差异化战略，强调企业可以通过很多种方式来进一步增加自身的独特性，包括在产品的功能属性、人员服

① Mitroff I, Kilmann R H. Stories Managers Tell：A New Tool for Organizational Problem Solving［J］. Management Review，1975，64（7）：18–28.

② Hotelling H. Stability in Competation［J］. The Economic Journal，1929，39（153）：41–57.

务、形象设计等方面加以凸显，进而提升企业价值。

差异理论要实现避免同质化竞争，提升自身竞争力，实现利益最大化。因此，任何事物要实现差异化发展，最为关键的是要掌握和了解已知或潜在的竞争对手的情况，要对外部环境拥有一定的熟悉度；同时要针对市场的差异化需求有一定的判断能力，也就是说企业要知道消费者的真实需求和独特的个性偏好；最后是结合自身实际情况进行差异化打造。

文旅 IP 的基本属性之一就是独特性，同文化和旅游产品一样，IP 打造始终要呈现的是“唯一”，推出创新性 IP 是促进文化和旅游市场长久发展的重要动力。在市场竞争中通常文旅 IP 的开发模式可以进行复制，但是其自身不具有可复制性，同质化 IP 会直接面临强大的市场竞争，对于 IP 的核心竞争力具有非常大的影响，当相同的 IP 同时出现在市场上时，由于产出的先后性以及消费者的审美疲劳会导致社会认同出现严重下降，其相关效益明显下滑。

五、基于认同理论的文化和旅游 IP 研究

“认同”这一概念是由两位美国学者威廉·詹姆斯（William James）和弗洛伊德（Sigmund Freud）提出的，他们将认同定义为：个体潜意识地向别人模仿的历程，是一个人对另一个人或团体的价值、规范和面貌进行模仿、内化并形成自己的行为模式的过程。① 后续有多位学者在不同领域提出了认同的概念，法国社会学家涂尔干（Émile Durkheim）认为认同是一种称为“集体意识”的东西，是将一个共同体中不同的个人团结起来的内在凝聚力，② 到了 20 世纪 70 年代，美国学者亨利·塔菲尔（Henri Tajfel）和约翰·特纳（John Turner）又将认同理论分为个人认同和社会认同，③ 自此社会认同理论正式诞生。亨利·塔菲尔把社会认同定义为“个体的一些知识，这些知识是关于他（她）从属于某一社会群体，以及对作为社会成员的他（她）而言是具有显著感情和价值的东西”。社会认同强调的是空间中全部成员所共有的相似性，主

① 梁丹，唐世纲. 高校大学生主流意识形态认同教育评价体系构建——新时代高校大学生主流意识形态认同教育研究系列论文之三［J］. 教育观察，2020，9（1）：40-43.

② 埃米尔·涂尔干. 社会分工论［M］. 上海：三联书店，2000.

③ Tajel T. The Social Identity Theory of Intergroup Behavor Psychology of Intergroup Relation［M］. Chingo：Nelson-Hall，1986：70.

要由类化、认同和比较三个基本历程组成，类化指的是个人将自己主观性地编入到某一个社群；认同是指个人拥有社群成员的普遍特征；比较是社群成员对比自身所在社群同其他社群的优劣、地位和声誉。总体来说，社会认同体现的是一种集体理念，是社会成员对某一事物所拥有的共同的信仰、价值和行动取向的集中表现，当更多的人对同一事物拥有相似的信仰、价值和行动取向的时候，对于这一事物而言就形成了广泛的社会认同。

文旅 IP 从设计到开发，能否真正地打造成为一个 IP，除了开发者要结合自身特色进行深度挖掘和包装以外，能否形成一种广泛的社会认同是决定文旅 IP 是否存在的一个重要因素。一个文旅 IP 的产生必然伴随着某一特定社群对 IP 内容及其核心价值的认同，认同的不断积累会使得这一群体进一步对文旅 IP 的目的地和相关衍生产品产生更强的消费意愿，可以更充分地发挥 IP 的价值。

六、基于符号学理论的文化和旅游 IP 研究

关于符号的定义目前普遍采用的是国际标准化组织 ISO 在 ISO 12620：1999 中对符号做出的定义：用字母、数字、图符以及它们的任意组合来指称概念的形式。符号学诞生的标志性事件是 1969 年国家符号学协会（IASS）的成立，自此符号学这一新兴学科正式出现。符号学的主要研究领域包括符号本质特征、发展规律，内涵意义、影响范围等方面，在符号学的研究初期研究的内容主要是围绕语言形式的符号，发展到现代主要形成了三大流派，一是以索绪尔（Saussure）为代表的语言学符号学；二是以莫里斯（Morris）为代表的美学符号学；三是以皮尔斯（Pierce）为代表的一般符号学。索绪尔认为语言本身就是一种符号，用来传达特定的信息。[①] 在索绪尔流派中，符号学有两个主要因素，其一是符号本身所承载的内涵和意义，其二是符号呈现出来的具体形态。莫里斯提出了符号学的三个维度，维度一是对符号所代表的内涵进行分析研究，维度二是符号学的构成成分，维度三是对符号学的实际应用。皮尔斯提出了符号学的三种类型，类型一是图像符号，是一种在外形上极为相似的一种表达；类型二是象征符号，是一种对目标对象的内涵和意义进行物化的一种

① 索绪尔．普通语言学教程［M］．高明，译．北京：商务印书馆，1980.

表达；类型三是指示符号，强调的是对象之间的一种内在的逻辑关系。

符号学理论在文旅 IP 当中的应用得到了众多体现，第一，从符号学的要素角度来讲，作为文化和旅游目的地 IP，首先承载了目的地特殊的内涵和意义，是一种对文化和旅游价值内涵的外显；同时为了更好地将 IP 传递给消费者，通常采用的是标志、造型、文字、图像等被可感知的事物进行呈现。第二，对于文旅 IP 而言主要涉及三个维度的内容，一是 IP 代表的内涵到底是什么，所要传达的价值是什么；二是 IP 的具体组成由哪些关键要素构成；三是 IP 在实际当中如何进行应用，实现最大化的价值。第三，从文旅 IP 的符号展现类型来看，目前市场层面常见的 IP 展现类型主要分为三种，一是利用象形的形式对文化和旅游的核心进行展现；二是通对文化和旅游目的地的所要表达的价值进行符号化展现；三是通过展示要素之间的逻辑关系来进行展现。

七、基于生命周期理论的文化和旅游 IP 研究

生命周期是一个生物学的概念，指的是生物的出生、成长、衰老和死亡的一个过程。生命周期理论最早是由卡曼（Karman）在 1966 年率先提出的，后来赫塞（Hersey）和布兰德（Blanchard）在 1976 年发展了这一理论。在心理学上又将生命周期分为个人生命周期和家庭生命周期，个人生命周期指的是一个人从出生到死亡的整个生命过程；家庭生命周期包括生理需求、文化规范、人的愿望和价值观，家庭发展的任务是满足人们成长的需要，否则家庭会产生不愉快。

随着生命周期这一概念的不断深入，各行各业衍化出更多的生命周期理论，包括企业生命周期理论、产品生命周期理论、旅游目的地生命周期理论等众多内容。生命周期理论在产业发展中的应用主要有两种，一种是传统的、机械地看待市场发展的观点；另一种是将重点放在消费者需求层面，观察消费者需求是如何随着时间演变而由不同的产品和技术来满足的。目前的生命周期理论通常是指具有初创期、发展期、成熟期和衰退期相类似的变化过程，适用于生命周期理论的事物通常要具备生命周期属性或类似生命周期属性。

文旅 IP 并不是一成不变的。首先，在文旅 IP 发展的过程中是伴随着新陈代谢的，文旅 IP 的新陈代谢是建立在同质化与特色化的对立统一基础上的，

这样构成了文旅 IP 自我成长的源动力；其次，文旅 IP 本身虽然具有独特性，但是 IP 的打造模式是可以进行推广复制的，模式的复制能够帮助其他地域的文化和旅游目的地进一步发展；最后，文旅 IP 还有可能产生突变性，即随着国家政策、技术、社会结构、地域变迁、生态环境等变化会带来不定期的突变改革。总体而言，文旅 IP 是一个由诞生、发展到壮大、衰退到死亡的一个具有生命属性的事物，其发展态势呈现出生命周期曲线。

八、基于知识产权理论的文化和旅游 IP 研究

知识产权是知识产权法学的概念，也称“知识所属权”。知识产权早在 17 世纪中叶法国学者将一切来自知识活动领域的权利都称为“知识产权”，现代知识产权一词通常认为诞生于 1967 年，是在世界知识产权组织成立以后诞生，是指“权利人对其智力劳动所创作的成果和经营活动中的标记、信誉所依法享有的专有权利”，① 一般只在有限时间内有效（这里所称权利人是指公民、法人或者其他组织）。传统的知识产权分为工业产权和文学产权两大类，工业产权包括发明专利、工业设计、商标权等；文学产权主要包括著作权和相邻的邻接权。现代知识产权的分类普遍采用的是 AIPPI（国际保护工业产权协会）的分类成果，它将知识产权分为“创作型成果产权”和“识别性标记产权”，前者包括发明专利、版权、软件权利、技术秘密等，后者包括商标权、商号权和其他与制止不正当竞争有关的识别标志权。知识产权具有明显的三个法律特征和一个基本特征，一是知识产权具有明显的地域性，即在某一个国家所取得的知识产权只在该国具有法律效力受到该国的法律保护（国际公约、多边协定以外）；二是知识产权具有独占性，即只有知识产权的权利人才拥有行使该知识产权的权利；三是知识产权具有时间性，即各知识产权都有一定的时间期限，到期后权利也相应终止；一个基本特征是知识产权具有直接的经济价值，其自身在进行转换、交易时属于无形资产。我国的知识产权属于民事权利，包括物权、债权和知识产权，其中我国法律法规中的《专利法》《著作权法》《商标法》等也都属于知识产权法，在我国公民、法人或组织的知识产权受到严格的法律保护。

---

① 郭嘉豪．国际法视野下的企业知识产权合规文化建设［J］．东方企业文化，2020（2）：35-36.

文旅 IP 的定义就明确了其自身具有明显的知识产权属性，文旅 IP 是文化和旅游领域的知识产权，按照知识产权的分类属于“创作型成果产权”，属于无形资产。当前我国的文旅 IP 具有明显的地域性特征，相应的法律效力受到我国相应法律法规的保护，其他公民、个人或组织不得侵犯权利主体的相应权利；同时各个文旅 IP 拥有明确的权利主体，每个 IP 都属于特定的公民、法人或组织；此外，我国针对知识产权实行的也是期限制，即所有的文旅 IP 都具有一定的时间期限，到期后权利也会自动消失。文旅 IP 在实际应用中能够创造价值的主要原因也是基于其强大的知识产权属性，一个开发且运营良好的 IP 直接创造价值主要通过两种手段，一种是进行 IP 授权，通过授权给其他个人或组织的形式直接获取经济价值；另一种是围绕 IP 进行自身衍生品的设计，通过具体的市场产品来获取经济价值，其中产品的价值除了由产品自身决定以外，IP 的无形价值也起到非常关键的作用。

基于以上核心理论分析，本书从文旅 IP 的发展背景到开发设计再到应用创造价值，构建三层递进式核心理论框架（见图 3-1），文旅 IP 的诞生是在当下文化和旅游融合的大背景产生，是基于融合理论应运而生，属于文化和旅游融合发展的产物。文旅 IP 的开发则主要依托于故事理论，强调要讲好文化和旅游目的地的故事；开发原则要依据差异理论，追求特色化发展；符号性是文旅 IP 的特征之一，文旅 IP 在传播中通常是以一种具有明显的图形或符号等形式进行；而文旅 IP 最终能够开发成功，实质是一种广泛的社会认同，体现了游客对文化和旅游目的地核心价值和文化内涵的认可。文旅 IP 在应用创造价值的过程中主要涉及知识产权理论和生命周期理论，文旅 IP 依托于文化和旅游行业，其自身具有显著的产权属性，属于文化和旅游领域的知识产权，并能够直接和间接地创造价值。同时文旅 IP 具有文化和旅游产业的周期性特征，在这个应用的过程中也伴随着自我更新和衰退。据此，通过以上八大核心理论共同支撑起文旅 IP 从背景、开发到应用的整个过程。

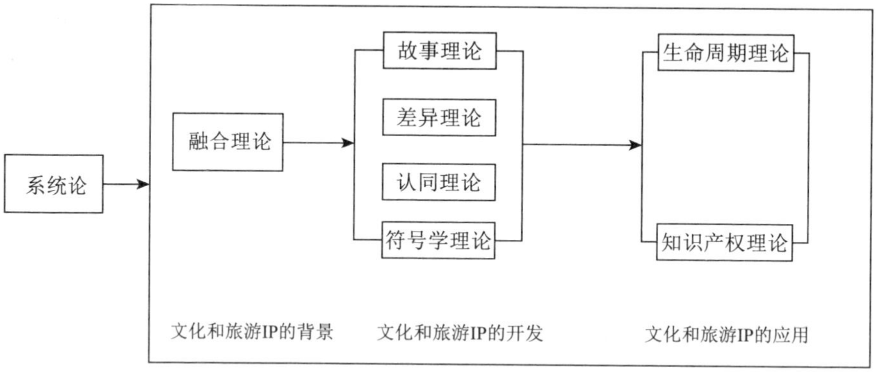

图 3-1　文化和旅游 IP 核心理论框架

第二节　文化和旅游 IP 的价值创造

文旅融合时代，文旅 IP 的建设有利于整合多元的文化和旅游资源，提升文化和旅游产品的附加值，促进文化和旅游深度融合，推动文化和旅游品牌建设，构建效益递增的文旅 IP 产业链。这对于放大并传承地方文化、树立文化自信、推进文旅融合高质量发展有着非常重要的意义。文旅 IP 的最大价值在于它能被广泛应用到产品、服务和活动中去，并且依托市场的力量创造出巨大的经济、社会和文化价值。

一、文化和旅游 IP 的经济价值

文旅 IP 在旅游目的地建设、文化和旅游产业融合发展、社区居民福祉增进等方面的应用能产生积极作用，有效提振区域经济。在文旅 IP 的建设过程中，通过高新技术的介入和产业化的方式来创新多元的传播渠道，同时利用虚拟 IP 直播互动形式和销售平台，能有效推动产品销售、提升品牌知名度和改善文旅企业经济效益，为区域经济发展构建新的经济增长点，加快经济价值创造。

文旅 IP 的经济价值主要体现在其超强的变现能力。优质的文旅 IP 具有高辨识度、自带流量和强变现能力的特点，无论是自营还是代理，都能获得较高的转化率和重复购买率，比如故宫口红卖断货就是一种流量的超强变现。随着AR、VR、5G技术、人工智能等现代信息技术的发展，文化和旅游在高科技浪潮中进一步深度结合，文化和旅游产业不断转型升级，新兴业态不断涌现，文化和旅游产业上下游产业链不断延伸和拓展，优质的文旅IP被不断开发和改造，创造出各式各样的衍生产品、互动体验模式、游戏交互等，激发了文化产业和旅游产业以及相关产业发展的新动力，为文化和旅游产业带来了巨大的商业价值。

以捷克卡罗维发利温泉小镇为例，卡罗维发利温泉小镇是波希米亚古老的温泉小镇之一，也是世界上温泉量最大、历史最悠久的旅游度假天堂之一，彼得大帝、贝多芬、肖邦、莫扎特、歌德、普希金、果戈理、屠格涅夫、席勒等都曾到卡罗维发利疗养度假。温泉度假产业已成为卡罗维发利温泉小镇的支柱产业。整个卡罗维发利共有十几眼温泉，经专家检测，卡罗维发利的温泉水含有对人体有益的矿物质达35种之多，卡罗维发利每年也因此吸引了大量的游客来此疗养，大大提升了小镇的经济效益，带动了小镇的经济发展。

二、文化和旅游IP的社会价值

文旅IP能够正确引领社会时代潮流，在传播中推动观念革新、思维变化与社会进步，并且在价值观引领、公益事业、生态保护、创新创业、国际交流等方面具有积极的影响，起到带动社会文明进步，实现社会价值创造的作用。

以浙江省开化县为例，开化文旅IP的开发和建设不但改善了当地人的生活方式，而且在一定程度上影响了固有社会结构的改变，其中以美食IP和根雕IP较为突出。开化美食资源丰富，开化清水鱼、开化汽糕、开化青蛳等特色美食都深受游客欢迎。在政府积极引导下，开化美食逐渐成为开化文旅融合发展的突破口，美食IP也成为开化一大重要文旅IP。而根雕IP则更是开化县文旅IP的核心，根雕艺术是开化县的传统民间手工艺，开化不仅拥有技艺高超的根雕大师，而且有以根雕文化为主题的著名国家5A级旅游景区“根宫佛国”，“根雕”也成为开化的核心文化旅游吸引物，成为开化县文化和旅游的一张金名片。随着开化美食和根雕知名度的提升，许多外出打工的开化人纷纷返乡开起了农家乐和餐馆，根雕文化产业的发展也拓宽了居民增收渠道，根缘小镇成为开化农副产品集中展示和有效销售的重要平台，进一步带动了当地人就业致富。文旅 IP 的开发建设促进了相关产业的发展，为开化带来了更多的就业机会，留住本地人口的同时也吸引了外出打工的开化人和外来务工人员回流，成为开化城市发展的新动能。①

三、文化和旅游 IP 的文化价值

文旅 IP 本身就是先进文化的代表，文化价值传播是文旅 IP 价值创造的应有之义。文旅 IP 建设能活化传统文化，弘扬传承优秀文化，促进文化跨界交流，创新文化载体，提高文化价值创造，推进文化产业和旅游产业的高质量发展。独特并富有创造力的文旅 IP 有助于整合区域内多元的文化和旅游资源，为区域文化血脉创新提供突破口，其开发可以深入挖掘文物的特色内涵，让文物“活化”。

以法国莫奈花园为例，莫奈花园位于法国巴黎正西方向 70 公里的吉维尼小镇上，是法国著名画家克劳德·莫奈的故居。莫奈不仅是著名画家，而且是出色的园艺家，他用 43 年时间亲手种植出 1 万多平方米的花园，之后又建成了水园，并画了 500 多幅画描绘它们，赋予它们艺术气息。在莫奈定居四年后，又有 100 多位画家陆续入住吉维尼，吉维尼因此成为名副其实的画家村。因吉维尼风光旖旎、景观优美，给画家们提供了大量灵感，诞生了无数流传后世的画作。莫奈最著名的《睡莲》和《日本桥》系列组画，就是在这里完成的。1992 年，美国企业家和收藏家丹尼尔·J. 泰拉在吉维尼建造了美国艺术博物馆，里面陈列着 20 世纪生活在这里的美国印象派画家的作品。

再如捷克皮尔森啤酒厂，皮尔斯啤酒厂很好地将工业文化融入了旅游当中。新旧啤酒厂的参观，让游客有更直观的对比，一方面是现代化流水线生产，另一方面是传统酿酒工艺，加之地下酒窖的纯酿体验，在一饱眼福后通过味蕾抓住游客的心，带动啤酒销售。目前，皮尔森啤酒已经做出自有品牌且口碑得到世界性认可，由此衍生来的“啤酒文化”“皮尔森酒吧”和居高不下的捷克年人均啤酒消耗量也是最好的证明。

① 易开刚，胡怀雪. 文旅 IP 的建设路径与价值创造［N］. 中国旅游报，2019-12-10（003）.

四、文化和旅游 IP 价值创造过程中的难点突破

文旅融合时代，文旅 IP 的开发建设已不单是一个产业问题，还要考虑它与区域社会服务功能以及当地居民的生活需求相融合，增强当地居民对文旅 IP 的认同感，以 IP 建设为抓手，扩大 IP 影响力和知名度，实现宜居宜游、主客共享常态化发展。[①] 在此过程中，如何开发和应用文旅 IP 是亟待攻克的两大难点。

文旅 IP 的开发是一个长期的过程，不少文旅 IP 都拥有二次甚至多次开发的价值，具有知名度的文旅 IP 最重要的价值就是其拥有持续开发的能力，而不是一次性开发和消费。在 IP 开发过程中，需要不断去寻找 IP 的衍生价值，根据消费者的需求设计 IP 形象，创新 IP 精品，扩大 IP 宣传，建立高效运行的 IP 供应链体系，以此来不断刺激消费者的消费意愿，打造文旅 IP 良性循环的发展体系。IP 的开发是为了通过应用来创造更多的价值，IP 的应用范围很广泛，大的层面它可以应用于国际领域，小的层面它也可以应用于传统产业、新兴产业等不同的产业，甚至用于产品、服务和活动等。在 IP 应用过程中，要考虑 IP 的应用方式，懂得借助哪些手段和技术能使 IP 得到更好的呈现，以及 IP 如何与不同产业、不同商品、不同活动等融合，使 IP 的价值最大化，这都是在 IP 应用前、中、后需要分析、思考和解决的问题。

文旅融合时代，文旅 IP 正处于快速发展阶段，它的开发和应用一直都是文化和旅游产业亟须研究和解决的难点。本书在第二篇和第三篇中，对文旅 IP 如何进行开发和应用也进行了详细阐述，此处不再赘述。

第三节　文化和旅游 IP 的建设机制

“机制”这一概念主要包含两种解释：一是指为实现某一特定功能，一定的系统结构中各要素的内在工作方式以及诸要素在一定环境下相互联系、相互作用的运行规则和原理；二是指事物变化的理由和道理。从机制的概念可知，

① 易开刚，胡怀雪．文旅 IP 的建设路径与价值创造［N］．中国旅游报，2019-12-10（003）．

机制包括形成要素和形成要素之间的关系两个方面。

本节在前文中提出文旅 IP 是指文旅融合背景下，在文化和旅游发展中具有独特精神内涵和知识产权特征，得到广泛传播和应用，并产生良好经济和社会效益的文化符号和品牌形象。文旅 IP 是一个经历了 IP、文化 IP 和旅游 IP 的不断延伸与融合过程而最终成形的概念。本篇将从文旅 IP 开发、应用和价值创造三个层面构建文旅 IP 的运行机制（见图 3-2）。首先，通过资源解码、内容的挖掘，提炼出一个文旅 IP 的符号；其次，将 IP 在不同场景、产业和区域以不同的方式进行应用；最后，让 IP 产生经济、社会和文化等更多价值。

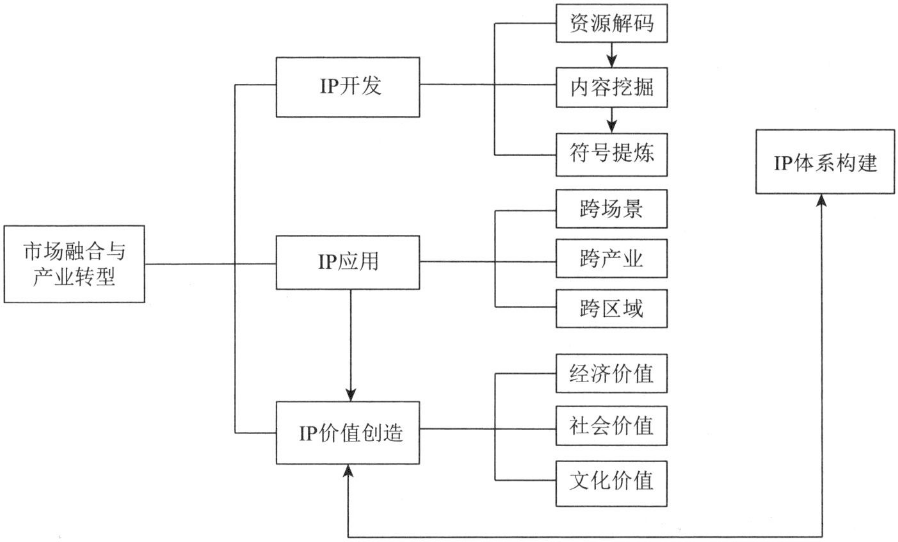

图 3-2　文旅 IP 的机制构建

一、市场融合与产业转型

由于旅游产业涵盖“食、住、行、游、购、娱”等方面，它对其他产业的带动效应也日益凸显。其中，最具代表性的是它对文化产业发展的促进作用。旅游产业和文化产业能够进行互动发展的根本原因是两者之间存在内在关联。受市场需求的驱动，旅游产业和文化产业通过一定的经济技术联系丰富了产业发展的内涵，同时整合了一定的创意，改变了两大产业传统的发展方式，极大地促进了两大产业的良性发展。①

2009 年，文化部、国家旅游局共同发布《关于促进文化与旅游结合发展的指导意见》，提出文化是旅游的灵魂，旅游是文化的重要载体。加强文化和旅游的深度结合，有助于推进文化体制改革，加快文化产业发展，促进旅游产业转型升级，满足人民群众的消费需求；② 有助于推动中华文化遗产的传承保护，扩大中华文化的影响，提升国家软实力，促进社会和谐发展。2011 年 10 月中共十七届六中全会通过的《中共中央关于深化文化体制改革推动社会主义文化大发展大繁荣若干重大问题的决定》明确提出，推动文化产业与旅游、体育、信息、物流、建筑等产业融合发展，增加相关产业文化含量，延伸文化产业链，提高附加值，强调要积极发展文化旅游，支持旅游对文化消费的促进作用。③2014 年，国务院发布的《关于促进旅游业改革发展的若干意见》中指出，要创新文化旅游产品，鼓励专业艺术院团与重点旅游目的地合作打造特色的专场剧目，组织开展群众参与性强的文化旅游活动。④2018 年 4 月文化和旅游部组建以来，按照中央的要求和部署，统筹推进文化事业、文化产业和旅游业融合发展，明确了“宜融则融，能融尽融，以文促旅，以旅彰文”的工作思路。各地文化建设和旅游融合发展的积极性空前高涨，文化和旅游融合发展的路径逐渐清晰，文化和旅游业进入了文旅融合发展的新时代。

在外需不振、产能过剩、结构失衡的情况下，文旅产业成为中国经济新的重要突破口之一。文旅这个万亿元级的资本市场，未来几年将超过很多行业增长速度。虽然文旅产业的发展蒸蒸日上，但是在过程中也遇到了一些瓶颈和困难，如文旅项目跨行投资的风险大，回报时间周期长，这和企业快速盈利的原则相悖。且文旅项目是一个成长型的项目，需要资本的稳定供给，投入大，而其中最主要的一点就是大多数的文旅项目缺乏核心的超级 IP，随着国内人民物质生活水平的提高，人民对精神生活有了更高的追求。如果一个文旅项目没有核心的文旅 IP，很容易成为昙花一现。

---

① 颜鑫．长三角城市群文旅产业发展水平及其耦合度研究［D］．上海：上海师范大学，2020.

② 田素美．新媒体时代中华优秀传统文化传承视野下课程教学模式改革研究——以“文化产业概论”为例［J］．中华文化与传播研究，2019（2）：122-135.

③ 徐仁立．旅游产业与文化产业融合发展的思考［J］．宏观经济管理，2012（1）：61-62+65.

④ 侯兵，周晓倩．长三角地区文化产业与旅游产业融合态势测度与评价［J］．经济地理，2015，35（11）：211-217.

面对文旅产业出现的这些问题，为了更好地满足人民休闲娱乐的需要和对更高精神世界的追求，首要的就是要打造核心文旅 IP，而要打造文旅 IP，最为重要的就是对文旅 IP 的内容进行深度挖掘。

二、文化和旅游 IP 打造

文旅 IP 的识别与挖掘，就是要在看似纷繁无序的文旅资源中寻找内在关联性，并在此基础上进行价值筛选，识别挖掘二次或多次开发的、符合文旅市场需求的文旅资源，深入挖掘其丰富的文化内涵，让资源背后蕴含的人文精神、文化基因活起来，形成鲜活的文旅 IP 体系。①

要想对文旅 IP 进行内容挖掘，首先要了解这个地区的文化元素和文化要素。文化元素是文化基因的表现形式，可以按文化形态或文化颗粒来挖掘，文化形态或文化颗粒再往下细分，则是具体的文化类别，文化要素则是文化元素包含的各种基本成分，如知识、艺术、道德、法律、风俗、价值观、语言符号等都是文化要素。文旅 IP 的挖掘需要对区域内众多文化元素和要素进行摸底调查，围绕优秀传统文化、社会主义先进文化和革命文化，根据各类文化形态对文化元素进行梳理，形成区域文化元素清单，摸清地域文化总体脉络，并从中挑选开展文化解码的重点文化元素，而这些文化元素和要素就是我们需要挖掘的文旅 IP 的内容基础。

同时，针对已经挖掘出来的文化元素和要素，需要进行进一步的梳理和整合归类，对这些要素和元素之间的内在联系进行深入探索，从中提炼出影响当地人思维和行为规范的效用价值，总结其中最关键、最核心的知识点，形成体现地域特色的文化，加以保护、发展和传承。要掌握当地人和游客的内心诉求，平衡文化元素和旅游化、商业化之间关系的同时，保留文化的本真，呈现初始的文化内核，并引导当地人和游客接受其文化价值观和行为准则，培养积极健康的生活方式，塑造文化政治认同。

在整理和归纳文化要素和元素的基础上，旅游目的地政府及相关企业需要认识到隐藏在文旅资源背后的，往往是多种地域文化交织和伴生的。需通过主动识别并挖掘优秀地方文化，利用多元化、个性化的方式进行呈现和传播。随

① 易开刚，胡怀雪．文旅 IP 的建设路径与价值创造［N］．中国旅游报，2019-12-10（003）．

着旅游需求的日益多元化，还要在梳理文化和旅游资源体系的基础上，深挖地域隐性文化旅游资源，将旅游产业要素与地域文化有机融合，形成独特的文旅IP。

由图 3–2 可知，在文旅 IP 的机制构建上，只有内容的挖掘是远远不够的，在对文旅 IP 进行内容挖掘和资源梳理之后，还需要将文旅 IP 进行多种方式的应用，搭建核心文旅 IP 体系，才能实现文旅 IP 的价值创造。

三、文化和旅游 IP 应用

在对内容进行挖掘之后，就要提炼 IP 的价值符号，当价值符号提炼出来后，就要考虑如何根据已有的价值符号和优秀的文化优势，并且把这些转化为旅游所需要的优势元素，要想不断推进文化优势的创新性发展，就要做好文化的利用和转化。

做好文化的利用和转化后，需要准确有效地对 IP 进行应用。首先就是要把文旅 IP 中所含的文化要素、元素和旅游进行结合，不同的文化在旅游发展的过程中的应用也各不相同，文旅 IP 的符号可进行跨产业、跨区域、跨领域的应用，可与其他产业相互融合、互相促进，但是要有发挥出文旅 IP 的应用的最大价值，要因地制宜，通过转化和利用载体的方式把文化和旅游进行结合，如根据不同地方的特色文化，可打造各具特色的旅游景区、风情小镇、文化活动等。也可创造出具体地方的特色文学作品、影视剧、文创产品等。在文旅 IP 的基础上规划设计一批旅游景区、主题民俗、旅游线路等。在不同的旅游景区中，将文旅 IP 进行宣传和包装，进行广告性植入，如在标识系统、logo 设计、休憩设施外观等方面，达到宣传引流的目的，吸引游客的眼光，加深对文旅 IP 的印象和了解，通过文艺精品创造、景区规划建设、节庆活动打造、文创产品研发等方式，加强不同类别文旅 IP 的集成，建立文化转化利用长效机制，推动文旅 IP 创造性转化和创新性发展，实现文旅 IP 产品和市场的效益转化。

在文旅 IP 的应用上，还应该对 IP 进行核心理念提炼和主题形象定位，一个项目的主题一般只有一个，但是 IP 却可能有多个，比如说婺源，主题是徽州古村落，其出名的 IP 就是油菜花；峨眉山的主题是风景名山，但其传播更广的 IP 就是佛教圣地。有的主题是景区自带的，有的主题是经营打造的。比如说大家都知道的迪士尼，其主题本来是动漫王国，但被迪士尼这三个字品牌化了，成了代名词——只要是做到了代名词这样一个层面，就可以无往不利地到达了无限转化的境界，但它也无不需要极其强大的 IP 创造性以及现代商业的推演。

同时文旅 IP 的应用也离不开传播和营销，在对文旅 IP 进行精准的定位后，需要强化营销，IP 形象与产品设计好后，须通过营销形成品牌。第一步应对文旅市场进行精准的定位，建立竞争优势，减少人力、物力等资源的浪费。第二步可依托线下实体营销，加大宣传力度，制定优惠政策，吸引消费者。创新“旅游 +”模式，拓宽旅游市场，扩大消费者群体范围。通过建立完善的线上营销体系，可以将旅游形象通过文字、图片、视频等多种形态加以表现，用更多的媒介去诠释景区的人文风情。同时挖掘新型传播渠道，充分利用社交网络、网络直播等新媒体平台联动营销文旅 IP。为了增强文旅 IP 的放大效应，推广策略宜“多元化”。一是品牌效应推广，提升文旅产业竞争力，增强旅游吸引力；二是优势资源推广，整合推广优秀文旅资源；三是体验式推广，提高游客体验度，打造精品体验性产品；四是借助名人效应推广，通过广告、代言等形式，宣传推广文旅 IP；五是通过节事推广，制造热点和爆点，提高游客的参与性和体验性，引入流量，创造效益。

文旅 IP 通过内容的深度挖掘和营销推广应用后，便是文旅 IP 的体系构建，而文旅 IP 的体系构建也包含内容的挖掘和 IP 的应用。

四、文化和旅游 IP 体系构建

在前文中也提到了文旅 IP 的体系构建可以分为 IP 内核延伸体系和 IP 运营管理体系两部分。IP 内核延伸体系主要围绕提炼出的各类优质文旅 IP。在众多文旅 IP 中，明确主 IP 和次 IP，围绕主次 IP 构建系统化的 IP 体系，以主 IP 为核心进行集群发展，主要发展模式有三种：一是根据主 IP 开发新产品，结合各子 IP 推出相关衍生品，强化文旅主 IP 内核。二是 IP 产业化发展，形成完善产业链条。针对不同的文旅 IP 体系，要探寻文旅 IP 的发展脉络，在传承和发扬传统文化的基础上，做好传统文化脉络的梳理和历史故事的再演绎，并在 IP 建设过程中植入文创、艺术、时尚等元素，使文旅 IP 更贴近游客和消费者的需求。同时，要做好文旅 IP 的活化、可视化和可触摸化，比如宣传口号、文创产品、文化演绎、节庆活动等。IP 运营管理体系的构建则要与 IP 发展战略相适应，主要包括 IP 发展理念、IP 呈现与传播、IP 评价与考核、IP 价值转化四个层面。通过构建 IP 运营管理体系，将文旅 IP 建设过程中的各个方面都以系统化的思维模式加以运营管理，确保文旅 IP 可持续健康发展。

当文旅 IP 具备较高知名度，拥有一定的粉丝基础后，需要的是根据粉丝需求的变化，适当开发出相关的衍生品。衍生品有的可以自己投资开发，也可以通过授权的方式给别人开发，从而得到更多收益，通过产业化的收益来支撑起 IP 内容的迭代。

五、文化和旅游 IP 价值创造

根据文旅 IP 的机制构建图可以看出，完成文旅 IP 的开发后，通过有效、合理的应用，IP 能够充分发挥自身的特性，创造更多的实用价值，为文旅产业进行赋能。

目前来看文旅 IP 的最大价值创造在于它能被广泛应用到产品、服务和活动中去，并且依托市场的力量创造出巨大的经济、社会和文化价值。

经济价值方面，通过文旅 IP 的应用，促进文化和旅游的融合发展，同时带动区域旅游业的发展，有效拉动了区域经济的增长，同时在文旅 IP 建设过程中，通过文旅 IP 的应用，不断拓展传播渠道等，增加就业岗位，拉动经济增长，实现了价值创造的经济价值。

社会价值方面，文旅 IP 能够正确引领社会时代潮流，在传播中推动观念革新、思维变化与社会进步，并且在价值观引领、公益事业、生态保护、创新创业、国际交流等方面具有积极的影响，起到带动社会文明进步、实现社会价值创造的作用。

文化价值方面，文旅 IP 本身就是先进文化的代表，文化价值传播是文旅 IP 价值创造的应有之义。文旅 IP 建设能活化传统文化，弘扬传承优秀文化，促进文化跨界交流，创新文化载体，提高文化价值创造，推进文化产业和旅游产业的高质量发展。

第四章　文化和旅游 IP 的评价体系构建

本章主要参考《浙江省文旅 IP 综合评价指南（试行）》（以下简称《评价指南》），是对《评价指南》的说明。该《评价指南》作为浙江省文旅厅开展首批文旅 IP 创建工作所采用的评价标准，为文旅 IP 评价体系构建奠定了坚实的基础，本章内容将对《评价指南》进行详细解读，从而进一步阐释《评价指南》指标构建背后的机制内涵。

第一节　文化和旅游 IP 的构建依据

本节内容主要从文旅 IP 评价的主要法律依据、文旅 IP 评价的标准化依据和其他相关文件三个层面提炼总结出文旅 IP 评价的基本要求。

一、文旅 IP 评价的主要法律依据

（一）《中华人民共和国标准化法》（2017）

《中华人民共和国标准化法》的制定是为了加强标准化工作，提升产品和服务质量，促进科学技术进步，保障人身健康和生命财产安全，维护国家安全、生态环境安全，提高经济社会发展水平。标准化工作的任务是制定标准、组织实施标准以及对标准的制定、实施进行监督。制定标准应当在科学技术研究成果和社会实践经验的基础上，深入调查论证，广泛征求意见，保证标准的科学性、规范性、时效性，提高标准质量。《中华人民共和国标准化法》第七条指出国家鼓励企业、社会团体和教育、科研机构等开展或者参与标准化工作。

文化是灵魂内容，旅游是市场载体。旅游是根植于文化的产业形态和生活形态，其本质就是文化，而文旅融合发展将助推中国产生更多的文旅IP。在此背景下，规定文旅IP的相关术语和定义、评定依据和方法、评定指标、赋分标准等，即制定文旅IP的评价指南，对于指导文旅IP发展，纠正文旅IP认知偏差、创意缺乏、同质化严重等问题显得意义重大。《浙江省文旅IP综合评价指南（试行）》编制团队以专家学者组成的团队为主，代表充分的专业性，并经过多轮专家学者以及业界有经验认识的座谈讨论，体现了该指南的实证性与可操作性。整体评价体系编制严格遵照标准化法要求，牢牢建立在科学技术研究与社会实践经验积累的基础上，确保国内首个文旅IP评价指南具有专业性、权威性，并为后续文旅IP等相关工作提供可供参考的资料。

（二）《中华人民共和国非物质文化遗产法》（2011）

为了继承和弘扬中华民族优秀传统文化，促进社会主义精神文明建设，加强非物质文化遗产保护、保存工作，制定《中华人民共和国非物质文化遗产法》。国家对非物质文化遗产采取认定、记录、建档等措施予以保存，对体现中华民族优秀传统文化，具有历史、文学、艺术、科学价值的非物质文化遗产采取传承、传播等措施予以保护。国家鼓励和支持公民、法人和其他组织参与非物质文化遗产保护工作，鼓励和支持开展非物质文化遗产代表性项目的传承、传播。县级以上人民政府文化主管部门根据需要，采取下列措施，支持非物质文化遗产代表性项目的代表性传承人开展传承、传播活动：①提供必要的传承场所；②提供必要的经费资助其开展授徒、传艺、交流等活动；③支持其参与社会公益性活动；④支持其开展传承、传播活动的其他措施。

随着我国社会经济的持续稳定发展，消费升级和需求增长已成为新时代社会消费领域的显性问题。在文化和旅游行业，传统的观光旅游已经难以满足旅游者日益多元化、个性化的消费需求，文旅消费供给侧改革亟待推进，产品和服务亟待丰富。在文旅融合政策的推动下，“以文促旅，以旅兴文”已经成为重要的指导思想和发展路径，而时下炙手可热的文旅IP发展模式，则以丰富的文化资源作为开发的基石。在这个方面，非遗无疑是一大富矿。在文旅IP的挖掘与利用中，应严格遵循《中华人民共和国非物质文化遗产法》的相关规定和要求，对具有历史、文学、艺术、科学价值的非物质文化遗产采取传承、传播等措施予以保护。

（三）《中华人民共和国旅游法》（2018）

《中华人民共和国旅游法》适用于在中华人民共和国境内的和在中华人民共和国境内组织到境外的游览、度假、休闲等形式的旅游活动以及为旅游活动提供相关服务的经营活动。国家鼓励各类市场主体在有效保护旅游资源的前提下，依法合理利用旅游资源。县级以上地方人民政府应当加强对旅游工作的组织和领导，明确相关部门或者机构，对本行政区域的旅游业发展和监督管理进行统筹协调。《中华人民共和国旅游法》第九条指出，旅游者有权自主选择旅游产品和服务，有权拒绝旅游经营者的强制交易行为；旅游者有权知悉其购买的旅游产品和服务的真实情况；旅游者有权要求旅游经营者按照约定提供产品和服务。第二十一条指出，对自然资源和文物等人文资源进行旅游利用，必须严格遵守有关法律、法规的规定，符合资源、生态保护和文物安全的要求，尊重和维护当地传统文化和习俗，维护资源的区域整体性、文化代表性和地域特殊性，并考虑军事设施保护的需要。

（四）《中华人民共和国公共文化服务保障法》（2016）

《中华人民共和国公共文化服务保障法》提出公共文化服务应当坚持社会主义先进文化前进方向，坚持以人民为中心，坚持以社会主义核心价值观为引领；应当按照“百花齐放、百家争鸣”的方针，支持优秀公共文化产品的创作生产，丰富公共文化服务内容。国家鼓励和支持发挥科技在公共文化服务中的作用，推动运用现代信息技术和传播技术，提高公众的科学素养和公共文化服务水平。《中华人民共和国公共文化服务保障法》中所称的公共文化设施是指用于提供公共文化服务的建筑物、场地和设备，主要包括图书馆、博物馆、文化馆（站）、美术馆、科技馆、纪念馆、体育场馆、工人文化宫、青少年宫、妇女儿童活动中心、老年人活动中心、乡镇（街道）和村（社区）基层综合性文化服务中心、农家（职工）书屋、公共阅报栏（屏）、广播电视播出传输覆盖设施、公共数字文化服务点等。各级人民政府应当充分利用公共文化设施，促进优秀公共文化产品的提供和传播，支持开展全民阅读、全民普法、全民健身、全民科普和艺术普及、优秀传统文化传承活动。

（五）《中华人民共和国商标法》（2019）

为了加强商标管理，保护商标专用权，促使生产、经营者保证商品和服务质量，维护商标信誉，以保障消费者和生产、经营者的利益，促进社会主义市场经济的发展，国家制定了《中华人民共和国商标法》。《中华人民共和国商标法》中指出下列标志不得作为商标使用：

（1）同中华人民共和国的国家名称、国旗、国徽、国歌、军旗、军徽、军歌、勋章等相同或者近似的，以及同中央国家机关的名称、标志、所在地特定地点的名称或者标志性建筑物的名称、图形相同的；

（2）同外国的国家名称、国旗、国徽、军旗等相同或者近似的，但经该国政府同意的除外；

（3）同政府间国际组织的名称、旗帜、徽记等相同或者近似的，但经该组织同意或者不易误导公众的除外；

（4）与表明实施控制、予以保证的官方标志、检验印记相同或者近似的，但经授权的除外；

（5）同“红十字”、“红新月”的名称、标志相同或者近似的；

（6）带有民族歧视性的；

（7）带有欺骗性，容易使公众对商品的质量等特点或者产地产生误认的；

（8）有害于社会主义道德风尚或者有其他不良影响的。

《浙江省文旅 IP 综合评价指南（试行）》中将文旅 IP 定义为：文旅融合背景下，在文化和旅游发展中具有独特精神内涵和知识产权特征，得到广泛传播和应用，并产生良好经济和社会效益的文化符号和品牌形象。文旅 IP 的发展离不开知识产权制度和版权经济，作为现代化经济体系的重要指标之一，版权经济蕴含着巨大的发展潜力。如今我国在知识产权保护方面取得了较快的进展，文化旅游产业与知识产权价值链的互补融合，是解决文化产业目前单一收入模式的有效途径，而版权价值产业链的核心是保护著作权人的利益，以激励内容的创造积极性。在文旅 IP 的塑造、应用与传播等过程中，知识产权的保护是激励内容创新的途径之一，必须严格遵循《中华人民共和国商标法》及相关知识产权保护条例。

二、文旅 IP 评价的标准化依据

文旅 IP 评价体系在指标设置和评价体系构建时大量参考了文化和旅游方面的众多标准和规范，这些标准和规范为文旅 IP 的综合评价提供了科学、合理的依据。

（一）《旅游资源分类、调查与评价》（GB/T 18972—2017）

本标准适用于旅游资源开发，包括三个核心内容：旅游资源分类、旅游资源调查、旅游资源评价。标准充分考虑了旅游界对旅游资源的含义、价值、应用等多方面的研究和实践成果，对旅游资源的类型划分、调查、评价的实用技术和方法进行了深层次讨论，使标准更加突出实际操作、突出资源与市场的有机对接以及对旅游资源及其开发利用的综合评价，适用于旅游资源开发与保护、旅游规划与项目建设、旅游行业管理与旅游法规建设、旅游资源信息管理与开发利用等方面的工作。该标准对旅游资源类型判别、旅游资源调查分析、旅游资源评价赋分等方面的技术和方法为文旅 IP 评价体系的制定提供了诸多可借鉴之处，可以作为文旅 IP 类型体系、资源调查以及等级评价的评价依据。

（二）《旅游景区质量等级的划分与评定》（GB/T 17775—2003）

与《旅游景区质量等级的划分与评定》（GB/T 17775—1999）相比，主要对以下几个方面进行修改：第一，在划分等级中增加了国家 5A 级旅游景区。新增的国家 5A 级景区主要从细节方面、景区的文化性和特色性等方面做更高要求；第二，对原国家 5A 级旅游景区的划分条件均进行了修订，强化以人为本的服务宗旨，国家 4A 级旅游景区增加了细节性、文化性和特色性要求；第三，细化了关于资源吸引力和市场影响力方面的划分条件。该标准的制定旨在加强对旅游景区的管理，提高旅游景区服务质量，维护旅游景区和旅游者的合法权益，促进我国旅游资源开发、利用和环境保护，旅游景区质量等级按照《服务质量与环境质量评分细则》《景观质量评分细则》的评价得分，并结合《游客意见评分细则》的得分综合进行最终判断，为文旅 IP 在专家打分的基础上结合网络大众评分提供了重要依据。

（三）《公共文化资源分类》（GB/T 36309—2018）

规定了公共文化资源的分类原则、编码方法及代码，适用于公共文化资源的登记、统计、清查等管理与服务工作。该标准能够有效促进公共文化资源的分类管理和有效服务，能够在对中国公共文化资源的多样性调研的同时，促进公共文化资源的整合与开发，提升公共文化服务能力，发挥地方政府在公共文化服务体系建设中的主导作用，充分履行政府的统筹职责，有利于进一步发挥典型的示范、影响和带动作用，以点带面推进公共文化服务体系建设，促进中国公共文化资源的对外服务，进一步推进社会主义文化强国建设。该标准为文旅 IP 评价指南的编制提供了参考，在《评价指南》中，特别强调了 IP 的文化地域象征性，代表中国优良文化传承的文化被广泛关注。

（四）《研学旅行服务规范》（LB/T 054—2016）

规定了研学旅行服务的术语和定义、总则、服务提供方基本要求、人员配置、研学旅行产品、研学旅行服务项目、安全管理、服务改进和投诉处理，适用于中华人民共和国境内组织开展研学旅行活动的旅行社和教育机构。规范要求研学旅行的承办方提供的产品必须结合实际教育目标以及不同学级的特点进行设计。在研学旅行产品分类上，标准按照资源类型归纳出知识科普型、自然观赏型、体验考察型、励志拓展型、文化康乐型五大类别。同时，对研学旅游服务项目做具体规定，细化为教育、交通、住宿、餐饮、导游讲解以及医疗救助等方向。研学旅行是一个具有赋能的现代服务业，通过面向教育开发产品，文化旅游供应链将被重塑，形成新业态。作为一个推动文旅产业深度跨界融合发展的有效途径，研学旅行将走在融合发展前列，不停地去追随客户、细分市场，从而打造出高品质研学旅行 IP。

（五）《红色旅游经典景区服务规范》（LB/T 055—2016）

标准规定了红色旅游经典景区服务的术语和定义、基本要求、设施服务、游览服务、配套服务、管理服务和持续发展等。该标准在制定过程中，分析了国内外旅游景区服务与管理的理论和实践，借鉴了国内外有关资料和技术规程，并直接引用了相关国家标准或标准条文。本标准适用于中华人民共和国境内红色旅游经典景区的管理和服务。红色旅游景区作为红色文化基因传承的物质载体，构成要素主要有革命历史遗迹、革命纪念设施和人造景观设施。伴随着各类强 IP、高流量、多元融合的文旅产品不断涌现，红色文旅也需要建立、优化适合市场需求的空间 IP。目前，许多互动性强、贴合现实、体验感好的红色旅游经典景区已颇具规模，具备空间化 IP 的认知基础。有理由相信，在各方共同努力下，别具中国特色的红色文旅，也将在不远的将来，诞生一类全新的超级 IP。

三、其他相关文件

（一）《国务院办公厅关于印发国家标准化体系建设发展规划（2016—2020 年）的通知》（国办发〔2015〕89 号）

国务院办公厅印发的《国家标准化体系建设发展规划（2016—2020 年）》，是我国标准化领域第一个国家专项规划，部署推动实施标准化战略，加快完善标准化体系，全面提升我国标准化水平。规划指出要落实深化标准化工作改革要求，推动实施标准化战略，同时明确了六项主要任务，其中包括优化标准体系，调整标准供给结构，加快建立由政府主导制定的标准和市场自主制定的标准共同构成的新型标准体系；推动标准实施，提升标准化服务发展的质量和效益；夯实标准化工作基础，加强自身能力建设。规划同时点明了包括加强文化建设标准化在内的五个重点领域。①

规划为《评价指南》编制提供了充足的政策支撑，《评价指南》作为文旅 IP 评价标准，符合文化建设标准化的要求，并且填补了 IP 评价标准的空白，进一步丰富了浙江省标准化体系建设。

（二）《文化标准化中长期发展规划（2007—2020）》

《文化标准化中长期发展规划（2007—2020）》指出要加强文化标准化基础建设的任务与目标。规划特别强调，要加强公共文化服务体系的标准化建设、编制文化领域急需标准、以标准化推动文化艺术领域科技进步、以标准化促进文化产业的发展，指出：要制（修）定公共文化体系的建设标准、建筑设计规范、文化设施价值评价体系等一系列文化标准，鼓励和扶持区域性公共文化服务体系的规范化、标准化建设；制定《文化服务术语》《公共文化服务体系分类标准》《文化设施分类标准》《文化设施通用术语》《文化信息系统标准》《文化内容数据库核心元数据》等标准；全面推动文化艺术领域的技术标准化建设，促进我国文化艺术领域的科技进步和新产品研发；推进文化产业科学技术进步，以标准的形式推动文化产业的秩序化发展，促进文化市场的规范化管理，使我国文化产业向规模化、品牌化方向发展，提高民族文化产品的国际竞争力。

IP 评价体系的编制以该规划的要求为支撑，深入落实浙江省文化标准管理体制。

---

① 社会治理与公共服务治理精准化［J］. 宁波经济（财经视点），2017（10）：28.

（三）《关于加快推进文旅融合 IP 工程建设的实施意见》

浙江省文化和旅游厅出台《关于加快推进文旅融合 IP 工程建设的实施意见》指出要按照“宜融则融、能融尽融，以文促旅、以旅彰文”的总体思路，以文旅 IP 建设为切入点和着力点，推动文化和旅游“双万亿”产业高质量发展，助推浙江省建设全国文化高地、中国最佳旅游目的地、全国文化和旅游融合发展样板地，奋力打造文旅融合发展的重要窗口。在文旅融合 IP 建设方面，力争到 2022 年，浙江全省文旅融合产品专利、商标、版权注册申请总量位居全国前列；全省文旅融合 IP 原创衍生产品生产销售规模位居全国前列；扶持一批成长型文旅融合 IP，打造一批创新型文旅融合 IP，推出一批示范型文旅融合 IP；认定 100 个左右省级文旅融合 IP，其中 10 个为省级文旅融合重点 IP，形成文旅融合 IP 大集群，使浙江省成为全国文旅融合 IP 发展的先行省、示范省、样板省。

《浙江省文旅 IP 综合评价指南（试行）》的制定以实施意见为指引，在 IP 评价体系的构建以及评价指标的设定等方面等充分吸纳实施意见相关要求，以期实现文旅 IP 在推动浙江经济文化发展方面的效用。

综上，《浙江省文旅 IP 综合评价指南（试行）》作为现行 IP 评价的唯一官方标准，是在严格依据现有法律依据、标准化依据及其他相关政策文件的基础上编制而成的。《评价指南》归纳总结出“文旅 IP”评价的基本要求为具有合法性、具有明确的产权归属和建设主体、实质性运营 3 年以上且运行成效明显、近 3 年内无不良社会影响。

第二节　文化和旅游 IP 的指标说明

《浙江省文旅 IP 综合评价指南》主要从四个维度对文旅 IP 进行评价，分别是独特性、应用性、价值性以及传播性。

一、文化和旅游 IP 的独特性

党的十八大以来，习近平总书记围绕“文化自信”作出一系列重要论述，强调坚定中国特色社会主义道路自信、理论自信、制度自信，说到底是要坚定文化自信；文化自信，是更基础、更广泛、更深厚的自信；文化自信是更基本、更深沉、更持久的力量。在文化兴区、兴市、兴省的各种宏大构想中，大都侧重于将当地的文化资源转化为经济主题和发展优势，从而提升地区综合竞争力，这也反映了文化所潜藏的效益，而独特的文化更具有象征性，更容易被宣传与推广。我们要学懂、弄通、做实习近平总书记的重要论述精神，更加自觉地增强“四个自信”。文旅 IP 评价体系选择将独特性放在首位就是为了发掘不同于西方主流文化的，属于中国的带有我国传统文化脉络的优质文化内涵，助力我国文化建设与民族自信心的建立。文化自信一旦确立起来，就将融入人们的精神生活，形成高尚的伦理道德、正确的行为操守、优雅的审美情趣，并在具体实践中规范、制约和激励人们的行动。① 文化的重大功能，是“教化”“化人”，内化于心，外化于行，融入人们的精神基因，使中华民族优秀传统文化和革命文化得到传承和弘扬。

地方发展文旅的目的自然是吸引游客前来消费，想要吸引游客就必须有能够吸引人的本土化特色文化，那么就一定要深挖当地具有可持续发展的文化特色及文化内涵。开发文旅 IP 还应结合当地的风土人情，考虑能否使游客找到共同的文化认同和情感定位，能否为游客提供优质的项目体验和服务，最终找到能够联系所有要素的核心，由此来确立发展地的 IP 定位。打造 IP 的独特性是发展文旅 IP 必不可少的前提条件。在 IP 的选择上也有一些特例，当文旅发展地缺乏良好的 IP 资源时可以主动寻找外界有生命力或已经成熟的特色 IP，在符合当地发展条件的前提下与 IP 拥有者进行合作共同开发文旅项目，最终实现共赢。

文旅 IP 的独特性是贯穿始终的，只有独创性的内容才有“知识产权”。通过主动识别并挖掘优秀地方文化，并利用多元化、个性化的方式进行呈现和传播，文旅 IP 建设有利于提升旅游产品的附加值、促进文旅深度融合和各类旅游品牌建设。一个 IP 用旅游的方式把它落地成一个项目，项目后期所面对的线上转化、虚拟世界、品牌售卖等强大的系统构成了它的独特性。独特性即为文旅 IP 的高度识别与唯一性，包含着文化挖掘与利用的内容。重视文化资

① 马九艳 . 当代我国文化自信研究［D］. 南京：东南大学，2019.

源的挖掘和利用，使其与旅游这一幸福产业相结合，将在推动地方文化发展与地方文化效益转化方面有着重要的作用。通过遵循差异化原则，选取不可替代的资源，形成独特的竞争优势，凸显出唯一性和排他性的品牌价值。

挖掘文化内涵是文旅 IP 的灵魂要素。在现在竞争十分的激烈旅游市场中，IP 的生存需要建立在文化精髓的挖掘基础之上，同时大众对旅游的认识已经走过了“看山看水看风景”的初步阶段，开始走向“观文品史，体验生活”的新阶段。在这一背景下，我们既要努力让群众更多地走近文博，又要加强融合创新，持续提升人民生活品质和国民综合素质。[①] 文旅 IP 的识别与挖掘就是要在看似纷繁无序的文旅资源中寻找内在关联性，并在此基础上进行价值筛选，识别挖掘可进行二次或多次开发的、符合文旅市场需求的文旅资源，深入挖掘其丰富的文化内涵，让资源背后蕴含的人文精神、文化基因活起来，形成鲜活的文旅 IP 体系。

一般而言，旅游目的地在长期发展中会形成一类有较高区域辨识度和知名度、留给游客鲜明主题印象的核心文旅资源。由于核心文旅资源自带“发光体”属性，通常能够快速得以识别，并作为文旅 IP 建设中的核心文旅 IP 进行培育。

在识别出核心文旅 IP 的基础上，旅游目的地政府及相关企业需要认识到隐藏在核心文旅资源背后的，往往是多种地域文化交织和伴生的隐性文旅资源。随着旅游需求的日益多元化，仅仅做好核心文旅 IP 文章是不够的，还要在梳理文化和旅游资源体系的基础上，深挖地域隐性文化旅游资源，将旅游产业要素与地域文化有机融合，形成独特的文旅 IP。[②]

如何精准挖掘文旅 IP 的核心？首先对旅游目的地的文化资源进行盘点、摸底和等级划分，经系统梳理形成该地区文化资源库。在此过程中，应突破传统的文化资源分析框架，考虑文化资源进行旅游化开发的可能性，根据文化的代表性、独特性、差异性，精准识别并挖掘能够充分代表地区文化特质、对客源市场有吸引力、整合后具有市场竞争力的文旅 IP。其次，在文化资源分析框架已经建立的基础上，深入理解文化资源内涵，讲好文化故事，激活文化遗存。以某一文化表象为核心线索，从一个或多个角度切入，引出相应的历史、

① 张佳仪 . 中国旅游产业创新与 IP 发展研究［J］. 中国旅游评论，2020（3）：65–73.

② 易开刚，胡怀雪 . 文旅 IP 的建设路径与价值创造［N］. 中国旅游报，2019–12–10（003）.

民俗、艺术、人物等故事，以点带面深入解读文化，讲好文化故事的核心内涵，用故事激活文化遗存，打造具有持久生命力的文旅 IP。最后，文化因传承而存活、延续。文化解码时需要把握合理的“度”。文化故事的关键是让游客接受，要把握游客群体的内心诉求，对故事的内容、形式、效果有一个总体的掌控。平衡文旅 IP 的文化内核与旅游化、商业化的关系，尽量保证原始文化内核原汁原味地呈现，保留文化的本真。

二、文化和旅游 IP 的应用性

从 2000 年“文化产业”一词被正式写进中央文件，2009 年国务院发布《文化产业振兴规划》，到 2010 年中央提出推动文化产业成为国民经济支柱性产业，再到 2017 年《文化部“十三五”时期文化产业发展规划》明确指出，2020 年文化产业成为国民经济支柱性产业。在不到 20 年的时间里，中国的文化产业从无到有、从弱到强，显示出惊人的活力和美好的前景。文化，已然成为推动经济发展的有力动能。中华文化之所以生生不息、经久不衰，是因为它能顺随时代变迁，唤醒良知，转移风气，涵养人心。因此在编制文旅 IP 评价体系时，文化的应用性被列为第二点，当谈论起 IP 的应用性，我们实际上是在讨论文化要素的活化，如何利用旅游产业的欣欣向荣赋予传统文化以生机与活力。当代社会，如何激发传统文化的活力，弘扬其内在精神，需要学术界、产业界的通力协作。这种协作，主要有五个发力点：探源性挖掘、原创性研究、传播性弘扬、体悟性实践和开发性应用。

文旅 IP 应用性主要有三种形式表达，分别是借用原有 IP、历史资源转化和内容转化。

一是借用原有 IP。如上海迪士尼主题乐园、环球影城、华强方特、杭州 Hello Kitty 主题乐园等，借助原有 IP 打造主题性乐园。IP 不仅仅带来了盈利，对于扩展品牌边界也有良好的作用。

二是历史资源转化。如故宫、兵马俑、莫高窟等，是属于不可复制的历史资源，充分利用这些历史资源，打造文化创意 IP。历史的资源是唯一的，但文创 IP 的创意并不是唯一的，要寻找资源特性，孵化出有辨识度、简洁、有符号性的 IP。

三是内容转化。“内容为王”的时代，文旅 IP 的本质是内容化产品的输出，但关键在于要清楚内容的落脚点始终不能脱离核心文化，产品的标准在于满足目标客户人群，传播旅游城市或景区或目的地的核心产品和文化价值。

随着社会的进步，文化也逐渐演变成人们的生活方式。从文旅 IP 的典型应用来看，时尚科技领衔 IP 活化，新零售助力价值变现。科技时尚元素不断融入，让旅游 IP 的发展有了更多的拓展。网红博物馆、非遗等文化 IP 推动了旅游品质升级，科技、时尚多元素融入 IP 催生出一批文旅新业态。抖音、快手等短视频传播扩大了文旅 IP 效应，推送城市新地标，拓展乡村文化传播空间。[①] 习近平总书记说，人民对美好生活的向往，就是我们的奋斗目标。对“美好生活”的向往和实践，也是文化发展的方向和主题。为了创造美好的生活，我们要生产出更好的精神产品，并不断促进文化产品的转型升级。具体来说，就是在扩充产品种类、提高产品质量的基础上，创造出有核心竞争力的品牌，以此来满足人民群众日益增长的精神文化需求。

本身自带原创属性的文旅 IP 如何通过创意性、个性化的呈现和传播方式持续放大原始文化艺术价值，构建文旅 IP 体系，强化游客对 IP 的认同感，是旅游目的地文旅 IP 识别与挖掘之后首先要考虑的问题。创新多元呈现方式，做好“文化旅游化”文章。可以通过小镇、节庆演艺、视觉设计系统等多元形式不断丰富并呈现文旅 IP 的不同侧面，为游客提供感受本地文化的多种载体。同时，围绕文旅 IP 串联 IP 内容，在建设文旅 IP 时有意识地明确不同区块独特的 IP 系和主线，促进 IP 体系化发展，围绕各类 IP 主题定位，形成区域文旅融合项目核心吸引力。

三、文化和旅游 IP 的价值性

文旅 IP 建设不仅进一步推进了文旅融合高质量发展，也促进了文旅 IP 相关产业发展及文创商品开发。以文旅 IP 赋能文旅融合，构建起完整的文旅 IP 产业链，形成效益递进的良性循环。文旅 IP 应具有完整的、系统的、积极向上的价值观，同时该价值观可提炼成鲜明的主题，且主题契合当下及未来旅游市场的基本需求。多样的价值针对不同类型的人群，可以使得不同观众产生根深蒂固的认同感，不仅仅具有传播广度，更具有传播深度，可以跨越文化、政

① 张佳仪 . 中国旅游产业创新与 IP 发展研究［J］. 中国旅游评论，2020（3）：65-73.

治、人种、时空，跨越一切媒介形式。由此，文旅 IP 通过其价值的沉淀对大众产生了审美影响和文化层面的持久影响。

文旅 IP 价值转化的落脚点是产业，要以文旅 IP 为核心，利用本地地域优势和产业优势，通过技术的介入和产业化的方式创新多元业态，连接文化和旅游产业的上下游产业链，推动文旅 IP 与相关产业（大数据、体育、教育、康养等）跨界融合发展，搭建 IP 展示与销售平台，培育形成 IP 创意产业链和产业集群，为地方经济发展构建新的经济增长点，有效提振地方经济。在文旅融合时代，文旅 IP 的建设已不单纯是一个产业问题，还要考虑它与地区的社会服务功能以及当地居民的生活需求相融合，增强当地居民对文旅 IP 的认同感和文化自信。以 IP 建设为抓手，持续扩大 IP 影响力，提高本地文化知名度，真正实现宜居宜游、主客共享常态化发展。

以文旅 IP 建设活化文化，提高文化价值创造。文化价值是社会产物，不能把文化价值仅仅理解为满足个体文化需求的事物属性。人不仅是文化价值的需求者，而且是文化价值的承担者。文化价值任何时候都是为人服务的，人类不需要的东西不具有文化价值。同时，文化价值又是由人创造出来的。不管是人的文化需要，还是满足这种需要的文化产品，都只能在人的社会实践中形成。人们创造文化需要和文化产品的能力，本身也是文化价值，而且是最本质的文化价值。任何社会形态都有该社会特有的文化需要，这种文化需要只有通过人们的文化创造活动来满足。因此，在社会文化价值中，发展人的文化创造能力具有重要意义。只有在社会主义条件下，人的文化创造能力才能得到充分的开发。由于文化需要的复杂多样，所形成的文化价值关系也是形形色色的。对于某个社会生活共同体具有文化价值的事物，对于另一个社会生活共同体可能不具有文化价值，甚至具有反面价值。例如，等级制度对于封建统治阶级具有文化价值，拜金主义对于资产阶级具有文化价值，但它们对于无产阶级和劳动群众却只有文化压迫的作用。克服文化价值的分裂和对抗，是社会主义文化建设的任务。

以文旅 IP 建设改善生活，实现社会价值创造。文旅 IP 发展通过不断增强自己的造血能力，将传统的文化、新的理念融入内容里面，不断推出有特色的文化或者一个概念，这样才能提升持久的影响力。相比较于传统旅游，文旅 IP 极大地丰富和完善了旅游产品的内涵和价值。IP 旅游不同于传统旅游，不是依托基础设施去投资建设景区，创造景观来获取盈利，而是将文化资产转化为旅游产品，以获取文化附加值，与游客在精神世界上产生共鸣。IP 与旅游结合，在国际上已有先行者。例如，火爆亚洲的熊本熊，它通过结合动画 IP+ 虚拟形象 + 旅行的结合来打造区域的知名度，在熊本熊诞生后的两年内，熊本县的旅游和商品收入约为 65.93 亿元。还有迪士尼通过结合电影和卡通、旅游公园和吉祥物等超级 IP 的传输来支持支撑产业化运作。

以文旅 IP 建设提振产业，加快经济价值创造。由品牌为企业带来效应，它是商业社会中企业价值延续，在当前品牌先导商业模式中，意味着商品定位、经营模式、消费族群和利润回报。树立企业品牌需要企业有很强的资源统合能力，将企业本质一面通过品牌展示给世人。树立方法：广告、日常行销、售后服务都有直接影响。品牌效应是品牌在产品上使用，为品牌使用者所带来效益和影响。品牌是商品经济发展到一定阶级的产物，最初的品牌使用是为了便于识别产品，品牌迅速发展是在近代和现代商品经济的高度发达的条件下产生的，其得以迅速发展即在于品牌使用给商品生产者带来了巨大经济和社会效益。①

四、文化和旅游 IP 的传播性

文旅 IP 的传播性，即释放自主势能、IP 黏性载体、定位精准、事件故事、渠道群体；视觉表达后需要借助精准的定位去确定传播的途径和方法，无论是打造一个故事，还是打造一个产品、衍生品或者卡通动画，精准定位都是非常重要的。IP 传播指品牌所有者通过广告、营销活动、公共关系、人际沟通等多种传播策略及各种传播工具，与内外部目标受众进行的一系列关于品牌信息的交流活动。它以构建品牌、维护品牌与消费者以及其他利益相关者之间的正向关系为目标，旨在促进目标受众对品牌的理解、认可、信任和体验，从而最优化地增加品牌资产。作为文化传播行为的一种，品牌传播具有所有传播活动所共有的特征——动态的过程。这就决定了文化的品牌传播是一项开放的、系统的、长期的工作，需要企业做好品牌战略规划，并保持一定的连续性，持之以恒地向目标受众传达品牌信息，同时根据市场变化及时对品牌做出调整，以

① 徐静，李臻昊．考虑品牌效应的大规模定制企业竞争决策［J］．品牌研究，2020（2）：98–100.

使品牌保持活力。

IP 传播性主要包含三大原则：

一是视觉体验原则。视觉吸引是引起行为的必要前提，视觉内容能够很好地体现文化消费场景的独特性从而成功地吸引受众，应该说视觉体验是读脸时代的产物，独特的视觉体验是形成游客心理记忆点非常重要的一部分。

二是情感共鸣原则。情感共鸣首先是在传达文旅场景的独特性、反映什么主题、适合什么人群。其次是场景中如何体现与目标用户的情感联结要素，并与之产生互动。

三是商业转化原则。旅游要落地不能只增加游客量，还要通过 IP 的转化形成情感共鸣，这就需要花很长时间来做产品定位，最终转化成可被实现的商业价值。

事实上，IP 传播的本质是一种营销手段，也可以说它是一种基于文化产业基础之上的新型商业模式。而文旅 IP 则更像是一种基于文化和旅游双产业基础上的新型商业模式。将文旅 IP 传播目标高度聚焦到了某个具体的人或产品形象上。这是因为，只有高度的聚焦，文旅项目才能将所有的资源和媒体曝光量高度的整合，从而实现媒体传播的聚变效应。此外，所有这些文旅项目的目标人群和传播目标群体应该是互联网的原住民。虽然他们还不是当前社会的主力人群，但这并不妨碍他们已经掌握了新媒体的传播话语权。它是“以 IP 为抓手，以 IP 为起点，以 IP 为核心，以 IP 为代表”的新型文旅产业操盘模式和思路。

同时，文旅 IP 也应该可实现不同艺术形式之间的转换，只有这样，同一 IP 的改编艺术形式才可加大传播力度、丰富传播的维度。文旅 IP 更强调传播性，更要求具有大众口碑的广泛传播性，符合人们最基本的情感诉求。文旅 IP的故事是助力其传播效力的基础，如杭州西湖的雷峰塔，正是民间故事《白蛇传》的广泛传播，使其从全国成千上万的塔中脱颖而出，蜚声中外。把文旅 IP 开发到极致、传播到极致、运用到极致，从而直接产生巨大的传播价值和口碑价值，将传播转化为生产力。

第三节 文化和旅游 IP 的评估细则

文旅 IP 的评价体系围绕四项评价内容，共设置了 15 项评价指标，其中独特性下设 5 项指标，应用性下设 4 项指标，价值性下设 3 项指标，传播性下设 3 项指标。

一、独特性指标

（一）主题定位

该指标要求主题定位准确，即文旅 IP 要有明确的开发建设目标，并且对开发建设的全过程有清晰的思路，要根据自身特有的旅游资源环境和特有的旅游市场，进一步将 IP 的功能确定下来。往往要用最简单、感性、直接的方式对外宣传，如一个项目主题一般只有一个，但 IP 可能存在多个，有的主题是景区本身自带的，有的主题是通过打造出来的，而精准的主题定位有助于未来 IP 的营销，同时也将成为 IP 区别于其他文化符号和品牌形象的标志。

（二）创新性

文旅 IP 应该具有创新性，创新性是其具有持续发展的生机与动力的根源，具体表现为 IP 拥有与其相关联的标识、形象、符号、产品等知识产权认证证书、专利证书、商标注册证书等。

创新是一种常态。在这个越来越去中心化的时代，旅游比很多行业有更多的创新空间和机会。因为，旅游最关注的是人，是对人、人性的情感、体验的关注总和。人一生要面对的各种关系，如人与人、人与自我、人与他人、人与自然，都可以在旅游中得到交感和丰富。而这五大关系，就是人与这个世界关系的基本重构每一个环节，都可以有创造性地参与，都需要用到创新。

文旅 IP 的开放性决定了它从主题、故事、形象、吸引物、活动、衍生体系、跨界，都先天地具有创新性。围绕它而展开的大数据、智慧旅游、各种线上服务、新技术革命也一样会带来创新。

（三）符号性

文旅 IP 要具有较强的符号性，这也是提升 IP 可识别性的重要指标之一，作为识别物的符号要简单易记，具体表现为具有生动鲜明的形象口号、标识和吉祥物等。

旅游作为客体，设计的形状、色彩、声音、味道，故事的叙述手法，情感的进入方式，多感的融合，项目的独特，参与或体验的深浅，都是一串一串的符号，文旅 IP 本身就是个符号。具体来说，旅游吸引物、旅游地表征、旅游所售卖的“时间”、旅游营销文本、旅游体验、旅游想象、旅游形象、旅游宣传口号、旅游行生品、旅游标识，都是符号，都处在文旅 IP 这个符号系统之内。

（四）系统性

文旅 IP 应具有系统性，其包括三个基本的特性。首先，文旅 IP 的系统具备有序性，有序性是依据整个系统中所存在和体现的相互关联性、规律性、稳定性，而其也具备相对独立、不规律、随机的不可控的无序性，是难以挑战的，所以为了系统满足系统一定的功能价值，我们应重视其有序性。在文旅 IP 的系统中，我们要抓住对有序性的认识，从而更好地构成一个有机的整体。其次，文旅 IP 的系统具备多元性，多元性是文旅 IP 的系统最为突出的性质，其既是多元性的统一，又是差异性的相协调。它所存在的差异性和多元性是整个系统发展的重要突破口。最后，文旅 IP 的系统要具备整体性，系统中各要素要按照其有序性构成一个整体，而这个整体就会具备多元性和统一性兼具的特征。文旅 IP 的系统大多具备两个以上元素，这些系统要素构成了系统的状态、特征、行为、功能等。

（五）延展性

文旅 IP 应具有延展性，从某种意义上说，不把旅游做到文化产业上去，就是失职。游客对文化的需求本就多方面，文旅 IP 所能提供的需求，更是全方位的不断地产生创意。常规框架里旅游行为的综合性、时间空间的延展性、景观意态的趣味性、旅游内容的丰富性，使旅游业能有个生长机制，在适合自身发展需要的文化形态里不断丰富旅游文化。

二、应用性指标

（一）文化基因

该指标要求文旅 IP 具有鲜明的区域文化特征，能够作为代表性文化彰显地方精神。文化基因指标同样鼓励文旅 IP 取材地方重点文化，代表一种地方特色文化内容。文化基因是凝结在物质之中又游离于物质之外的，能够被传承的国家或民族的历史、地理、风土人情、传统习俗、生活方式、文学艺术、行为规范、思维方式、价值观念等，是人类之间进行交流的普遍认可的一种能够传承的意识形态。①

（二）应用领域

IP 除了要用独特性，还需要将这种独特性转化为切实的效益，应用领域这一指标要求文旅 IP 要形成完整的应用体系，在商品、服务、活动等领域得到广泛应用。文旅 IP 城市 IP 的塑造无疑也已经成为城市形象打造与营销传播的重要法门。不仅能在城市功能上塑造城市形象，提升城市知名度和美誉度，推动城市产业经济的发展，而且能发展文化旅游新业态，积极发展品牌旅游业态、产品和品牌旅游企业。

（三）地域范围

地域范围这一指标是应用领域的承接指标，要求 IP 除了应用范围广，也要取得相应的应用效果。这种效果在该指标下体现为 IP 得到跨区域应用，且受众面广，辐射性较强，文旅 IP 已交融渗透到资源、创作、传播、体验等产业链条的各个层面和关键环节，不仅推动传统文旅产业转型升级，而且催生出众多新产品、新模式、新业态。②

（四）文旅融合

文旅 IP 是文旅融合大背景下的产物，在文旅融合进程中发挥精神引领作用，对文化和旅游融合的深度和广度发挥重要作用。将文旅 IP 融入旅游产品和服务当中，“以文促旅”即文化特色塑魂、文化品牌赋能、艺术工艺创品以及 IP 价值整合等。让游客在不断体验、感受不同文化的过程中传播文化，有

---

① 赵君香. 中国城镇化进程中的文化传承［J］. 山东大学学报（哲学社会科学版），2014(4)：34-43.

② 宋洋洋，冯颖. 文旅产品创新的核心是技术应用创新［N］. 中国旅游报，2019-09-16（004）.

利于推动旅游目的地文化的交流和价值的实现，扩大文化影响力，增强文化软实力。文化产业与旅游产业可以在融合发展中达到互促共赢，产生叠加放大效应。文化产业与旅游产业融合发展，应是一个以文化带旅游、以旅游促文化的过程，是一个既有经济效益又有社会效益的过程，是一个优势互补、相得益彰、互惠共赢的过程。①

三、价值性指标

（一）社会价值

文旅 IP 在构建应用体系与传播路径后必将产生一定的价值，其中排在首位的是社会价值，我们认为具有示范作用的 IP 能正确引领社会时代潮流，带动社会文明进步，在价值观引领、公益事业、生态保护、创新创业、国际交流等方面具有积极的影响。文旅 IP 是一种社会产品，具有深刻的社会属性。文旅 IP 的根本性价值包括：认识价值、审美价值、教育价值、伦理价值等。它对个人、团体，甚至整个社会，存在着经济意义和作用。

（二）经济价值

文旅 IP 除了要带动文明进步，推动社会正向发展，还要切实将文化通过 IP 构建转化成经济效益，推动当地经济发展，因此该指标要求文旅 IP 的应用在旅游目的地建设、文化和旅游产业发展、社区居民福祉增进等方面产生积极作用，经济效益显著。尤其是在网络技术和信息技术支持下，其经济价值主要体现在以下几个方面：首先，文旅 IP 经济价值可以提升城市形象。近年来，对古代名人的故乡的争夺越来越激烈，都想通过名人的影响力来促进城市文化遗产和价值品牌的建立，进而创造更大的价值。其次，文旅 IP 经济价值体现在经济结构调整的水平上。文化和旅游产业本身就是知识密集型产业，为了创造更大的价值，就需技术和人力资源的大量支撑，通常文化产品都具有较高附加值，能为经济做出更大贡献。最后，文化产业具有带动其他产业的作用。在经济全球化背景下，文化产业形成了完整的产业链，在其他产业中起着主导作用。以文化旅游产业为例，文化旅游不仅可以促进当地交通、餐饮、住宿、商业等相关产业发展，而且可以解决部分人口就业问题，经济价值和社会价值十

① 庄严．推动文化产业与旅游产业深度融合［N］．经济日报，2014-09-18（014）．

分明显。①

（三）文化价值

文化价值是文旅 IP 所应具备的基本价值，文旅 IP 的创建要能够充分发挥弘扬传承优秀文化，促进文化交流，创新文化载体，推进文旅产业的高质量发展的作用。时代的文化凸显时代的风气，时代的文化与时代的世界观、人生观、价值观紧密相扣，文化价值观与时代的精神文明、物质文明必然联系，时代文化引领新的人生观，时代文化代表着生产力前进的方向，文化价值观的形成与时代前进的方向、与时代的精神文明、与时代的生活文化需求紧密相连。努力提高文化载体价值，虽然它在文旅 IP 价值中所占的比重较少，但它是实现文旅 IP 价值的重要工具，是文化价值所依附的价值，缺少了它，文化价值也就不存在了。文化的大发展、大繁荣，必然以文化载体的多样化、繁荣化为必要内容和基本前提。②

四、传播性指标

（一）传播手段

有效的传播手段有助于提升文旅 IP 知名度，扩大其影响力，推动文旅 IP 应用范围的扩张和影响范围的辐射，采用不同的传播方式，不同的传播渠道，以及最后呈现的传播效果都是决定文旅 IP 是否能被打造成功的关键因素，该指标要求文旅 IP 应有专门的营销方案和广泛的传播渠道、方式。

文旅 IP 的传播渠道主要分为两种，其中一种是线上传播，其中主要包括社交媒体、OTA 平台、直播平台等，要成功打造文旅 IP，扩大其知名度，就要把握当下趋势，准确定位传播目标，做到线上广泛覆盖的程度。

文旅 IP 的传播方式主要分为两种，一种是造势传播，通过传播主体自己营造的传播方式，其核心系吸引力较强；另一种是借势传播，是一种通过借助相关的热点为自己助力的传播方式，其投入成本较少。一种合适的传播方式决定了景区文旅 IP 的传播效果，也要依据文旅 IP 主题定位的不同来进行选择。

---

① 杨晓燕，杨虎德. 文化产业如何实现经济价值与精神价值并举［J］. 人民论坛，2017（31）：230–231.

② 孙萍. 基于云模型的文化产品商业价值评价指标研究［J］. 商业时代，2014（11）：14–15.

（二）传播力度

该指标要求文旅 IP 的传播手段切实有力，能够起到足够的宣传效果，吸引一定量的人气。因此，该指标要求文旅 IP 在传播中要有一定的资金投入，以财政投入强化营销推广力度，提前布局策划，制订详细的营销宣传方案，力求突出文旅 IP 特色，打响文旅 IP 的辐射度、美誉度、标识度，全面提升文旅 IP 的吸引力、创造力和竞争力。

（三）传播效果

该指标主要用于检验传播手段与资金投入的效果，要求文旅 IP 知名度得到广泛提升，口碑效应明显。好的传播效果对于文旅 IP 的知名度提升是事半功倍的，不仅能够促进目的地快速发展，增强人民的幸福感和获得感，而且能达到吸引流量的目的。主要分为三方面，第一，有助于进一步提升文化和旅游目的地品牌形象。文旅 IP 在经过广泛传播后，能让游客对旅游目的地产生新的认识，也能消除游客对目的地原有的较差印象。第二，提高品牌知名度。文旅 IP 传播效果如何主要看知名度方面。一方面看新的媒体传播和游客评价指数是否较好，另一方面看是否有举办或参加区域性节庆类的活动。第三，客源数量短时性增加，文旅 IP 传播后对目的地形象及知名度的提升，短时间内旅游目的地的游客量会迅速增加，出现旅游人数的阶段性热潮。

第二篇　开发篇

第五章　文化和旅游 IP 的开发过程

第一节　文化和旅游 IP 的开发原则

一、开发要点

文旅 IP 开发的最终目的，是在文旅 IP 的基础上建立良好的文化和旅游产业生态系统，用一个文旅 IP 贯穿策划规划、产业链搭建、投融资、运营、管理等全过程，进而实现文化和旅游产业升级、品牌构建、社会和经济价值提升。在文旅 IP 开发的过程中要遵循以下三个要点：

（一）深挖故事做品牌

首先，文旅 IP 开发应该充分挖掘当地最有特色的文化基因，并深入开展文化基因解码，提炼特色文化，通过创意丰富故事内涵，通过艺术设计创造独特的故事角色，进而形成一个具有旅游目的地文化特色、能够充分展现地方旅游形象的文化和旅游 IP。其次，文旅 IP 开发要有一句辨识度极高的宣传口号或者一种价值观，能够让人记忆深刻，产生情感共鸣。通过图册制作、视频制作、导游讲解等进行理念的宣传，使 IP 根植于大众的心中，逐渐实现人人共知，这也是常说的 MI（理念识别）和 VI（视觉识别）系统的打造。

（二）创新符号出产品

在文旅 IP 打造的过程中，常常出现多个旅游目的地抢占一个 IP 的现象，导致 IP 的独特性丧失、趋同性增强，进而导致各地都无法讲好自己的品牌故事。因此 IP 开发的过程中要坚持文化的独特性和故事的原创性，将 IP 的故事与自身的特色文化充分融合，形成文化和旅游目的地特有的文化符号和文化记忆，并且这个文化符号要能够贯穿到当地的旅游核心吸引物、游憩方式、旅游业态设计等过程中，进而增强旅游目的地的体验感。

（三）产业扩张建生态

IP 的发展目标是能够实现价值转换和商业变现，在 IP 开发的基础上进行产业孵化，是实现 IP 变现的重要路径。首先要围绕 IP 开发系列衍生品，衍生出的产品越多，形成的业态就越丰富，这个文旅 IP 为目的地带来的价值就越大。其次，要搭建 IP 产品体系、构建 IP 业态矩阵，将文旅 IP 广泛运用到泛娱乐产业体系当中，形成文旅 IP 全产业链，打造旅游目的地文化和旅游产业融合发展的良性生态圈。

二、开发原则

（一）坚持资源保护，绿色发展

文旅 IP 开发要坚持“资源保护，绿色发展”的原则，以保护与改善生态环境和人文资源为基础，注重保护旅游地生态系统多样性、文化完整性以及文化和旅游资源利用的可持续性，使文旅 IP 得以健康发展。此外，文旅 IP 开发要着重强调可持续发展理念，注重科学合理地开发文旅 IP，延长其生命周期，协调好开发和保护的关系。

（二）坚持因地制宜，以人为本

在创造文旅 IP 的过程中首先应当坚持因地制宜，坚持一方水土一方文化，避免出现 IP 相互竞争以及同质化的现象，依托当地丰富的文化资源和旅游资源，发挥特色资源和特色产业的带动作用，创造富有文化内涵的旅游产品，将文化资源转化为文化资本和旅游吸引物，带动社会经济产业发展。其次，文旅 IP 要体现以人为本的思想，在提炼文旅 IP 的过程中更应该考虑到人民对于美好生活的需求。党的十九届四中全会提出，美好生活要从物质和精神、客观和主观多个维度进行创造和满足。现阶段人民的物质生活水平大幅度提高，实现美好生活更应在精神上、文化上进行创造和满足。因此，文旅 IP 应包含正向积极的价值观，在精神上满足人民日益增长的对美好生活的精神需求。

（三）坚持文旅融合，优化发展

文化和旅游的融合发展首先要求从过去各自提供文化艺术产品、观光游览产品到将文化内核以体验的形式展示给旅游者，更大限度地实现文化和旅游价值，进行实现文化和旅游产业创新发展。其次，需要重新识别文化和旅游产业的资源和能力，确定不同利益相关者之间的关系，从而进行产业创新。最后，传统的旅游产业，主要依赖门票或者演出获取收入，盈利渠道单一，因而需要探索多元的价值增长点。在文化和旅游融合发展的过程中，文旅 IP 应运而生，那么文旅 IP 在开发的过程中同样要秉承文旅融合的重要理念，通过文旅 IP 开发，将文旅融合贯穿到文化和旅游产业中，从而更好地促进文化和旅游的深度融合。

（四）坚持科技赋能，创新发展

“IP”具有内容性、独创性和商业性，是互联网时代的必然产物。坚持“IP 思维，创新发展”的原则，将可复制、易替代的文旅项目赋予不可复制、无法替代的文化内涵，挖掘特色历史文化，打造高度浓缩、独一无二的文旅 IP。此外，突破固有模式，着眼新需求、依靠新技术、创新新形式，大力发展“文旅 IP+ 主题游乐”“文旅 IP+ 文创消费”“文旅 IP+ 演艺”“文旅 IP+VR 体验”“文旅 IP+ 智慧平台”等多种模式，使文化拥有时尚的“打开方式”，实现厚重文化的轻松式表达，顺应市场发展趋势，提升旅游品质，抓住市场流量，提高游客满意度。

（五）坚持广泛传播，品牌驱动

文旅 IP 应具有传播性。首先，有一定知名度和一定粉丝群的文化产品或文化产品碎片才称得上是 IP，IP 的定义就要求其具有传播性。其次，旅游包括三要素，即旅游目的地、旅游客源地和旅游通道。旅游通道一方面指游客从旅游客源地到旅游目的地的交通路径，另一方面指旅游产品从旅游目的地传播到旅游客源地的途径，后者促进前者。文旅 IP 越具有传播性，越有知名度，旅游客源地的游客才更有动机前往文旅 IP 所在的旅游目的地。因此，在文旅 IP 开发的过程中，不仅要注重开发具有传播价值且有一定影响力的文化基因，以便于后续 IP 的打造和提升，而且应当注重品牌的打造，维护 IP 的文化价值，促进 IP 的广泛传播。

第二节　文化和旅游 IP 的开发步骤

文旅 IP 开发过程包括解码文化基因，打造文旅 IP；洞察市场需求，构建文旅 IP 体系；开发创新产品，形成产业闭环等。本节对现有文旅 IP 的资料进行搜集、整理和研究，着重探讨文旅 IP 的开发路径。

一、解码文化基因，打造文旅 IP

（一）了解文化基因内涵

“文化基因”这一概念最早出现在英国著名演化生物学家、动物行为学家和科普作家理查德·道金斯（Richard Dawkins）的著作《自私的基因》一文中。理查德认为文化基因与生物遗传基因相对应，是文化传播或模仿单位。他认为文化基因是人类之所以区别于动物的一种基因，这种基因不是百分百复制遗传信息，而是通过人类的自主选择和复制文化基因的部分或全部信息而得以传承。[①] 闵家胤则认为“文化是社会系统内社会—文化遗传基因（S-eDNA）的总和，是历代社会成员在生存和生产过程中心灵创造的积累，是社会的灵魂。”它是社会系统内的遗传基因。[②] 从闵家胤对文化基因的表述中可以得出，文化基因是文化对政治、经济、社会等的发展所起作用的具体体现，它记录着一个民族赖以生存的语言、艺术、思想、文化、历史……如果说理查德对文化基因的理解偏向于遗传基因的内部性动力，那么闵家胤对文化基因的理解则偏向于社会发展的外部性动力。根据克罗伯（Alfred L. Kroeber）和克拉克洪（Clyde Kluckhohn）对文化基因的假想，他们认为人类社会发展的文化系统也存在基因要素，即文化基因，它是文化进化过程中遗产的基因单位。[③] 综上所

① 理查德·道金斯．自私的基因［M］．北京：中信出版社，2012.

② 闵家胤．社会文化遗传基因（S-cDNA）学说［M］．桂林：漓江出版社，2012.

③ 王西涛，邵娟．文化基因在历史街区旅游开发中的应用［J］．蚌埠学院学报，2017，6（5）：158-161.

述，我们可以将文化基因理解为它是一个社会文化系统内部基因和外部基因的总和，反映了社会文化机体的遗传构成，对人力文化传承和发展有着重要作用，为社会发展提供了经济价值、社会价值和文化价值。

（二）解码优秀文化基因

那么，如何进行文化基因解码呢？这就要解决两个问题：“解什么”和“怎么解”。首先要了解文化基因解码的对象是什么。文化基因解码可以从两个层面入手，一是文化元素，二是文化要素。① 文化元素是文化基因的表现形式，可以按文化形态或文化颗粒来挖掘，如书法、故事、民乐、舞蹈、画作等。文化形态或文化颗粒再往下细分，则是具体的文化类别，如书法可以分为草书、隶书、篆书、行书等形体，舞蹈可以分为古典舞、芭蕾舞、民族舞、现代舞等舞种。文化要素则是文化元素包含的各种基本成分，如知识、艺术、道德、法律、风俗、价值观、语言符号等都是文化要素。那么怎么从众多文化元素和文化要素中获得需要解码的对象呢？我们需要对区域内众多文化元素和文化要素进行摸底调查，围绕优秀传统文化、社会主义先进文化和革命文化，根据各类文化形态对文化元素进行梳理，形成区域文化元素清单，摸清地域文化总体脉络，并从中挑选开展文化解码的重点文化元素。这些各具特色的重点文化元素，就是构成文旅 IP 的初始基因。其次是弄明白怎么解码各类文化基因。针对区域发展过程中的各类文化基因，要对文化元素和文化要素进行系统梳理。为了方便理解和掌握，社会学家将文化要素分成四大类：物质要素、精神要素、语言要素和规范要素。在梳理过程中，要剖析文化基因所包含的物质、精神、语言、规范四大要素，从这四个维度中提炼出影响当地人思维和行为规范的效用价值，总结其中最关键、最核心的知识点，形成体现地域特色的文化基因密码，加以保护、发展和传承。解码时要把握合理的“度”，掌握当地人和游客的内心诉求，平衡文化元素和旅游化、商业化之间的关系的同时，保留文化的本真，呈现初始文化基因的文化内核，并引导当地人和游客接受其文化价值观和行为准则，培养积极健康的生活方式，塑造文化政治认同。

（三）提升文化核心价值

文化基因解码后，要以其为切入点，全面、深入挖掘文化内涵，解码每一

① 吴福平．文化基因如何解码？［N］．台州日报，2019-07-24（005）．

种文化形态，系统阐述文化价值，对文化元素进行提炼和升华，提升文化核心吸引力。首先，要对区域文化元素进行盘点和等级划分，在对文化基因解码的基础上，编制文化基因图谱，构建该区域文化基因库。在这个过程中，要考虑文化元素旅游化开发的可能性。根据文化所具有的代表性、独特性和差异性，精准识别和挖掘可进行二次或多次开发、能吸引客源市场、具有市场竞争力的文旅 IP。[①] 其次，在文化基因库已经建立的基础上，深入挖掘文化内涵，以点带面解读文化，激活文化遗存，让文化基因得以更好地保存和传承，并在传承过程中提取优秀文化元素，将其植入文化和旅游产品、空间、设施等，增加其文化价值，打造具有强大竞争力和持久生命力的文旅 IP。

（四）推动解码成果应用

挑选出优秀的文化基因后，就要考虑如何充分发挥优秀文化基因的内在优势，将文化优势转变为文化和旅游发展优势，更加扎实地推进优秀文化基因在文化和旅游发展中的创造性转化、创新性发展，这就要做好文化基因的转化和利用。

如何有效地转化和利用文化基因呢？核心在于“在哪儿用”和“怎么用”。文化基因有许多类别，如历史文化基因、民族精神基因、文学艺术基因、建筑文化基因、餐饮文化基因、习俗风俗基因等。不同文化基因在文化和旅游发展过程中的应用方式各有不同，也就是转化利用载体，如旅游景区、风情小镇、动漫、文化活动、影视剧、文学作品、旅游商品和文创产品等。根据解码成果，我们可以规划设计一批旅游景区、主题民宿、旅游线路，创作一批精品文艺作品，设计开发一批文创产品，打造一批景观小品、品牌文化节庆活动。在旅游景区中，还可以将文化基因植入标识系统、特色游步道、休憩设施外观等。通过文艺精品创作、景区规划建设、节庆活动打造、文创产品研发等方式，加强不同类别文化基因的集成，建立文化基因转化利用长效机制，推动文化创造性转化和创新性发展，实现文化旅游产品和市场的效益转化。

二、洞察市场需求，构建 IP 体系

大众旅游时代下，个性化、定制化旅游需求不断增长，碎片化、细分的

① 易开刚，胡怀雪．文旅 IP 的建设路径与价值创造［N］．中国旅游报，2019-12-10（003）．

“小众市场”也不断出现，势头良好。在此背景下，随着观光游、休闲游的常态化和普及，人们对乡村旅游、文化体验、研学旅游、运动养生等个性化特色旅游的需求不断增长，深度体验游逐渐成为旅游的主流趋势。因此，洞察游客对文化和旅游的消费需求，注重需求变化是关键。随着大数据、云计算、互联网、5G、人工智能等现代信息技术的发展，大数据手段被用来对互联网搜索指数、游客评论、游记攻略等进行游客需求和情感分析，为文化和旅游产品量身构建符号体系，以便对文化和旅游产品进行市场化精准投放。确定文化和旅游主 IP 后，可以根据合适的分类进行文化和旅游子 IP 的创建，促进文旅 IP 体系化发展，形成文旅 IP 产品谱系。例如，开化县在谋划文旅 IP 建设时就有意识地打造多样化 IP，以区块为类别，明确各地区独特的 IP 体系和主线，创新构建了“1+10+N”文旅 IP 体系，以“1 个核心 IP，10 个优质 IP”为重点发展方向，其他 IP 为补充的模式，推出了全国首个县域级文旅 IP，形成区域文旅融合项目核心吸引力，推动开化县文旅 IP 体系化发展。

文旅 IP 体系的构建可以分为 IP 内核延伸体系和 IP 运营管理体系两部分。IP 内核延伸体系主要围绕提炼出的各类优质文旅 IP。在众多文旅 IP 中，明确主 IP 和次 IP，围绕主次 IP 构建系统化的 IP 体系，以主 IP 为核心进行集群发展。针对不同的文旅 IP 体系，要探寻文旅 IP 的发展脉络，在传承和发扬传统文化的基础上，做好传统文化脉络的梳理和历史故事的再演绎，并在 IP 建设过程中植入文创、艺术、时尚等元素，使文旅 IP 更贴近游客和消费者的需求。同时，要做好文旅 IP 的活化、可视化和可触摸化，如宣传口号、文创产品、文化演绎、节庆活动等。IP 运营管理体系的构建则要与 IP 发展战略相适应，主要包括 IP 发展理念、IP 呈现与传播、IP 评价与考核、IP 价值转化等四个层面。通过构建 IP 运营管理体系，将文旅 IP 建设过程中的各个方面都以系统化的思维模式加以运营管理，确保文旅 IP 可持续健康发展。①

三、开发创新产品，形成产业闭环

优秀的 IP 应该具有立体多元的渠道联动体系和在地落实的能力。② 文旅 IP 体系构建完成后，可以对其进行 IP 的授权和衍生产品开发，延伸 IP 产业链，

① 易开刚，胡怀雪 . 文旅 IP 的建设路径与价值创造［N］. 中国旅游报，2019-12-10（003）.

② 张晶，寇方译 . 文旅 IP 构建路径探究［J］. 当代旅游，2020，18（8）：12-13+16.

形成产业链闭环，提升文旅 IP 价值。一个优质的文旅 IP 想要获得长期良性发展，就要不断挖掘其内容，并进行衍生产品开发，通过粉丝的不断积累来提升 IP 自身的价值。随着 IP 价值的不断提升，又能产生新的衍生产品，从而延长 IP 的生命周期。

在此过程中，粉丝用户是文旅 IP 成功的核心要素，尤其是由文旅 IP 的独特性而形成的核心受众。这些受众的聚合与互动可以构建文旅 IP 的亚文化群体，最终这个群体会反哺文旅 IP 产业链。当某个文旅 IP 已经具备足够的名气和足够的粉丝群体的时候，那么我们需要做的是根据粉丝需求的变化，适当开发出相关的文旅 IP 衍生品。衍生品既可以自己投资开发，又可以通过授权的方式给别人开发，从而得到更多收益，通过产业化的收益来支撑起 IP 内容的迭代（见图 5-1）。

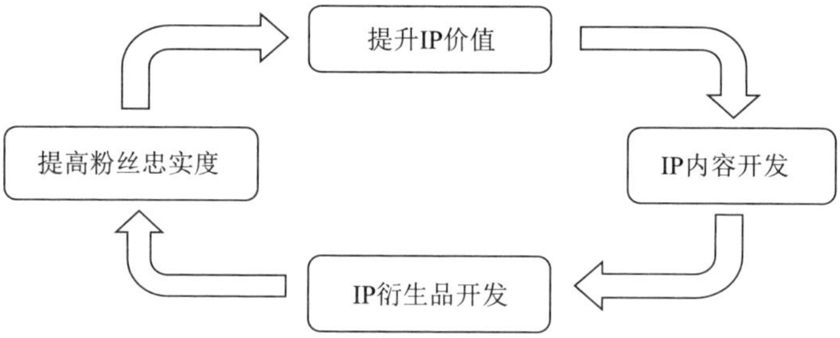

图 5-1　文化和旅游 IP 发展循环

产业是文旅 IP 实现价值的落脚点。在文化和旅游产品设计开发过程中，要以文旅 IP 为核心，利用当地地域优势和产业优势，依托高新技术，在产业价值链变化过程中创新文化和旅游多元业态，在不断分解和重组产业价值链的过程中，使文化和旅游产业的上下游产业链不断优化和拓展，推动文旅 IP 与互联网、体育、康养、教育等相关产业融合发展，搭建文旅 IP 产品展示与销售平台，培育文旅 IP 创意产业链和产业集群，拓宽产品的变现途径，实现多品类交互和资源最大化共享。[①] 在产业链发展过程中，营销推广是非常重要的一环。产品进入市场的渠道日益多元化，企业需要通过各种平台不断输出产品内容，多渠道进行传播推广，增加产品和消费者之间的黏性和互动，提高消费

① 易开刚，胡怀雪．文旅 IP 的建设路径与价值创造［N］．中国旅游报，2019-12-10（003）．

者对产品的重视度。

随着 IP 市场的蓬勃发展，产业结构不断完善，逐渐形成了一套完整的产业链：首先，利用优质文旅 IP 开发相关衍生品，并跨界合作形成版权交易市场。其次，通过分析目标受众的需求来开发 IP 动漫产品、游戏产品、实体书、影视作品、周边产品等，形成衍生品市场。最后，通过实物消费、粉丝运营等手段来实现 IP 变现（见图 5–2）。

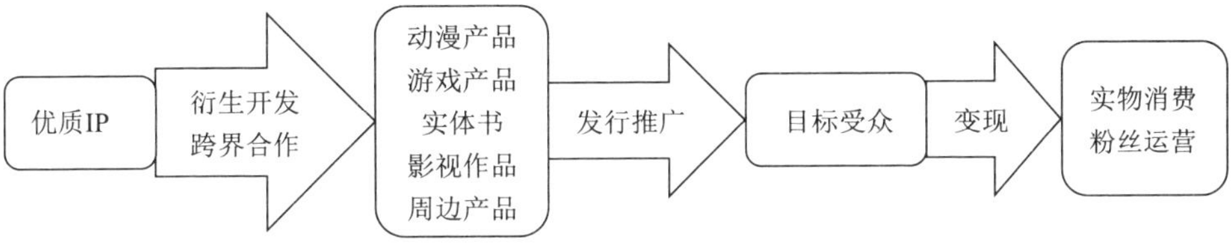

图 5–2　文化和旅游 IP 产业链流程

第六章　文化和旅游 IP 的设计基础

第一节　文化和旅游 IP 的设计理念

一、文化和旅游 IP 的设计原则

（一）地域独特性原则

在文旅融合的大背景下，每个旅游目的地都有独特的自然景观与风土人情文化，而开发文旅 IP 的目的是打造旅游目的地的独特性，吸引各地的游客来到旅游目的地，促进旅游业及周边的发展。文旅 IP 的形成极大程度上来源于本地区独特的地域文化象征，而创意是设计文旅 IP 的灵魂，设计者应充分利用当地地域文化符号，深度挖掘其独特性，考虑如何将其运用到文旅 IP 设计当中，通过不断地尝试，将景区文化内涵、品牌价值以及理念精髓体现出来，从而使文旅 IP 更容易被大众识别。

（二）审美艺术性原则

旅游是一种综合性审美实践活动，融合了自然美、艺术美、生活美和心理美，是满足旅游者心理愉悦的过程。文旅融合视角下的 IP，应当具备比较高的艺术性。对于文旅 IP 的建立，不仅要体现区域文化特征，而且要体现旅游景点美的共性，良好的文化道德和审美观念的培养，会使人们形成正确的价值观，将游客的想象力激发出来，甚至会让游客对旅游目的地产生感情。所以，在塑造文旅 IP 的过程中，要满足大众审美需求，通过对当地旅游审美活动的深入探究，把人们的审美理想和价值取向表现在视觉符号中，从而做出满足大众审美需求的视觉化设计。

（三）时代化发展原则

中国自古以来就有多种多样的图形符号，每个观光地都有自身独特的文化，这些文化是中华文化的缩影。文旅 IP 形象想要独树一帜，就要具有旅游景区的特色，并结合当地的特性，将本土化的特色体现在设计的意识形态和设计手法上。在品牌经济的时代背景之下，人们的审美意识和观念都在与时俱进，文旅 IP 形象也要随着时代的发展来打造。时代化的发展要建立在本土化的基础上，如果设计中不融入本土化的元素，那么旅游景区的文化内涵就会丢失，而提高设计的时代化，就必须具有时代性的审美，这两者相辅相成、相互促进。

（四）整体统一性原则

整体统一性原则是指文旅 IP 的设计要注意整体和细节的统一。文旅 IP 的统一性不仅体现在 logo 图形、字体和色彩上，而且在应用系统中也要遵循统一性原则，如旅游导视系统设计、旅游网站设计和旅游户外宣传海报设计等。就像一幅名家的画作一样，不但要保持画面上的整体风格统一，而且要在画面中展示细节的部分。比如，乌镇的网站设计和标志设计就体现了整体统一性的原则，设计师将乌镇的景区文化元素完美地融入方方面面，包括交通、美食、住宿等。这样的文旅 IP 不但能给游客留下深刻的印象，而且能使文旅 IP 形象在推广中更容易吸引人们的注意力。

（五）坚持创新性原则

文旅 IP 是经济社会快速发展的成果，它具有商业性、独特性和内容性。要深度挖掘地域历史文化内涵，坚持创新性原则，打造出高度概括、独树一帜的文旅 IP。另外，要在原有基础上打破规律，从创新的角度出发，利用科技创新技术、创新模式，打造“文旅 IP+ 文艺表演”“文旅 IP+ 智慧旅游”“文旅 IP+VR 体验”“文旅 IP+ 娱乐项目”等各种新业态，顺应旅游市场发展动向，在大方向中找准定位，提高旅游品质，满足游客的个性化需求。

二、文化和旅游 IP 的定位

文旅 IP 设计的首要问题是解决文旅 IP 的形象定位。概念设计的重点内容是形象定位，一般采用简洁的语言作为口号来进行表达，精练的口号是文化和旅游形象的浓缩表达，通过宣传这些口号，在游客的心中设定一定的形象。游客通过这些口号，熟悉并了解到自己选择的是什么样的文旅 IP，这个形象是吸引人们到旅游目的地游玩的重要牵引力。

（一）文化和旅游 IP 的定位方法

如今旅游业的发展如火如荼，一个具有特定功能又令人眼前一亮的文旅 IP 形象，是目前占据旅游市场的重中之重。对于文旅 IP 的定位，如何来确定其功能，是要依据旅游目的地自身的市场和资源环境情况来决定的，具体定位方法有以下几种：

一是文旅 IP 的反常性定位方法。这个方法不是对文旅 IP 功能的直接定位，为了凸显其特色往往会采用与功能相反的宣传口号。有的城市为了增强其文旅 IP 的吸引力，会提出多条宣传口号来提高其 IP 知名度。例如，菲律宾提出的宣传口号“小心胶卷不够”是因为当地的景色很美，“小心潜在海底太久”是因为当地的海底世界风景令人留恋，“小心被晒黑”是因为这里的阳光十分充足等。

二是文旅 IP 的综合性定位方法。因文旅 IP 具有综合性特点，所以不能单单从其中一个旅游功能进行定位，应综合性、多角度来考虑定位。例如，可将文旅 IP 的多种功能进行结合，旅游度假景区往往包含多种功能，其中度假、娱乐、休闲为最主要的功能。另外，还有商务接待、旅游观光等功能。可根据度假景区的不同主题进行不同的定位，如康养度假、体育度假等；也可根据不同的旅游功能进行定位，如五台山既是中国佛教四大名山之首，也是著名的避暑胜地，具备这两大旅游功能使五台山成为旅游胜地。

三是文旅 IP 的再定位方法。这种方法是根据当地旅游消费情况而变化的，一个成功的文旅 IP 就要不断适应旅游市场需求的变化。例如，早在 1990 年，我国为了适应旅游者的需求，设立了几种不同的旅游主题年，包括度假旅游、历史文化旅游、风景观光旅游等，文旅 IP 的功能定位也会根据不同主题进行调整。因此再定位方法不能仅仅在表面上做功夫，而要在原有目的地本身的旅游功能基础上融入新功能、增加新业态，从而使得原有旅游目的地给人耳目一新的感觉。比如，广西桂林最为出名的是桂林的山水，但是桂林市的城市整体风貌较为滞后，对此，相关部门在规划方面做出调整，将桂林市的城市整体面貌进行提升，让桂林的山水和城市面貌形成一个整体，增加不同功能的定位，使桂林市的旅游业重新活了起来。

（二）文化和旅游 IP 定位的基本要求

文旅 IP 形象是无形的旅游产品，无形文旅 IP 的是旅游产品的灵魂，文旅产品是展现文旅 IP 的重要载体。① 因此，对地方文旅 IP 进行准确定位是至关重要的，这里列举以下基本要求。

一是文旅 IP 的多方位性。关于文旅 IP 的定位设计是多方面的、相对的。大级别旅游景区的文旅 IP 包含了小级别旅游景区的文旅 IP，想让一个旅游景区的文旅 IP 具有竞争性，其设计就应更具有代表性、更加具体。大级别旅游景区的文旅 IP 是经过各个旅游景区的文旅 IP 精炼出来的，全国的文旅 IP 又是由各个旅游景区、省份的文旅 IP 组成的。因此，对于文旅 IP 的设计可以从多风格化、多层次、系列化等方面去考虑。

二是文旅 IP 的文化性。旅游业之间的竞争压力日益增大，而文化环境是旅游业发展的基本要素，旅游活动也是文化产业的一种，即便是自然的文旅 IP，在经过设计打磨后也会具有文化的痕迹。例如，湖南张家界国家森林公园是中国第一个国家级森林公园，园内连绵重叠着数以千计的石峰，或奇峰陡峭嵯峨，或孤峰独秀，或群峰相依。在导游介绍其美丽的风景时，也会将张家界的风景拟人化。一个成功的文旅 IP，必然会有文化的印记，一点文化的印记都没有的文旅 IP 是不存在的。因此，打造文旅 IP 时应将其深厚的文化底蕴融入其中，设计师应对文旅 IP 及其相应的文化环境做深入研究和了解，其中包括历史文化、建筑设计、餐饮美食等方面，如此才能设计出具备当地文化特色的文旅 IP。

三是文旅 IP 的多样性。文旅 IP 是由旅游景区资源及文化环境精炼出来的，它具有当地的本土文化特色。例如，陕西省的秦始皇兵马俑作为世界知名的文旅 IP，其兵马俑文创产品远销海外，泰国将佛教文化融入特色旅游商品中，让游客感受到泰国浓烈的佛教文化和风土人情。文旅 IP 的文化性还应具有艺术特色，在设计文旅 IP 时可以运用古诗词、文学典故等，使文旅 IP 更加简洁、明了，使游客印象更加深刻。成功的文旅 IP，不仅要体现其审美艺术特征和深厚的文化底蕴，而且要精炼出旅游景区环境和旅游产品的特色。

四是文旅 IP 的动态性。文旅 IP 的设计一定要新颖，令人眼前一亮，不能

① 冯卫红，邵秀英．旅游产品设计与开发［M］．北京：中国科学技术出版社，2006.

单纯地从几何图形出发，毫无新意。文旅 IP 的创新是多种多样的，要根据旅游景区的资源和当地的环境，在一定范围内，它是独树一帜的，如令人叹为观止的埃及金字塔，让古埃及人民的智慧一直流传下去。对于一些新开发的旅游景区来说，打造属于自己独特的文旅 IP 形象和品牌，就要深度挖掘其独特性。例如，土家族吊脚楼具有鲜明民族特色，优雅的“丝檐”和宽绰的“走栏”使吊脚楼自成一格。这类吊脚楼比“栏杆”更成功地摆脱了原始性，具有较高的文化层次，被称为巴楚文化的“活化石”。在设计文旅 IP 之前时，深挖 IP 的文化内涵以及 IP 的新奇点，土家族吊脚楼就是一个很好的例子。我国目前也有同类较为知名的文旅 IP 产品，如山西民居、北京四合院等，但将土家族吊脚楼布局、周边环境，与巴楚文化结合起来，它的特色就凸显出来了，正是这种特色成功引起人们的注意力，土家族吊脚楼这一文旅 IP 应运而生。

文旅 IP 的创新应是不断变化的，不仅要根据人们的审美需求变化而变化，而且要根据旅游市场的动向发展来进行调整。所以，文旅 IP 要体现深厚的文化内涵、与时俱进、坚持创新，才能一直被人们关注和喜爱。

第二节　文化和旅游 IP 的设计过程

IP 形象具有简单、识别度高、容易传播的特点，它既是品牌形象的补充，又是品牌设计的丰富。比如，我们一看到黑猫就会想到天猫，一看到金属狗 JOY 就会想到京东，一看到带红围巾的企鹅就会想到腾讯。光听名字就能浮现卡通形象，这就是 IP 形象设计的魅力所在。近几年，IP 形象受到热捧，随着文化和旅游的融合，文化和旅游 IP 形象的关注度也越来越高，不少企业也已打造出成功的文化和旅游 IP 形象。一个好的文旅 IP 形象既能成为优秀文化和旅游内容的象征，又能代表文化和旅游品牌以及企业的形象，其形象设计已经成为品牌宣传推广的重要环节。

一、文旅 IP 视觉形象设计

（一）视觉形象设计方法

1. 文化符号的提取

“符号是沟通人与世界的桥梁和精神媒介”，[①] 它的定义在传统意义上有很多种说法，涵盖范围也十分广泛，系统论创始人贝塔朗菲曾指出：“文化世界本质上是符号的世界，任何事物都可以纳入符号的范畴”。[②] 它可以指有代表意义的任何对象，也可以用来传达各类信息，如风雨雷电等天气，文明礼仪等习俗，花鸟虫鱼等动植物，宫殿楼宇等屋舍，甚至心里的所思所想等，都是具有代表意义的符号。文化符号是指具有某种特殊文化内涵或意义的标识，它具有很强的抽象性，可以是一个企业，也可以是一个民族、一个地域或一个国家。文化符号是文化内涵的重要载体和形式，凝聚了一个地区或一个民族的鲜明文化特征。地域文化符号作为文化的表现和存在形式，对视觉符号的构建有着一定的现实意义。视觉符号是事物和知觉之间沟通的桥梁，是地域文化的表现形式和重要载体。[③] 在一定程度上，视觉符号的创意设计建立在地域文化的基础上，其呈现形式也会传达出一定的地域文化特征。

本节所讲的文旅 IP 视觉形象，就是视觉符号。要塑造鲜明的文旅 IP 形象，需要借助地域文化符号的凝聚功能和形象传播功能，因此地域文化符号对文旅 IP 形象的塑造十分重要。在塑造文旅 IP 视觉形象的过程中，要严格遵循民族性原则，普适性原则，古代、现代和未来相统一原则以及与地区形象定位相一致原则四大原则，并结合地区的实际调研情况，以此成功提炼地域文化符号。[④] 以澳门旗徽的设计为例，澳门市区主要在澳门半岛，半岛状似莲花，莲花在中国又有吉祥之意，旗徽运用了莲花图形，完美地强调了对地域文化的认知，塑造了一个成功的视觉形象。

2. 具象和抽象结合

视觉形象的设计还可以将具象形象和抽象思维相结合。具象形象是提炼地

---

① 赵平 . 基于设计符号学的旅游产品设计——以台儿庄古城文化为例［J］. 美术观察，2020（5）：156–157.

② 徐恒醇 . 设计符号学［M］. 北京：清华大学出版社，2008.

③ 李冬梅，王家民 . 地域文化与视觉符号设计［J］. 新西部，2007（20）：205–206.

④ 王丹 . 文旅产业发展大会视觉形象设计研究［D］. 石家庄：河北科技大学，2019.

域文化符号时所表现出来的真实事物形态，地区内的代表性建筑造型，独特的自然、历史、人文资源，经典图案等都可作为地域文化符号提炼。建筑方面，有如国内的故宫建筑群外观、西藏布达拉宫建筑外观、开化根宫佛国、山西平遥古城，国外的巴黎埃菲尔铁塔、日本东京塔、埃及金字塔、悉尼歌剧院等；自然资源方面，又如国内的安徽黄山迎客松、贵州黄果树瀑布、四川九寨沟、青海茶卡盐湖，国外的尼亚加拉大瀑布、科罗拉多大峡谷等；文化工艺方面，有如国内的张家口市蔚县剪纸纹样、浦江剪纸纹样、青花瓷、篆刻印章、京剧脸谱、皮影戏、蜡染等，以上都是具象形象的表征。

文旅 IP 的视觉形象在设计过程中，要以抽象思维去塑造具象形象，形成具象形象的文化符号，使其具有可行性。比如 2008 年北京奥运会的标志，就将中国特点、北京特点和奥林匹克运动元素巧妙结合，标志以中国传统文化符号——印章作为主体表现形式，将印章和书法等艺术形式和运动特征相结合，经艺术手法巧妙变形，形成一个形似向前奔跑迎接胜利的运动人形，同时兼具“京”字的神韵，蕴含浓厚的中国韵味。这就是视觉形象设计过程中的抽象思维方式，通过主观能动性对具象形象进行转化和延伸，使其更能展现地域文化的精神内涵，同时具有代表性和不可替代性。[①]

3. 色彩的合理运用

歌德（Grado）说过：“颜色对于人的心灵有一种作用，它能够刺激感觉，唤起那些使人激动使人痛苦或使人快乐的情绪。”[①] 色彩是视觉形象设计的要素之一，其情感表现对视觉形象有着至关重要的作用，它的巧妙应用可以增强视觉形象的艺术感染力。要设计出具有代表性的文旅 IP 的视觉形象，就要合理应用地域文化中的色彩，提炼每一类地域文化符号所代表的典型颜色，如用湖蓝、草绿、明黄等清新亮丽的颜色来代表自然资源符号，用大红、土黄、红棕等具有历史厚重感的颜色来代表中国传统文化符号，用安徽传统建筑中的白、黑、灰等颜色来代表徽派建筑文化符号等。

消费者在接触文旅 IP 的视觉形象时，首先看到的就是视觉形象的色彩表达，然后去构思视觉形象的内在含义。不同地区、不同民族、不同文化对同一个视觉形象所表达的色彩含义以及对色彩的理解是不同的，同一种色彩在不同

① 沈强．浅谈书籍设计中的色彩系统应用［J］．艺术科技，2012，25（4）：66-67.

视觉形象中所表达的含义也有所不同。因此，要合理掌握色彩在视觉形象设计中的应用方法，其中一种方法就是上述提到的和地域文化符号相结合，根据不同地区的地域特征，通过市场定位和客源分析来确定色彩的选取方向，以湘西籍艺术大师黄永玉设计的“酒鬼”品牌包装视觉形象为例，该形象采用麻袋色作为主色调，并配合瓶子造型，很好地体现了湘西的文化特色和民族风情，可以说色彩的应用是该形象的一大亮点。

色彩的应用还要懂得把握整体并且突出重点。主调色彩决定了视觉形象体现出来的整体色彩特征，也是消费者感受到的直观印象。在把握整体色调的基础上，要适当调整其余色彩的占比大小，用小面积与主调色彩相冲突的配色来突出局部，增强视觉形象设计的主题性。除了对色彩的表层应用，在视觉形象设计过程中还可以融入创意元素，加深视觉感受，使视觉形象更具有独特性。以嘉兴的城市形象标识设计为例，嘉兴的城市形象标识设计灵感来源于南湖，以一艘红船行于南湖之上的意境来表现水乡城市的嘉兴古城，标志还加入了南湖地标烟雨楼，与红船交相掩映，体现了嘉兴包容开放的城市精神。该设计打破了惯性思维，舍弃了以往城市柔美气质的色彩表征，令人眼前一亮。因此，文旅 IP 的视觉形象在设计过程中，不仅要灵活运用色彩，而且要更加富有创造性，增强视觉形象的吸引力。

（二）视觉形象设计策略

大多数文旅 IP 的视觉形象设计会有意识地融入地域文化，其最终的设计呈现也会体现地域性特征。根据不同地域的自然人文历史特征，可将地域性特征分为自然地理特征、历史文化特征、民俗文化特征三大特征。因此，文旅 IP 的视觉形象设计策略可根据三大特征分为以自然地理特征为主的设计策略、以历史文化特征为主的设计策略、以民俗文化特征为主的设计策略三大设计策略。

以自然地理特征为主的设计策略要求在设计过程中深入挖掘地域性自然地理特征的视觉符号，将其作为主要的设计元素，运用现代设计理念和手法，并结合历史文化特征和民俗文化特征的视觉符号，达到具有自然地理内涵的视觉设计效果。以历史文化特征为主的设计策略要求在设计过程中深入挖掘地域性历史文化特征的视觉元素，提炼历史文化元素的视觉特征，结合自然地理特征和民俗文化特征的视觉符号，强化历史文化特征的视觉符号效果，凸显视觉冲击力和内涵，给消费者带来深层次心理认知，达到凸显历史文化特征的视觉设计效果。以民俗文化特征为主的设计策略要求在设计过程中提炼具有地域性民俗文化特征的视觉符号，如剪纸、图腾等，形成设计元素融入视觉形象设计，并结合自然地理特征和历史文化特征的视觉元素，达到凸显民俗文化特征的视觉设计效果。[①]

在文旅 IP 的视觉形象设计过程中，很难完全将三大特征割裂开来，因此一般设计中都是凸显其中一个最重要的地域性特征，其余两大特征辅以配合，以此彰显差异化视觉效果，也更有利于文旅 IP 视觉形象的认知和形成。

（三）视觉形象设计流程

1. 设计要点

一是需求沟通。要设计出一个好的文旅 IP 视觉形象，首先要做的就是明确 IP 视觉形象设计需求，之后构建 IP 设计框架，确定设计方向，制定设计策略。设计策略制定的过程就是将文化和旅游资源 IP 化的过程，这些资源可以是有形的，也可以是无形的。通过把资源 IP 化，形成一个可以传播的形象、体验或产品，消费者可以用视觉、味觉、听觉、触觉和嗅觉等感知来进行互动，从而增强粉丝忠实度，获得高频消费。在制定设计策略时，还要对消费群体进行画像并分析，这样设计出来的 IP 视觉形象不仅符合产品定位，而且能得到消费者的喜欢和认可。

二是建立形象库。提炼出地域文化符号后，要发散思维，将所有能想到的创意通过视觉方式呈现出来，绘制创意手稿，形成设计方案，归纳并简化形象，筛选出比较合适的设计方向进行细化。绘制手稿时一方面需要关注消费群体的需求，另一方面也要结合设计定位，这样设计出来的方案才是最有效、最清晰的。确定设计方向后，就要根据设计方向来设计形象，建立 IP 视觉形象库。形象库建立时需要注意两个关键点：一是 IP 视觉形象要彰显个性，让人一看就感觉富有生命力；二是要充分考虑 IP 背后的产品特质和营销场景。形象库建立完成后，可以直接应用于各种平面媒体，也可以应用于立体周边产品等。

三是归纳管理。视觉形象设计好后，要站在落地和效率层面考虑，通过制

① 黄军．旅游地品牌形象视觉设计地域性研究［D］．无锡：江南大学，2006.

定标识设计、注册版权和申请外观专利，来保证设计的知识版权，有助于视觉形象的后续应用和推广。

2. 设计流程

根据前文对文旅 IP 视觉形象的设计分析，将文旅 IP 的视觉形象设计过程分为四个阶段：前期研究阶段、地域文化元素提取分析阶段、视觉形象设计阶段、视觉形象应用阶段（见图 6–1）。首先是搜集文旅 IP 以及视觉形象设计的相关资料，研究其深层次内涵。其次是根据地域性特征来提炼设计文旅 IP 视觉形象所需的地域文化元素。再次是运用色彩、具象形象、抽象思维等对视觉形象进行演化、设计和修改。最后是视觉形象呈现出来后，要对其进行实践和应用。

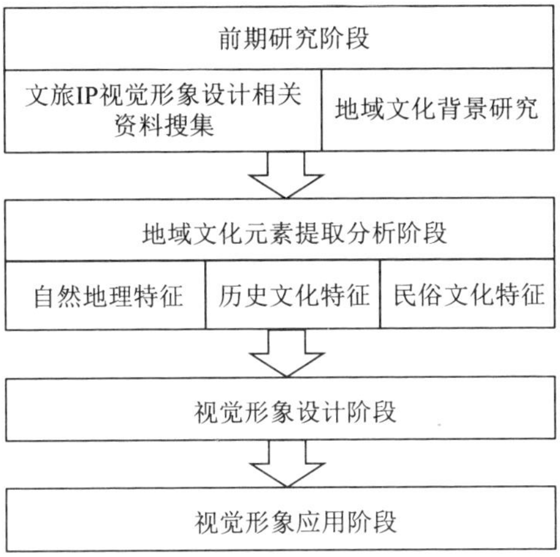

图 6–1　文化和旅游 IP 视觉形象设计框架

二、文旅 IP 产品设计

（一）产品设计方法

文旅 IP 的产品设计类别可以分为很多种，如文创产品、文化旅游纪念品等。产品的设计需要表现文旅 IP 的特色，一般可以采用转移法、重组法、仿生法等设计方法，将产品与文旅 IP 相结合，提取文旅 IP 的代表性、典型性文化符号，设计形成富有 IP 特色的产品。

转移法是产品设计常用的一种设计方法，是指将现有的物体、符号、图形等主观地转移到另一个物体上进行组合。在文旅 IP 产品的设计过程中，可以用转移法将文旅 IP 的代表性文化符号（如外观、材质、色彩、肌理、文字等）与产品的造型进行巧妙结合。以上海旅游纪念品水晶留声机为例，留声机将原有的金属材质替换成了玻璃水晶材质，利用水晶的特性使音质更动听。①

重组法是将原有物体、符号、图形等素材进行分割，再运用现代设计中的构成形式法则将其重组，构成全新的设计图形。该方法打破了原有素材的单一性，使重组后的图形具有不规则性，在具备原素材神韵的同时又有较强的整体画面设计感。

仿生法也是产品设计的重要方法之一。在设计过程中，通过设计者的抽象思维能力和形态塑造能力，提取原有图像、符号或物体的基本特征，运用到产品设计中，使设计出来的产品与原有素材“看似不同，实则相似”，达到形神兼备的效果。设计时可以根据产品类型的不同选择不同的仿生方法，如旅游纪念品设计大多采用造型仿生。通过仿生法设计出来的产品不仅简洁，而且能透过产品感受背后的文旅 IP 的特色以及当地的人文风情，使人产生丰富的情感联想。②

（二）产品设计思路

文旅 IP 产品在设计时可遵循以下几个设计思路：文化性、实用性、主题性、故事性和视觉性。

一是文化性。在进行文旅 IP 的产品设计时要深挖 IP 内涵，提升产品的文化性，尤其是“以文化为根”的文创产品更离不开对文化的挖掘。合理运用文化元素，能赋予文旅 IP 产品有别于其他产品的文化内涵，提升产品的差异性和独特性。基于不同文化研发的文旅 IP 产品，能有效避免产品“千篇一律”的现象。

二是实用性。文旅 IP 产品在设计时还要注重它的实用性。实用功能可以说是产品最基本的功能，在设计时要把消费者放到产品设计的中心，针对消费者的潜在需求来选择设计策略和方法，以消费者的需求和体验为导向来设计兼具实用性和文化性的文旅 IP 产品，这样才能创造出具有足够吸引力和影响力的产品，获得市场和消费者的认可。

---

① 邓超群．浅析旅游纪念品的形态设计［J］．文艺研究，2016.

② 赵璐．基于文创 IP 的旅游纪念品价值开发［J］．艺术教育，2020（2）：207-210.

三是主题性。主题是文旅 IP 里面不可或缺的一个因素，它能提高产品的辨识度，让人能在许多产品中一眼识别出来。在文旅 IP 产品的设计过程中，要围绕主题进行设计，适当突出 IP 产品的主题性，提高 IP 产品的文化和旅游内涵，实现 IP 产品的系统性和高辨识度。

四是故事性。在文旅 IP 产品的设计过程中，还可以通过“讲故事”的方式来突出产品的内在逻辑，让消费者在“故事”中产生情感共鸣，增强产品的趣味性。以迪士尼为例，迪士尼公司在每一次设计 IP 产品时都会将情景构建融入其中，如将城堡、公主、女巫等连接起来，通过动画片来展现其中跌宕起伏的故事情节。

五是视觉性。视觉是人获得信息最快也是最直接的方式，它在 IP 产品造型的视觉形象设计中起到非常重要的作用。一个好的文旅 IP 在产品造型的视觉形象设计上一定是非常成功的，它能在第一时间抓住消费者的心理，给消费者带来视觉冲击。成功的文旅 IP 产品的造型设计在后期产品宣传和推广上有着至关重要的作用，有助于快速占领市场。①

（三）产品设计流程

产品设计流程一般可以分为明确需求、绘制图纸、选取材料和工艺、进行打样、成品呈现等几个步骤，文旅 IP 的产品设计流程也是大同小异。首先是明确文旅 IP 产品的设计定位，通过分析消费者的年龄结构、购买心态、消费水平、文化层次等多方面内容，从而对消费者的需求做出综合分析，使最终设计出来的产品更能迎合消费者预期。其次是挖掘文旅 IP 的内涵，提取具有地域文化特色的文化和旅游元素，通过艺术加工将元素与产品造型相融合，并结合产品的设计定位进行产品造型的整体构思，使产品更能符合不同消费群体的消费心理。之后要根据产品的销售环境、销售场合等来确定产品的类型，如观赏型或体验型。确定好产品的类别后就可以绘制产品的草图，进行造型的设计，利用设计软件制作设计建模，之后选取产品的材质，进行样品打样后最终形成成品展示。

---

① 曹权玺．文创产品 IP 设计方法应用研究［J］．商丘职业技术学院学报，2020（2）：67-70.

第三节　文化和旅游 IP 的设计呈现

一、形象类呈现方式

（一）视觉形象设计

视觉，即刻画文化符号、高度浓缩、强识别性、简便应用、强化共识，这实际上是一个对文化符号贴标签的过程，便于提高传播和互动过程中的识别度。人在获得信息的过程中，大约 80% 来自观看，也就是视觉传达。同时，在同一时间和空间中，视觉符号的传递和表达比文字、语言和其他表达方式能够更好地传递信息，并且最容易被不同国家、种族、年龄的人理解并接受。并且，视觉艺术被看作一种运用多种符号的形象化语言，各行业想要发展，必须有自己的个性与文化，更要有自己的品牌。因此，旅游 IP 与文化 IP 融合发展与视觉形象是密不可分的。视觉符号不仅是一个设计理念，而且是一个地区情感的表达方式。它不仅以可视化的方式传达外部信息，而且能通过独特的符号表达旅游 IP 与文化 IP 产业融合后的灵魂和魅力，凸显其文化内涵和精神风貌。把复杂的信息以简洁和艺术方式进行传递，提高地区的图像识别能力。文旅 IP 想要获得更大的社会效益，就要塑造良好的视觉形象，这种无形的价值会在时间的积淀中显得更为宝贵并且不断升华。文旅 IP 视觉形象设计可以增强吸引力，更是自然景观、历史传统、民俗文化等方面完美融合衍生的产物。①

在视觉形象设计之前首先需要挖掘和凝炼具有区域特色文化“口号”，而标志符号是视觉形象的核心，将标示符号设计与区域旅游文化形象口号相呼应。标志设计不仅是实用物的设计，而且是一种图形艺术的设计。它与其他图形艺术表现手段既有相同之处，又有自己的艺术规律。② 形象类呈现方式上主要包含以下三种。

---

① 王丹．文旅产业发展大会视觉形象设计研究［D］．石家庄：河北科技大学，2019.

② 赵娟．几何图形在标志设计中的运用［J］．文理导航（中旬），2011（7）：73.

1. 图形设计

图形设计方式具有传播快、传播广、识别性高、视觉化等特征，在文旅IP中最常见的便是视觉形象设计中的图形设计。文旅IP的图形设计根据其原则可分为具象性、意向性和综合性三类。

具象性文旅IP形象呈现方式是通过对客观物象采用经过高度概括与提炼的具象图形进行设计的一种表现形式。这类文旅IP具有鲜明的形象特征，是对现实对象的浓缩与精练、概括与简化。这类设计通常从文物古迹、自然景观、独特建筑、民俗文化、文化名人等符号文化挖掘入手，采用归纳手法获取它们的自然形态，使其更具图案美。具象类标志设计具有强烈的识别性，能够获得更加直观、充实、感性的视觉效果，适当运用可以实现以人为本的标志设计的个性化、风格化、艺术化，容易以清新、明快的视觉形象，传达标志的中心思想，通过具象的符号表达，能让这类文旅IP所传达的寓意使观众更易接受与理解。[①]

意向性文旅IP形象呈现方式是通过由高度概括的图形符号来指代具体自然风情、人文风情、历史文化等。在文旅大会视觉符号中的表现形式多为几何、字母或符号图形等，去粗取精、去伪存真、删繁就简，从而保证文旅IP形象设计更清晰和美观，这类文旅IP形象多带有某种象征性和寓意性。其中，在之前旅游IP形象logo设计中经常看到以具有中国传统图腾传统元素作为题材的设计显得烦琐而缺乏力度，然而关于抽象性文旅IP形象的设计应该在形式美的处理上加以考究，多以单纯的几何（如圆形、方形、三角形等）符号为主，同时注重运动多变、自然奔放、韵律感强，摆脱原有文旅IP形象的传统束缚性。同时，我们在设计文旅IP形象时，应尽量选取既有一定知名度，又独具特色的文化图形元素，以此为突破口，打造一个形态简洁、识别性和记忆性突出的标识形象，避免雷同性。

综合性文旅IP形象呈现方式往往并不以单一的视觉符号呈现，而是以视觉符号的综合体来进行设计。这类形式更易于表现丰富的寓意，一般通过文字、几何形和象形图形的配合来展示。例如，“诗画浙江”旅游形象标识设计，其以浙江典型山水为主要元素，三座青山重峦叠嶂，配以中国传统水墨笔画勾

① 胡水堂，陈静 . 标志设计艺术［J］. 大舞台，2010（8）：88.

勒出的蜿蜒水流，三座青山以“山”字为形，流水以“浙”字的首字母 Z 为轮廓，点明文化属性与地域属性，充分凸显浙江乡土文化，从视觉表现和内涵传达上诠释出浙江旅游特殊的地方精髓。通过图形设计与字体结合可以使得文旅 IP 形象呈现内容更丰富，寓意明确。

2. 字体设计

文字本身就是一种高度象征性的表达，文旅 IP 形象设计可以通过对文字进行改造、解构、重构等，突出了地域文化的典型特征和精神内涵，使得标识明确，易于理解，并具有丰富的表达能力和强烈的认知度，使受众者通过图形本身就能直接了解文旅 IP 所表达的意义和文化内涵。[①] 例如，东京、伦敦和迪拜等国际大都市都对城市名字设计了独特的形象标识，而独具一格的城市 IP 形象为这些城市的旅游发展创造了良好的发展机遇和外部环境，也极大地推动了城市旅游发展。与之相同，在文旅市场上，有独特性并意义丰富的 IP 形象大都具有带动旅游发展或具有传播影响的作用。

在为文旅 IP 形象标志设计时要注重字体的选择，由于中国文化和历史的原因，汉字字体形式种类繁多，每一种字体代表一类文化审美需求或者一种民族文化，文字可以说是顺应文化传播的需求而产生的，因此字体设计也可以说是为形象标志度身打造的。

3. 运用色彩表现

首先，色彩的运用不是一般层面的美化和装饰，色彩更是一种另类的视觉语言，色彩要素在区域环境中所形成的相对综合、群体的面貌，是一种具有区域识别性的颜色，体现了地域文化的特征。[①]其次，在设计文旅 IP 标志时同样要注重色彩的运用，这是影响文旅 IP 形象视觉因素之一。由于色彩能对人的心理和情感起引导作用，这说明具有良好色彩运用的文旅 IP 形象本身具有一定的象征意义。

（二）吉祥物设计

习近平总书记引用一句经典名言“读万卷书，行万里路”来论述文化和旅游的融合发展。在数字化、网络化、智能化、移动化大背景下，人们重视文化的跨界融合，继而与旅游融为一体。文化源于生活，也融于生活。文化美化生

① 王丹．文旅产业发展大会视觉形象设计研究［D］．石家庄：河北科技大学，2019.

活，生活创造文化。IP 终究还是要具象化，文旅 IP 具象化设计能为大家带来感官、心灵的娱乐享受，使游客体验深刻，同时有特色的文旅 IP 设计具有重要意义和价值。IP 具象化的其中一种方式便是吉祥物设计，而吉祥物设计属于视觉识别设计。同时在当前文旅 IP 建设中，旅游文化元素在吉祥物设计中，越来越重要。目前国内文旅吉祥物正在经历从无到有的阶段，未来将进入从有到优的阶段。文旅 IP 产物下的吉祥物以富有个性的外在形象和拟人化的人格特征，象征文旅 IP 的文化理念和文化特色，塑造地区的文化价值，更具传播优势，能够吸引公众的关注，加深人们对文旅 IP 的印象、拉近人与地区文化的距离，形成人与文化的间接性互动，使文旅 IP 的主旨形象更具亲和力。

利用吉祥物的宣传形式来诠释文旅 IP 的理念，会比单调直接地宣传景区、文化或者其他形式更具有温度，使得消费者能潜移默化地认可该文旅 IP，增加对其周边延伸产品的购买欲。[①] 同时，吉祥物与品牌形象塑造有着密切的关系，是其应用要素系统中最具活力的辅助要素。文旅 IP 形成特色靠的是自身旅游产品和独特的品牌推广策略。与此同时，吉祥物和文旅这两个产业具有天然的可连接性，吉祥物和文旅的融合实现了消费产品与消费体验的融合、消费效率与消费深度的融合。另外，文旅 IP 吉祥物是能帮助旅游景区提升文化含量所采用的一种重要方式。“文旅吉祥物”就是为旅游城市、景区、项目打造的具有创意文化含量的吉祥物。一般，吉祥物通常以传统吉祥图形、标志性物体或是卡通动漫形象呈现[②]。传统吉祥图形通常具有特定的文化意味，是为了表达人们的美好愿望，并达到祈祷保佑的愿望。标志性物体则是对于原有素材的二次创作，能够很好地突出需要表达的概念，具有纪念性意义。

二、应用类呈现方式

（一）文旅 IP 空间设计

文旅空间包含的范畴很广，如旅游区、游乐空间、旅游零售空间等，而在对于文旅 IP 空间的设计，需要巧妙结合周边环境、城市文脉、地区社会经济特点，挖掘城市文化基因和项目自身特性，寻找在地标签，活化在地文化，打造主题文旅 IP 群落。文旅 IP 空间设计随着空间形态、地域性质、文化价值、

① 付博文 . 地域文化在城市品牌形象设计中的应用研究［D］. 成都：西南交通大学，2016.

② 高搏，汪宁 . 吉祥物设计［M］. 上海：上海人民美术出版社，2007.

体验方式、功能布局、地理位置的不同而不同，主要体现在空间尺度、功能布局、游线设计和空间肌理。空间尺度控制是基本，涉及空间整体尺度、核心体验区尺度及内部尺度。功能布局是用地精明发展的必要条件，涉及功能区单元的划分、组合和排布。游线设计是旅游体验的灵魂，需要在游览节奏、长度、时间、线路和节点等方面进行把控。空间肌理是不同功能空间相对应的建筑空间组合形态，呈现一定规模和一定组织规律。

1. 旅游景区中的 IP 形式

文旅 IP 设计通常对主题故事进行情感设计、仪式设计、氛围设计、活动设计，并融合多元化的消费盈利业态，最终形成个性化的消费承载空间。文旅场景 IP 与科技、文化和创意融合，通过感官营造、角色塑造、实景演艺、虚拟再现、情境演艺、文创手工、极致体验等形式呈现。

文旅 IP 的经典案例——迪士尼。它拥有完整的文旅 IP 体系，大量广为传播的旅游形象片（电影），如米老鼠，唐老鸭等。这些影视作品是点，由点及面，当点连成线的时候，如以城堡为中心的旅游体系就形成了童话体系风格，围绕这些做了合适旅游产品，最后又以片区做了符合客群的体系，最终形成旅游目的地迪士尼乐园。文旅 IP 的形成也不是一蹴而就的，它也在不断地发展、完善和丰满。比如，本来已经是旅游 IP 大热门的环球影城为了进一步吸引游客，又开发了“哈利 · 波特魔法世界”。文旅 IP 的最终目的是塑造文旅产品的品牌和提升形象，IP 产品、技术都很重要。当我们在分析学习一些优秀 IP 时，可以发现但凡经营好的旅游景区，一定具有鲜明的文旅 IP。很多的旅游景区，是从一个传说演变过来的具象，如山海关、鹿回头等，原本是一个旅游景点但因故事赋予了景色更多的内涵，也就有了旅游景区。吸引游客的起因可能是故事的开始，体验故事的内容才是游客产生出游动机的直接原因，这也正是景区的卖点所在。

旅游景区的文旅 IP 其实就是简单鲜明有特色元素和符号。它赋予旅游景区独特的性格特点，也给予了景区生命力。它可以是一个故事的再现，也可以是影视、游戏或者传说的再现。它是旅游景区的卖点，也是旅游景区的核心竞争力，更是文化和地域风俗的具象载体和产品的灵魂内涵。

2. 剧情场景体验的 IP 形式

场景体验中最常见的文旅 IP 呈现形式——主题乐园，简单来说就是我们现在常见到的IP游乐园的“升级版”。“IP主题乐园”顾名思义就是在发展IP的同时，又发展旅游服务业，实现第一产业和第三产业的有机结合，实现资源优化，有利于实现增收的一种新型的运营模式。大多数游乐空间设计主要以文旅IP为基础，以文化为核心，实景项目创作，结合科技展示技术呈现。一般情况下，一个旅游目的地的开发会做成四个环节：文化策划、空间规划、业态规划和引爆项目设计。对比来看，现代意义上的旅游目的地不是自然山水，而是在自然山水和一定的场景进行的再创作。实景娱乐是时空的艺术，它也是以有主线、有起伏、有高潮、有结局的方式进行线下体验空间的设计。

在文旅IP场景打造的未来发展道路上，“沉浸式娱乐”会成为未来文旅IP产品设计的关键。通过光声电、VR、AR、MR等现代科技手段，模糊了科学与艺术之间的边界，形成极具想象力的沉浸式观展体验。更可以通过多媒体、装置艺术、算法影像、投影互动等技术，让观众走进场景中产生互动，从而获得娱乐体验的形式。但是，此类呈现方式需要建立在文旅IP良好的基础上，通过后期的转化和探索来实现。在未来的文旅IP主题场景打造呈现上要更多考虑新内容和年轻客群建立联系，这是未来一种新的发展方向和重要趋势。

3. 旅游零售空间中的IP形式

重庆的钟书阁在设计上就很好地呈现了文旅IP在零售空间中的表现形式。重庆钟书阁中最具特色的部分就是阅读厅，被“山形阶梯”层层环绕的书架，镜面天花板和光可鉴人的地板倒映出一个亦真亦幻的镜像空间，给人以无限的延伸之感。随意地坐在阶梯上就可以开启阅读，沉浸于文字的美妙之中。它的设计灵感来源于“找了九十九个台阶下，为了送你一朵花”，结合了山城特有的立体感，有人解释是印度拉贾斯坦的爱情故事。而这个零售空间将俗语以及城市特色IP融入整个空间，在零售空间里感受其IP所传达的含义及象征意义，同时也促进了该地旅游业的发展，形成网红打卡地。

（二）文旅IP产品设计

文化是人类所创造的精神财富和物质财富的总和，文化是旅游的灵魂，文化和旅游的结合生成了一种将人文旅游、社会旅游和自然旅游等相结合的流行新形式。[①] 这种新形式不仅可以带来令人身心愉悦的美景，而且对经典文化资

① 詹诗.旅游与文化产业融合发展样式研究［D］.贵阳：贵州大学，2015.

源所衍生出的旅游文创产品的创新性、独特性提出了更高的要求。我国文旅业的发展体量和市场规模已走在世界前列，但从文旅文创产业发展质量和整体效益上看，仍处于发展初期。事实上，我国大陆的文旅 IP 产业起步晚，与一些旅游产业发达的国家相比还有差距，这种差距体现在对文化创意的理解和应用上。现代旅游业不仅是经济活动，也是文化活动，地区旅游品牌的发展更要宣扬“文化自信”，人们在旅游的同时，而且在进行文化交流。以各类主题的文旅 IP 产品设计，既需要体现出当地的文化特色，又要适应时代潮流，所以在设计产品时，要深入分析旅游地特色和消费者心理，挖掘旅游地文化特色。①

文旅 IP 产品设计本质上是一种文化设计，是一种对当地文化特色运用现代的元素符号创新出来的具有当地特色的产物，是对当地文化的传播和延伸。同时，文创、文旅设计项目的核心价值是创造独立的文旅 IP，即文化的挖掘与文化的表现是文旅 IP 产品设计的基础与前提。而文创、文旅项目的本质是发掘地方优质资源、创造富有人文特色的旅游环境、开发个性和彰显特色的文化旅游消费产品，通过对当地文化符号的诠释和创造，文旅 IP 产品的创新设计必然会激活当地文化内涵，使其充满生机，从而带动一方经济发展建设，提高居民生活品质，提升人民对美好生活的满意度。

文旅 IP 产品设计中需要融入视觉元素。对于一些历史文化资源丰富的旅游地来说，文旅 IP 产品主要倾向于文化性质的表达，所以对于此类产品的设计，通常会将区域文化元素作为视觉元素体现在旅游产品中，将本地区的旅游文化底蕴借以抽象的符号进行表达。② 与乡村旅游产品结合，是深化乡村旅游产品文化创意、加强品质旅游的重要途径。与生态旅游产品结合，创造接近自然生态的视觉效果，具有独特的文化影响力，以促进旅游业的可持续发展。

文旅 IP 产品设计与抽象符号结合。在文旅 IP 产品的设计过程中，抽象符号的主要作用可分为两个方面：首先是把抽象符号与现实中的事物联系起来。不同的文旅产品会依托自身的区域特点，这既是对当地文化的发扬，又可以使游客将旅游产品作为纪念。其次这些抽象符号与产品的结合使得产品具有抽象的表达含义，具有更抽象的特征，如太极图案等。

文化是旅游的内核和灵魂，旅游是文化的载体，也是感受、体验文化的过

① 刘凌霄 . 吉祥物在旅游品牌推广中的设计与应用［D］. 曲阜：曲阜师范大学，2019.

② 刘峰 . 视觉元素在旅游产品设计中的运用［J］. 美术教育研究，2016（16）：54.

程。任何一个文旅 IP，首先，一定要先有打动人心的情感价值，然后才值得去探讨商业价值。文旅 IP 产品设计的本质，就在于追求一种正向积极意义上的价值认同感和文化共鸣，而不仅仅是故事层面的快感，也不是快速消费后的短暂狂热。[①] 事实上，所有成功被消费者所接受的文旅 IP 产品都是有情怀的，有多方展示面，并且具有可持续性。为特定的主题景区进行文创产品设计时首先一定要把结合地域特色放在第一位，为其找到独特的文化符号；其次，不要把文创产品的形式局限在实物形态；最后，包装也是文创产品设计的一部分。

① 杨睿．文化创意产业与旅游产业融合发展研究［D］．昆明：云南财经大学，2018.

第七章　文化和旅游 IP 的传播过程

在文旅 IP 的开发过程中，传播是非常重要的一环，文旅 IP 开发成功与否，还要看最终的传播效果如何，文旅 IP 要想得到长期的发展，除了优化 IP 内容，打造 IP 外，还需要保证有效的 IP 传播。传播层面的创新是文旅 IP 的助推器，通过什么传播渠道，采用什么传播方式，最终达到什么传播效果是衡量一个文旅 IP 能否打造成功必不可少的要素，良好的传播渠道和方式是文旅 IP 成功开发的必要保障。

第一节　文化和旅游 IP 的传播渠道

传播渠道是传播过程的基本要素之一，是传播过程中传输双方沟通和交流的信息的各种通道。对于文旅 IP 而言，传播渠道是文旅 IP 走向外界，提升知名度的一个重要通道。伴随着互联网 2.0 时代的到来，传播渠道也衍生出新的线上渠道，目前主流的传播渠道主要分为线上和线下两种。线上渠道和线下渠道各具优势，线下传播渠道的直观性更强，更具真实感，能够拉近和消费者的距离；线上渠道的优势在于传播速度快，辐射范围广，受众群体多，快捷方便。无论是线上或是线下渠道，其目的都在于将文旅 IP 能够推广出去，增加 IP 的品牌知名度，进一步扩大自身影响力，助力文化和旅游高质量发展。

一、线上传播渠道

互联网这一新兴电子信息技术的涌现和运用带给营销领域最大的变革就是

产生了线上传播渠道，它也因此成为今后各品牌营销渠道发展的潮流与趋势。随着线上渠道的日益进步，线上渠道传播成为越来越多传播者的主流选择，文旅 IP 的传播采用传统线下传播渠道的同时，需要投入更多的注意力在线上渠道，并且不断深挖，跟上时代的主流步伐。

随着我国互联网用户的不断增多，有更多的人开始在网络上关注文旅信息，获取文旅信息的方式也越来越多样化。以用高速移动通信技术和智能终端设备、云计算、物联网等为支撑的智慧旅游目前已经成为旅游的一种新形式，满足旅游管理中的管理智能化、服务智能化、旅游个性化和信息对等化发展需求，提升旅游产业的科技含量和服务质量已经成为整个文旅行业的共识。在这样巨大的“互联网 + 文旅”背景下，文旅 IP 的线上传播渠道就显得十分重要，要想成功打造文旅 IP，扩大文旅 IP 的知名度，实现文旅 IP 的可持续发展，线上渠道的传播和营销是十分必要的。针对文旅 IP 的特殊性质，通过线上渠道传播文旅 IP，最为关键的点在于精准把握传播目标，必须做到“多渠道，大范围”实现整个线上的全面覆盖。以下是文旅 IP 线上传播的主要渠道，包括社交媒体、在线旅游平台（Online Travel Agency，OTA）、直播平台等。

（一）社交媒体

社交媒体是人们彼此之间用来分享意见、见解、经验和观点的工具和平台，社交媒体在互联网的沃土上蓬勃发展，爆发出令人炫目的能量，其传播的信息已成为人们浏览互联网的重要内容，不仅制造了人们社交生活中争相讨论的一个又一个热门话题，而且进一步吸引了传统媒体的争先跟进。① 文旅 IP 的线上传播渠道社交媒体是非常合适的选择，目前我国社交媒体的使用已经进入了相当成熟的阶段，大量的社交媒体软件为广大互联网用户提供服务，这些主流的社交媒体吸引了大量互联网用户关注的目光，这些互联网用户是文旅 IP 传播的主要对象。借助社交媒体，将文旅 IP 信息精准地推送给用户，是文旅 IP 线上传播的有效手段。

现阶段主流社交媒体包括社交网站、微博、微信、抖音、博客、论坛、播客等，这些市场上的主流社交媒体充斥着大量的信息，文旅 IP 应充分借助

① 李芳 . 新媒体时代的内容营销及传播［J］. 新闻研究导刊，2017，8（8）：180-181.

社交媒体这一用户量巨大、关注度极高的优势，加大文旅 IP 的宣传和传播。首先，通过开通文旅 IP 的专用官方微博、微信公众号、抖音号等社交媒体账号，委任特定人员负责日常运营和维护；其次，进行相关信息的及时发布与更新，包括与文旅 IP 相关的推文、短视频等多种形式进行全方位宣传，保持文旅 IP 形象在网络社交媒体上的传播热度；再次，根据游客的游玩体验、兴趣爱好、意见建议等建立网络社区，实现游客与游客、游客与开发者之间的双向互动，有计划地开展互动性较强的宣传推广活动，保持新鲜感和吸引力；最后，文旅 IP 的社交联动也是其中非常重要的一个环节，文旅 IP 之间需要进行协同互动，形成强大的文旅 IP 团体，发挥集体的力量，通过社交媒体组建强大的文旅 IP 团，多个 IP 组合在一起传播，有助于增强影响力，博得更多关注度。

（二）在线旅游平台（OTA）

互联网的普及为旅游行业带来了焕然一新的面貌，其中最为重要的就是产生了 OTA，OTA 是旅游电子商务的专业术语，指在线旅行社以去哪儿网、携程网、马蜂窝等为代表同时包含大众点评、美团等具有旅游业务的互联网平台，主要为用户提供咨询和订购服务。线上旅行社的诞生更好地为文旅资源、文旅产品和文旅目的地等营销提供了更好的渠道。近些年 OTA 平台的发展迅速，能够提供的相关业务和服务越来越多元化，越来越多的消费者更加钟爱在 OTA 平台上面咨询和购买旅游产品，更愿意通过 OTA 平台相互交流旅游体验心得，多元化的 OTA 平台也成为文旅 IP 宣传的主要阵地。借助 OTA 平台，文旅 IP 得到了更好的传播机会。

通过 OTA 专业平台渠道传播文旅 IP，可以采用与去哪儿网、携程、途牛、驴妈妈等 OTA 签署合作协议，上线文旅 IP 相关文旅产品，发布旅游攻略，推送旅游美文，推广旅游活动等形式对文旅 IP 进行宣传推广，为游客提供更加详细的文旅 IP 细节，增加网络流量；与大众点评、美团等电商平台建立合作机制，创立专属优惠日，开展优惠推广活动，如游客可通过打卡、转发、评论等方式获得优惠券，推出在特定时间段内购买旅游产品可享受相应优惠的活动，如推出非节假日的旅游优惠，鼓励游客错峰出游，借助平台用户的良好评价，打造优质口碑，吸引潜在消费者。

（三）直播平台

近年来，随着互联网不断发展，线上直播成为新兴的互联网传播平台，对于提升企业形象、增加品牌知名度、促进消费起到了至关重要的作用。直播平台最大的优势在于受众群体广泛、互动性强、带动消费能力强、营销更加精准。

当前，旅游行业的信息传播、产品销售也从线下销售渠道更多地开始向线上渠道转变，随着在线直播的兴起，传统的电子商务平台也开始发生业务的转变，涌现出一批新兴的具有直播功能的电商平台。文旅 IP 的传播要想更具感染力、更加贴近现实生活、传播更为精准，电商直播平台成为不二之选。文旅 IP 可以进一步孵化成为文化和旅游产品，借助具体的文化和旅游产品可以更加直观、有效地实施传播。电商直播可以进一步对文旅 IP 进行包装，通过直播推广文旅 IP 衍生品。重点与各大电商直播平台，包括京东、淘宝、抖音等直播平台流量大的主播进行合作，上架文旅 IP 的衍生产品，通过主播的直播讲解将文旅 IP 的具体内涵、产品细节更加生动具体地传播给广大消费者，基于电商直播的大流量特点，文旅 IP 实现了第一次的大范围传播，广大消费者后续通过消费文化和旅游产品，享受到实际体验以后，还能带来一次“口碑”传播。

利用斗鱼、虎牙、YY 等传统直播平台，也可以进一步创新文旅 IP 的传播。伴随着新冠肺炎疫情的发生，文旅行业诞生了新型的业态，云直播、云演艺、云游览等内容层出不穷。未来，通过传统直播平台增加旅游目的地的体验直播也将会成为当地文旅 IP 传播的重要渠道之一，实地旅游体验直播最大的优势在于可以近距离拉进游客与文旅 IP 的空间距离，同时通过观看主播实地体验，广大消费者可以真实地看到文化和旅游产品，更加直观地了解文旅 IP 的内涵。

二、线下传播渠道

线下传播渠道是针对“线上”渠道而言的，主要是针对目标市场的小众群体，以阶段性滚动的方式提供即时行动的诱因，采用的是非媒体的广告方式，线下传播渠道力图实现“一对一互动”式的传播。与线上传播不同的是，线下传播效果相对较为稳定，却需要长时间的曝光才会让受众群体产生记忆点。这就产生了一个让大多数企业非常头痛的问题，那就是成本问题。以最少的成本获得最有效的曝光，这是现下企业都需要思考的问题。与线上传播渠道相比，线下传播的优势在于可以通过更加深入的体验更好地实现预期的效果。线下传播具有高转化的优势，消费者的接受度也比较高，相比于线上传播渠道更有面对面交流的信任度与提高目标群体对文化和旅游目的地的产品、品牌的认知程度。

对于线下市场，营销渠道布局进入场景时代，渠道除了触达作用，也具备了和品牌营销“议价”的能力。① 在线下场景，文旅 IP 形象以其强大的可延展性进行多渠道、多形式传播，加强了与消费者之间的联系。传播渠道的广泛性保证了 IP 形象的传达效率，反复而多样化的传播更保持了客户对于品牌不间断的认知，令用户不论在何时何地都能收到品牌价值观的传达，并更加快速地建立品牌的联想与品牌的识别性，使品牌的视觉系统更加具象化，从而可以去追求客户对品牌的黏性。② 文旅 IP 的线下传播主要是旅游供应商、线下推介会以及线下广告投放等渠道。

（一）旅游供应商

旅行社、户外运动俱乐部等作为传统的线下旅游供应商，有着非常深厚的发展历史，在产品销售、文旅 IP 传播都起到了助推的作用。随着生活水平的提高，人们更加注重品质化的体验过程，并且逐渐向更高层次发展。对于旅游供应商而言，围绕文旅 IP 设计出具有高品质、差异化的产品，增加消费者的满意度，不仅可以帮助旅游供应商在激烈的市场竞争中立足并更好发展，而且会进一步提高目的地文旅 IP 的知名度和认可度，对文旅 IP 的传播起到至关重要的作用。

文旅 IP 在旅游供应商层面的传播已经有了丰富的经验，包括供应商提供的体验游、踩线游等对市场做出的尝试性推广。对于目的地而言，依托于特色的文化和旅游产品加强文旅 IP 的外显是实现文旅 IP 传播的重要路径。未来在旅游供应商层面，目的地要以当地的文旅 IP 为重点，打造独特的目的地文化和旅游品牌，产品不单单是独立的产品，要更多依赖于文旅 IP 所打造的目的地品牌。由于产品的推广附带文旅 IP，对文旅 IP 的传播有了进一步的创新。

---

① 于婷婷，王加林. 场景时代——不可忽视的线下广告投放［J］. 国际品牌观察，2020（29）：76–77.

② 吴鹏飞. IP 形象在品牌传播中的应用价值［J］. 营销界，2020（24）：151–152.

同时，为了实现更好的传播效果，最大化地占领市场，必须对文旅 IP 相关的产品和服务进行包装和改造，设计特色的行程和线路，做好市场细分，为不同的受众群体提供差异化的体验。线下旅游供应商要根据不同群体的差异化需求，设计出不同的方案。譬如，有人喜欢探险和刺激、有人喜欢舒适轻松、有人喜欢名胜古迹、有人喜欢自然风光，这些因素都应考虑在内。[①]要想使文旅 IP 达到良好的传播效果，必须加强受众群体的参与度，充分展示自身人格和特点，这样才能让相关群体化被动为主动，使其在整个过程中得到放松，并收获美好的体验。

（二）线下推介会

推介会的目的在于帮助企业、社会组织和团体、政府等宣扬自己的特点、产品和政策，促进交流活动，为合作双方带来利益的一种促销形式，向推荐对象传达相关组织、团体或企业的情况、文化价值观、人力资源政策等信息。线下推介会通常选择在大中城市的会展中心、星级酒店、礼堂、体育馆等场所，使企业、社会组织和团体、政府和推介对象能够面对面交流，介绍自身产品、服务、理念等，通过现场提问作答的方式加进双方彼此的了解，易于营造气氛促成理想的双边考察效果。某些情况下主办方为了达到特殊的推介效果和与众不同的意愿，也会选择独具创意或个性突出的场所，如 LOFT 会所、风景名胜区等地。同时还可以配合节庆、纪念日等具有特殊意义的时间加深推介效果。

线下推介会作为当下比较火热也是一直以来比较主流的旅游营销手段，在增加目的地曝光度、达成区域性合作、提升品牌知名度方面有着十分重要的地位。通过线下推介会来对目的地的文旅 IP 进行传播，它的受众更多是文化和旅游领域相关的企事业单位，传播的有效性明显增加。借助旅游推介会传播文旅 IP 重点依托的是推介会的线下媒体、宣传手册、文创产品展示、核心旅游线路介绍等形式。一方面是将目的地的文旅 IP 单独进行宣传，聚焦核心，增加曝光度，通过以冠名本次推介会主题等形式率先打响文旅 IP 的品牌知名度；另一方面要将文旅 IP 植入产品线路当中，在做产品营销的过程中起到传播文旅 IP 的目的，要通过核心产品突出文旅 IP 的核心价值。

① 程秀彦.试论体验营销在我国国际旅行社中的应用［J］.呼伦贝尔学院学报，2020（28）：32–37.

（三）线下广告投放

如今，数据容量呈现出爆发式增长趋势，广告行业依赖于数据的搜集、整合与分析，为适应现代社会的发展进行了变革。大数据环境下的广告，在策略上逐步实现了以“媒体为核心”（媒体本位）到“以消费者为中心”（受众本位）的转变。随着社会的发展，经济市场业日趋细化，信息传播环境日益丰富，受众需求呈现出更加具体化、个性化的特征。数据爆发对广告产业产生了巨大冲击，促使广告业生态系统产生重要变革，也为广告的精准投放提供了全新的实现可能。① 数字化时代，一个屏幕就是一个广告展示位。包括像社区场景的门禁屏、快递柜屏，办公场景的电梯屏，出行场景的候车屏、机场的电视屏，生活服务场景的液晶屏，娱乐场景的影院银幕等，小到电子价钱屏，大到楼体 LED 屏，屏幕对应着我们的生活轨迹贯穿于生活的各个场景，与其说是不可避免，倒不如说它们也慢慢变成了我们生活场景的一部分。②

线下广告的魅力渗透于各行业，成为各类行业品牌主竞争的新战场，也在助力城市经济和文旅 IP 营销方面不断发力，展现出其独有的价值优势。例如，在报纸、杂志、书籍、广播、电视等媒介上投放广告，宣传推广文旅 IP，可刺激消费者购买，扩大产品销售规模，提高城市知名度、美誉度和影响力。再如借助高铁的广告投放，也成为集中展示、广泛宣传文旅景区特色的一张流动名片。如马陵山景区高铁冠名列车、无锡太湖鼋头渚国际樱花节专列等，对“周边游”“高铁游”等游客形成了强烈冲击，实现了景区品牌强力曝光与口碑提升的双重加持。同样的，电梯媒体也能结合文旅产业，打造一系列营销新玩法。敦煌博物馆就曾与新潮传媒联手打造了“博物馆到家”计划，首次将博物馆搬进社区电梯，推出“博物馆奇妙电梯”公益广告，利用文物 IP 的影响力，在密闭的空间里做了一次特别的馆藏展览，并结合线上 H5 的展现方式，激发用户生成“博物馆到家”海报，引发社交平台的传播，这次营销完美实现了一次跨屏传播，拉近了用户与敦煌的时空距离，并在“第 20 届 IAI 国际广告奖”中获得了公益类营销案例金奖。

---

① 唐婷婷 . 大数据时代广告的精准投放及其传播策略研究［J］. 科技传播，2017（9）：1–2+21.

② 于婷婷，王加林 . 场景时代——不可忽视的线下广告投放［J］. 国际品牌观察，2020（29）：76–77.

第二节 文化和旅游 IP 的传播方式

在明确了传播渠道之后，是否具有合适的传播方式，是决定文旅 IP 传播效果的又一重要影响因素，传播方式的优劣直接决定了文旅 IP 的传播效果。传播主要有三要素组成：信息传播主体（被传播者）、信息传播媒介与传播途径（传播内容与引领传播走向渠道）、受众（传播对象），而整合营销传播内涵就是以受众为核心，综合实施各种传播方式与受众进行沟通，从而大力传播统一规范信息，对于整个营销方式而言，精确到位的传播方式对其整合营销传播策略尤为关键。①

而文旅项目中的整合营销传播主要是旅游项目管理者通过对现有及潜在游客开展有效的营销传播活动，通过对旅游信息的传播从而树立旅游项目在游客心中的地位，有效的整合营销传播主要有四种方式：一是需采用各种有效的形式和方式接触游客，二是文旅项目的各营销元素需发挥协同作用，三是要尽力与游客创造长久的忠实的联系，四是开展的整合营销传播最终要影响到游客行为。②

一、公益营销传播

众所周知，许多文旅 IP 有各种各样的传播营销方式，有快节奏的吸引眼球的表达方式，而公益营销传播作为营销界的“清流”，是以打动人心、使人共情的方式达到传播的效果。所谓公益营销传播，主要是利用公益活动的营销传播方式吸引公众的注意力，以消费者的消费诉求作为文旅 IP 营销核心。在营销的传播过程中，利用公益活动的宣传性和慈善性质，针对品牌形象开展的一系列传播。③ 在产生公益效果的同时，为受众树立潜移默化的形象，促使受

① 刘艳峰 . 文化旅游项目的整合营销传播研究［D］. 南昌：南昌大学，2018.

② 周庆山 . 传播学概论［M］. 北京：北京体育大学出版社，2005.

③ 赵衎 . 湖北巴东纤夫文化旅游品牌整合营销传播研究［D］. 武汉：中南民族大学，2015.

众认可这个 IP 文化价值观，从而对这个 IP 产生更多的兴趣，实现刺激消费的可能。

公益营销的主要目的就是通过与公益团体的合作，通过其公益性、传播性的特征，搭建一个能让旅游者信赖的文旅 IP，进一步扩大 IP 的知名度和美誉度，如江西南昌万达海洋乐园，通过开展公益活动，组织当地留守儿童免费参观海洋乐园，不仅给孩子们带来了温暖，赢得他们的赞誉，而且为海洋乐园这个 IP 带来了一场正能量的宣传，体现了海洋乐园的社会公益价值，也提高了这个 IP 的知名度。

公益营销传播在连接消费者情感的同时，也给了海洋乐园这个 IP 一个向社会传播正能量的机会，公益性传播是一种三赢（卖家、消费者和社会）的传播方式。消费者愿意接受这样一种经过策划的具有公益性质的传播方式，海洋乐园也通过做公益活动的方式扩大了 IP 的知名度，吸引了更多的潜在用户从而增加了经济效益，体现了这个 IP 的社会效益。社会的留守儿童等也通过这个活动得到了免费参观的机会，学习了更多的知识，拓宽了视野。这种公益性性质的传播模式以公益性为基础，获得社会美誉和市场信任的同时，也巩固了社会体系，对于打造海洋乐园这个文旅 IP 有着更好的作用。

二、事件营销传播

目前，旅游景区层出不穷，各地都打着不同的特色品牌，旅游市场的竞争十分激烈。要想打造好的文旅 IP，仅靠单纯的广告宣传是远远不够的，要想更好地传播和宣传文旅 IP，做好更好的品牌构建和形象传播，需要不断探索更多的营销传播方式。而文化旅游项目的事件传播是我国近几年旅游业营销传播的主要手段之一，也是未来旅游业传播方式的趋势。事件营销传播具有快速性、爆发性和扩散性，对于社会的实时热点把握需更加敏感。合理的事件营销传播方式可以迅速提高文旅 IP 的知名度，影响游客或者消费者的选择，所以比普通的广告宣传更具有冲击力。

简单地说，事件营销就是通过把握新闻的规律，制造具有新闻价值的事件，并通过具体的操作，让这一新闻事件得以传播，从而达到广告的效果。事件营销是近年来国内外十分流行的一种公关传播与市场推广手段，集新闻效应、广告效应、公共关系、形象传播、客户关系于一体，并为新产品推介、品牌展示创造机会，建立品牌识别和品牌定位，形成一种快速提升品牌知名度与美誉度的营销手段，通过事件营销的方式，能够更好地提高文旅 IP 的知名度。[①]

事件营销传播方式主要有三种类型，一是既定类型事件传播，既定事件是在社会上具有较大影响力的事件，如奥运会、世博会等重大项目，这些事件一般公众的关注度和参与度较高，更容易扩大宣传覆盖面积，提升文旅 IP 的影响力，如 2008 年奥运会期间，海南三亚以奥运火炬传递线路上的优美风光为基础，成功打响了“美好三亚”的文旅 IP。二是利用突发事件进行传播，突发事件尤其是重大事件，更是媒体关注的焦点。如果能够及时有效地利用的话，也能够很好地宣传文旅 IP。如三星堆遗址考古的重大发现，四川借机利用了三星堆这个文旅 IP 进行了四川旅游的宣传，势必会引来一波新的四川旅游小高潮。利用突发事件进行文旅 IP 的宣传，需要有强烈而敏锐的营销意识，善于抓住机遇，及时策划运作，同时借助媒体的力量，扩大影响。三是策划事件营销，即有意识地策划一些活动，吸引媒体的关注，达到形象旅游宣传的效果。由于既定事件的有限性和突发事件的偶发性，目前大部分事件营销是策划事件营销，这种策划一旦策划得好，就能够很好地达到宣传旅游和文化 IP 的效果。[②]如2011年6月1日，被誉为中国山水画“第一神品”的《富春山居图》，时隔三百余年后，第一次在台北“故宫博物院”合璧展出，这一历史性的时刻轰动了海峡两岸。黄公望画的《富春山居图》，反映的是富春江一带的山水秋色，这也让富春江的美景借合璧契机又一次名扬天下。富阳市运动休闲委员会办公室敏锐地抓住这个两岸文化交流的机会，依托严子陵钓台、富春江小三峡、江南龙门湾、印象富春江等景区，推出《富春山居图》实景主题游。产品一经推出，就受到了国内外游客的青睐。同时，富阳借助相关媒体进行后续宣传，并推出各项优惠活动，使富阳迅疾成为长三角一个新兴旅游目的地。当获知由刘德华、林志玲等著名影星主演的电影《富春山居图》拍摄的消息，富阳市主动与摄制组联系，提供龙门古镇、黄公望隐居地、江南中学等当地场景作

① 万路．跨越新产品入市的门槛［J］．企业改革与管理，2008（10）：76-77.

② 郑维荣．旅游目的地事件营销案例解析［N］．中国旅游报，2009-07-10（011）.

为电影的取景地，再次使富阳成为公众关注的焦点。[①]通过打造“富春山居图”这个旅游文化与 IP，富阳的旅游与文化不断融合，也让富阳的旅游业发展驶入了快车道。

事件营销传播需要关注到社会各个群体的关注热点，精准定位，聚焦受众的眼球，达到营销传播的目的。事件营销具有目的地性强、成本低、风险高等特点，同时又具有多样性和新颖度、讨论人数多、传播面较广的特点，对于文旅 IP 的传播效果有很大加成。

三、节庆营销传播

目前，随着时代的发展、旅游产业的发展和服务的多样化，出现了以节庆活动为根基的旅游活动方式，即节庆旅游。节庆旅游，通常于每年固定时间举办，有着鲜明的主题和特色，开展节庆旅游对文化旅游 IP 宣传有着独特的作用和深远的影响，能够突出一个地区文旅 IP 的形象，推进文旅融合的发展，增强旅游产品的传播力。

文旅 IP 结合节庆活动是一种有效的营销传播方式，不仅可以丰富文旅 IP 的内涵，而且可以激发游客的兴趣和热情，提高文旅 IP 的传播力度。节庆营销传播就是以节庆活动作为根基，对 IP 和节庆的关联进行策划，组织和开展一系列的活动来吸引大众的目光，并扩大文旅 IP 的知名度。作为一种比较有效的营销传播方式，节庆营销传播可以将文化的内涵通过多种形式更好地进行展示，让受众在无形中接受这个文旅 IP。

“花开时节动京城”河南洛阳每年都会举办牡丹文化节，借助“中国牡丹花都”这个文化与旅游 IP，开展以赏花为主题的节庆活动，也宣传了河南悠久的文化历史底蕴，使旅游者更加了解洛阳这座城市，通过节庆活动，起到了很好的宣传与推广的作用。

节庆作为固定化的节日，在大众心中的认可度和渗入性很强。在文化和旅游目的地都会举办各种各样的活动作为欢度节庆的形式。文旅 IP 的传播通过借助节庆开展活动进行借势，依托于节庆的热点和大流量为增加自身的曝光度，扩大传播范围是非常高效的一种方式。通常采用的一种方式就是在节庆当

① 陈淑安. 富阳《富春山居图》合璧成“最佳案例”[EB/OL].（2011-11-23）[2021-6-30].https://travel.ifeng.com/roll/detail_2011_11/23/10851441_0.shtml.

日或前后，组织与自身文旅 IP 相关的文旅活动，以文旅活动的形式让广大游客欢度节庆，在这个过程中活动的内容及形式就可以直接围绕要传播的文旅 IP 来展开，依托 IP 的文化内涵加深游客的亲身体验，让广大游客都参与到活动中来。如果条件允许，可以适当引入一些媒体到现场，通过游客的参与和媒体的推广来实现文旅 IP 传播的效果。

四、媒介应用传播

在文化和旅游的市场中，媒体不仅承担了传播信息的功能，更多的是提供了旅游业和游客之间的双向互动渠道，使游客通过这些多媒体宣传更好地去了解文旅 IP。目前文旅 IP 进行传播的渠道主要有：新浪微博、微信、短视频、网站营销传播和户外营销传播等方式，不断地吸引线上线下的眼球，达到文旅 IP 广泛传播的目的。

（一）微博营销传播

作为一种创新的信息传播方式，微博在诞生之初就受到了很多人的关注和追捧，目前微博传播已经是互联网媒体传播必不可少的方式之一。现代许多年轻人通过刷微博看热搜的方式，接收世界的消息。许多企业也借助这个平台流量大、使用人数多的特点进行营销传播，不断发掘和满足用户的各类需求。微博营销以微博作为营销平台，每一个听众（粉丝）都是潜在的营销对象，企业利用和更新自己的微信博客向网友传播企业信息、产品信息，树立良好的企业形象和产品形象。每天更新内容或者发布大家感兴趣的话题，就可以跟大家交流互动，这样来达到营销的目的，这样的方式就是互联网新推出的微博营销。①

该营销方式注重价值的传递、内容的互动、系统的布局、准确的定位，具有便捷性高、互动性好、内容碎片化、时效性强的特点，如上海迪士尼度假区的官方微博目前就有超过 100 万的粉丝数量，并且其每条微博的评论和转发都超过上千条。通过微博这个公众平台的运营，迪士尼不断发布最新的园区旅游相关消息，也更好地传播了迪士尼这个文旅 IP。

文旅 IP 的微博营销策略主要包括：一是互动营销传播。通过在合适的时

① 郑艳红．微博营销的沉与浮［J］．中外企业家，2013（35）：55+57.

机建立与受众很好的信息互动传播纽带，寻求二者利益的平衡点。二是情感的营销传播。通过与微博粉丝经常性的互动，或者定期举办一些抽奖福利活动，提高粉丝的黏性，得到微博粉丝情感上的支持，建立长期的情感联系，而这些粉丝也就成为文旅 IP 的潜在客户和免费宣传者。三是意见领袖传播。通过大 V 等具有一定影响力的微博营销号，迅速形成一定的集聚效应，可以更好地加快文旅 IP 的传播速度和深度。四是多账号矩阵传播。建立多个微博账号，构建庞大的微博传播体系。[①] 通过微博账号矩阵之间各个账号的联动，能够扩大微博内容的影响范围，拓宽该文化和旅游 IP 的宣传广度。

文旅 IP 的微博传播方式主要还是综合各种信息，借助微博这个流量平台，实现文旅项目内部资源和其他资源的整合。通过裂变的方式达到信息的广泛传播，并且通过情感交流互动的方式，把这些流量变现。微博这种传播模式可以更好地维护、管理客户关系，实时监测传播效果，从而达到更好的传播效果。

（二）微信营销传播

微信作为一个现代人必备常用的软件，在现代社会中发挥着非常重要的作用。现代信息的传播方式是多元化的，不受空间和时间的限制。作为当前活跃度较大的及时通信软件，微信以其多元化的传播方式和良好的互动性成为传播模式的主要媒介之一。

和微博相比，微信的优势在于传播度更广，受众更加全面，相比于可能更偏向于年轻人爱玩的微博来说，微信几乎是涵盖了所有的年龄群体，所以在传播范围方面更广，用户黏性度更强，定位更加准确。目前微信的传播方式主要还是以微信公众号以及小程序的形式传播，通过分享到群或者朋友圈，打开并且关注，就会持续不断地收到推送的信息，而文旅 IP 就可以利用这种快捷性和便利性，经常性地推送内容，不断推送到用户的微信首页，使信息能够被看到和传播。

利用微信作为传播营销的手段，能够以低廉的成本获得更多潜在的用户，通过多元化的营销模式和大数据的选择给合适的用户推荐他们感兴趣的内容，增强用户的忠诚度和黏性。利用朋友圈的包装，建立独特的社交体系，为文旅 IP 的传播开拓新的线下渠道。此外，利用微信快捷的信息传播方式，也使得

---

① 阳翼 . 数字营销 · 6 课堂教你玩转新媒体营销［M］. 北京：中国人民大学出版社，2015.

线上线下的联动更加便利。

目前一些景区微信公众号可以提供的产品服务内容有：语音讲解、视频介绍，可以利用3D全景展示景区地图导航（语音介绍）和推荐主题线路等；特色便民服务小工具，如天气预报、出行指南、景区服务提示（厕所、商店、出口等）；LBS（Location Based Services）地理位置服务，在景区附近找住宿、小吃、停车或者附近其他景点，提供地图导航；景区门票预订和支付，景区内其他业态等在线购买；景区定期营销活动，与粉丝互动活动，如幸运抽奖、大转盘、投票调查活动等；景区当地特色风土人情介绍，也包括当地的消费须知、文化差异等。通过这些产品服务，给用户带来了更好的旅游体验，用户也能够更方便地了解到一个地区的特色景点和特色文化，加深他们对旅游和文化IP内涵的理解。

（三）短视频营销传播

短视频即短片视频，是一种互联网内容传播方式，一般是在互联网新媒体上传播的时长在5分钟以内的视频。随着移动终端普及和网络的提速，短、平、快的大流量传播内容逐渐获得各大平台、粉丝和资本的青睐。随着网红经济的出现，视频行业逐渐崛起一批优质UGC内容创作者，抖音、微博、秒拍、快手、今日头条纷纷入局短视频行业，募集一批优秀的内容创作团队入驻。到了2017年，短视频行业竞争进入白热化阶段，截至2020年12月，中国短视频用户规模为8.73亿，较2020年3月增长1.00亿，占网民整体的88.3%。

短视频营销传播不同于微电影和直播，短视频制作并没有像微电影一样具有特定的表达形式和团队配置要求，具有生产流程简单、制作门槛低、参与性强等特点，又比直播更具有传播价值。超短的制作周期和趣味化的内容对短视频创作团队的文案以及策划功底有着一定的挑战，优秀的短视频创作团队通常依托于成熟运营的自媒体或IP，除了高频稳定的内容输出外，也有强大的粉丝渠道。短视频的出现丰富了新媒体原生广告的形式。利用短视频的模式进行文旅IP的传播是非常合适的，这种传播模式传播速度快，并且很容易吸引眼球，也迎合了现代人利用碎片化时间阅读的习惯。四川康巴汉子丁真的走红网络就印证了短视频的优点，当一位摄影师在四川游玩时为一位藏族小哥拍摄了一个短视频并上传网络，这位小哥因为野性纯真和朴素的笑容很快吸引了大家的目光，并且在网络走红，成为网络红人，而之后更是成为四川省甘孜藏族自治州理塘县的旅游大使，理塘县利用丁真这个 IP 吸引了更多人去关注理塘，为其旅游宣传做了很好的推广。

通过丁真的走红网络也对文旅 IP 利用短视频营销的传播方式具有十分重要的借鉴意义，目前是流量经济时代，利用短视频营销的传播方式吸引流量和用户，对提升文旅 IP 的影响力起着非常重要的作用。

（四）网站营销传播

随着互联网的快速发展，网站逐渐成为文旅 IP 发展的焦点之一，网站是将现实人际关系延伸到网络关系的一种媒介，也是目前受众交流互动的平台之一。网站的发展有一定的时间，相比于微博和短视频的便捷性和快速性，网站营销传播的核心是用户，用户信息的可靠性、用户信息的亲密性、网站平台的公开性是其主要特点。

网站营销传播是营销者开展新媒体营销的核心，能够针对用户的不同需求，全面展开信息传播，同时网站营销传播也是受众参与互动并体验营销传播的最佳平台之一，也能够使受众和平台之间更好地互动沟通。[①] 如许多景区与很多网站如携程、去哪儿网、马蜂窝等平台合作，通过在网站上投放景区简介、旅游线路介绍、各种美食和民宿的推荐等达到吸引流量、挖掘潜在用户、宣传当地旅游和文化 IP 的目的。通过网站平台的营销，一方面可以扩大营销范围，吸引更多游客的关注，另一方面可以加深游客对旅游和文化 IP 的了解，保持与游客之间的信息交流，使文旅 IP 实现全方位的传播。

（五）户外营销传播

随着城市的高度进展，人们的生活模式也在不断改变，户外广告营销的模式也在快速发展，某种程度上，户外广告作为最普遍的大众传媒媒介，只要用户出门，就能随时随地看到。

户外广告是在建筑物外表或街道、广场等室外公共场所设立的霓虹灯、广告牌、海报等。户外广告是面向所有的公众，可以在固定的地点长时期地展示企业的形象及品牌，因而对于提高企业和品牌的知名度是很有效的。借助户外广告的模式进行文旅 IP 的模式，不断提升文旅 IP 的影响力已成为一种新的趋势。

① 刘艳峰．文化旅游项目的整合营销传播研究［D］．南昌：南昌大学，2018.

户外营销传播并非强迫性质的信息灌注，而是通过潜移默化的影响，不断地将这个印象加深，不知不觉地将文化与旅游 IP 的形象加固在受众印象里，如许多城市地铁站和高铁站进行的旅游广告宣传，不断地吸引着游客的眼球，对游客产生一定的心理暗示，达到传播文旅 IP 的效果。

第三节　文化和旅游 IP 的传播效果

文旅 IP 传播渠道及传播方式的创新性应用都是为了实现文旅 IP 更好的传播效果。传播渠道和传播方式直接决定了传播的实际效果如何，而文旅 IP 的传播效果对促进目的地文化和旅游发展水平有着决定性的作用。良好的传播效果将有助于进一步提升文化和旅游目的地品牌形象，提高品牌知名度，促进目的地快速发展，增强人民的幸福感和获得感。

一、改善目的地形象

目的地形象通常是消费者对目的地的一个整体感知，包括产品和服务等各方面内容。文化和旅游目的地形象主要是指游客对目的地的总体印象，包括住宿、交通、餐饮、参观游览以及购物等各个方面。文化和旅游目的地形象直接决定了目的地的发展水平，一个好的积极向上的形象对于目的地是加分的。相反，一个相对较差的形象可能会降低游客的出游概率，甚至会因为口碑传播产生更大范围的恶劣影响。

文旅 IP 经过高效传播之后，让更多游客对目的地的有了一个重新的认识，对目的地的品牌认知会上升到一个新的高度，甚至能够改变游客对目的地较差的固有印象，对目的地的形象起到强大的提升效果。目的地形象的改善一般可以聚焦到两类游客身上，一类是未到目的地体验过的游客，这类游客一部分是对目的地完全没有了解，属于潜在游客，对目的地的形象认知一般是通过互联网以及口碑等形式，属于被引导的固有印象；另一类游客是参与过目的地的旅游活动，对目的地有切身的感受，该类游客对目的地的形象是基于自身体验后的主观感受。通过文旅 IP 传播，对潜在的游客起到最直接的作用就是给予游客对目的地良好的崭新印象，刺激潜在游客的出游动机；对已体验过的游客最大的作用是改善或加深上次体验的主观印象，增加游客的忠诚度。

二、扩大目的地知名度

从营销学的角度来讲，知名度的增加是所有行业营销的共同目的。对文化和旅游目的地而言，自身的知名度很大程度上决定了在文化和旅游市场中的地位，高知名度带来的是高市场覆盖面，当文旅 IP 覆盖到更多的潜在市场时，在转化率固定的前提下仍然对目的地的客源有很大的提升效果。

对于文旅 IP 知名度的体现一方面要看是否在一定范围内有明确的奖项获得、是否举办或参加区域性的节庆类活动；另一方面在百度热搜、携程、美团等新媒体传播与反馈方面热评指数是否较高，这些都是用来评判文旅 IP 知名度的核心要素。通常文旅 IP 经过恰当的传播在一定范围内的知名度会得到显著提升，市场渗透率明显增强，潜在的游客群体明显增加，在互联网上的相关话题热度不断升高，越来越多人参与到相关内容的讨论中，游客的出游意愿也明显增强。

三、优化产业发展环境

文旅 IP 的传播对文化和旅游目的地的产业发展环境带来积极的影响，改变了产业发展格局，对优化产业环境起着正向的助推作用。一方面，通过文旅 IP 的传播进一步增加目的地的曝光度，将目的地的特色资源和发展条件积极推广出去，对于吸引人力、物力和财力等资源要素，为目的地产业发展注入活力，吸引金融投资商和运营商入驻，进一步扩大目的地的市场主体规模具有重要作用。同时，新技术要素的引入也会进一步增强产业发展创新性，提升产业发展效率。另一方面，各类要素的引入也倒逼文化和旅游目的地政策环境不断完善，为进一步匹配新入驻的各类要素和市场主体，地方政府会在人才、资金、土地、金融等各方面提出利好政策，主动营造有利的产业发展环境，加强产业发展后勤保障。

四、创新市场营销载体

在全域旅游发展时代，发展文化和旅游产业成为地方促进经济发展、增进人民福祉的重要抓手。近些年，文化和旅游目的地的数量不断增加，市场竞争呈现白热化状态，“酒香不怕巷子深”的传统观念一去不复返，即使目的地自身拥有优越的文旅资源、特色的业态产品也难免因为缺乏营销而导致市场占有率不足。

文旅 IP 的主题性使其具有足够的资格能够成为文化和旅游目的地的代表，通过对文旅 IP 的传播起到了对文化和旅游目的地宣传推广的作用，对文旅 IP 而言更是一种目的地营销的载体。从营销学角度出发，对文化和旅游目的地的营销很难实现面面俱到，要实现全方位、全内容的营销则需要花费大量的物力和人力成本，降低目的地发展的综合效益。然而，以打造文旅 IP 的形式来进行对外推广则存在两方面优势，一方面，文旅 IP 可以展现出目的地的核心特色和文化内涵，对文化和旅游目的地具有十足的代表性，在营销过程中可以避免面面俱到的同时又能将核心内容传递给广大游客；另一方面，文旅 IP 自身的符号化、图形化赋予了其辨识度强、易于传播的特点，可以加深游客的印象，引发共鸣，更有利于进行市场营销。

五、发挥短时引流作用

对于一个文旅 IP 而言，通过采用特定的传播渠道和方式，在短时间内形成高热度事件是相对比较容易的，通过为文旅 IP 造势，形成局部热点，增加区域曝光度，吸引游客眼球，伴随后续相应的营销手段跟进，会在区域内实现短时的高转化效应。

文旅 IP 的传播在提升目的地形象及知名度后，引流作用明显，短时间内会给目的地带来更多的游客，出现旅游人数的阶段性热潮。游客通过接受目的地文旅 IP 的信息，对目的地的产品内容有初步了解和向往，进一步产生出游动机，再经过一系列的具体认知以后，最后产生旅游活动。IP 短时高热度效应会让众多无出游意愿的群体产生出游意愿，让具有出游意愿的游客形成明确的出游动机，同时会促进已经具有出游动机游客快速做出出游行动。文旅 IP 就像一根导火索一样，作用在旅游活动产生过程的各个阶段，促进游客产生出游动机，形成出游意愿，最后实现旅游活动。但是要不断形成稳定的高转化率，除了在文旅 IP 的传播层面进行创新外，目的地后续优质的产品和服务是实现其可持续发展的根本动力。

六、延长产业价值链条

在新的经济发展形势下，产业不再局限于单一的自身发展，越来越强调各产业之间的相互融合，加强联系，共同延伸产业价值链条。在“大文旅”的背景下，文化和旅游产业不再局限于自身，更加强调融合发展，文化和旅游产业链的延伸成为促进产业发展、振兴地方经济的有效手段。

具有知识产权属性并附带有经济价值的文旅 IP 是典型的文化和旅游产业链条的延伸。随着文创产业的发展，越来越多的文创产品开始走上市场，通过 IP 授权的形式进行文创产品孵化成为文化和旅游业经济收入的重要来源。当 IP 开始具有一定知名度、形成一定的社会认同时，IP 自身就产生了一定的经济价值属性，最后将文旅 IP 以自身孵化或通过授权联合其他产业的形式打造成具体产品时，文旅 IP 的经济价值属性就得到了变现。在“十四五”时期，随着文化、文创产业的不断发展，文旅 IP 将会衍生出更多的具体产品，创造更大的经济价值，进一步延伸产业链条。

七、弘扬优秀地方文化

文旅 IP 的打造是在文化和旅游资源分析框架已经建立的基础上，深入理解文化资源内涵，讲好文化故事，激活文化遗存的过程。是以某一文化表象为核心线索，从一个或多个角度切入，引出相应的历史、民俗、艺术、人物等故事，以点带面深入解读文化和旅游目的地的深层次文化内涵而形成的。①

从文旅 IP 形成过程来看，文旅 IP 传递的是一种核心价值和文化内涵，通过 IP 的传播将文化和旅游的核心价值观传递给广大游客，并形成广泛的价值认同。让地方文化有了更好的展示手段，让传统文化不再躺在各类场馆里面，而是有了更加活态化的传承和发扬途径。对传承和弘扬地方特色文化、增强文化自信、提高文化价值起到了非常重要的作用。

---

① 易开刚，胡怀雪 . 文旅 IP 的建设路径与价值创造［N］. 中国旅游报，2019-12-10（003）.

第三篇　应用篇

第八章　文化和旅游 IP 的跨场景应用

文旅 IP 具有文化和旅游双重属性，而文化和旅游都是极具包容性和灵活性的领域，这种特性使得文旅 IP 在应用领域中同样展现了极强的包容性。本章主要对文旅 IP 在社会公共服务和市场经济活动的应用进行解读。

第一节　文化和旅游 IP 的社会公共服务应用

公共服务，是 21 世纪公共行政和政府改革的核心理念，包括加强城乡公共设施建设，发展教育、科技、文化、卫生、体育等公共事业，为社会公众参与社会经济、政治、文化活动等提供保障。公共服务以合作为基础，包括加强城乡公共设施建设，强调政府的服务性，强调公民的权利。而社会公共服务是指通过国家权力介入或公共资源投入，为满足公民的生存、生活、发展等社会性直接需求所提供的服务，如公办教育、公办医疗、公办社会福利等。[①] 文旅 IP 作为一种能够产生良好经济和社会效益的文化符号和品牌形象，在社会公共服务方面发挥了重要作用，文旅 IP 在社会公共服务的应用突出体现在社会文化活动、公共教育活动和公共交通当中。

一、应用目的

文旅 IP 本身包含文化创意内容、广泛的营销渠道、忠实的粉丝用户并且

① 本刊编辑部 . 公共服务，政府可以这样买［J］. 中国政府采购，2013（4）：29-30.

具备可变现的商业价值四个要素，因此，IP 的构成要素自然贯穿于 IP 应用的各个领域当中。但是，将 IP 应用到城市功能的不同领域当中，所体现的 IP 构成要素也不同。在公共交通和环卫建设当中，IP 的应用既可以体现文化创意，可以为 IP 宣传提供一种更加大众化的营销渠道，而公共环卫和交通往往能够直接体现社会公共服务的作用，从而不断提升文旅 IP 的曝光度、知名度；社会公共服务应用通过社会公益活动的举办也促进了文旅 IP 的宣传与推广，通过跨界活动的举办，不断扩大 IP 在不同领域的知名度，也为 IP 的跨行业应用奠定了知名度的基础，同时一个活动的成功举办不仅对 IP 有推广宣传的作用，而且对承办城市同样具有宣传作用，这种宣传是互相作用、互相促进的。在社会文化活动当中，IP 的应用可以体现在文化内涵的创新创意，城市文化基因的解码等方面，进而实现提升一个城市的文化的知名度和影响力的目的；在公共教育活动中，文旅 IP 的应用还能促进文旅产业和教育融合发展，催生研学旅行和亲子旅游两大新兴旅游业态，进而实现 IP 商业变现、旅游产业增收两大目标。因此，文旅 IP 的应用并不是盲目的应用，而是有所目的的应用。

二、应用路径与具体实践

文旅 IP 在社会公共服务的应用，应当遵循一定的路径。例如，文旅 IP 在城市公共交通中的应用，可以通过在城市各类交通工具、城市路灯、城市公交站台等要素中融入文旅 IP 的元素，这样不仅可以增加城市亮点，而且能提升公众对于 IP 的认可度和感知度；文旅 IP 在城市环卫中的应用，可以通过在绿化设计和环卫设施建设中融入 IP 的元素，使得 IP 与环境相辅相成，形成 IP 的大环境，进而从视觉上和感官上提升 IP 的吸引力，也可以助力城市外在形象的整体提升；文旅 IP 在社会文化活动当中的应用，可以通过图书馆、博物馆、公共文化服务的科技馆、纪念馆、剧院等城市文化发展路径，开展文化创新创意活动，带动城市文化事业发展，提升城市文化的魅力与活力。综上，文旅 IP 的应用，在社会公共服务中不同领域中的应用，有不同的路径，在具体运用的过程中要注重路径和方法。

（一）文化和旅游 IP 在餐饮服务中的应用

随着新型消费群体的崛起，场景和体验是关键词，单靠产品已经无法满足消费者多样化的需求。当对饮食的追求不仅仅是美食时，餐厅环境和美食特色就彰显出其重要性，我们置身于一个特殊的环境中品尝独特的美食时，吃的其实就是一个个故事。餐厅可以以IP特色作为主打牌吸引顾客，但要想留住顾客还要靠高品质的餐饮产品，因此餐厅应练好内功，不仅要提供与IP主题高度契合的餐饮产品，而且要在餐饮产品的色、香、味、形、质上做足功夫，打造高品质产品，才能保证IP主题餐厅能够长期稳定发展。[①] 文旅IP在餐饮美食中的运用可将其分为两个类别，一种是通过深入挖掘文旅IP特色，赋予一个餐厅某种主题，以这种主题特色作为餐厅的吸引力，深度开发主题文化，围绕既定主题来营造餐厅的综合经营气氛，如熊本熊主题餐厅、Hello Kitty主题餐厅、大力水手主题餐厅层出不穷。另一种是将文旅IP植入美食菜品中，如诸暨的不少美食都和西施有关，它们承载着满满的情怀和记忆，也跟中华文明的传承有着密切的联系，以西施命名的西施豆腐、西施舌、西施虾仁、西施团圆饼、西施银芽等丰富多彩的美食，是诸暨源远流长的历史文化的积淀，也是一代又一代人的智慧结晶和生活美学的传承。再如围绕龙泉文旅IP“不灭窑火”创新推出的“宝溪龙窑宴”，由“不灭窑火”“窑窑有余”“梅子青”三大锅以及“窑变”“窑财捆捆”“红红火火”等十大盘组成的龙泉菜肴，不断丰富美食内涵，助力打造龙泉文化旅游精品。餐饮中的IP运用已经成为热门趋势，可要真正发挥IP力量、把体验做到创新好玩仍然是个大考验。

（二）文化和旅游IP在住宿服务中的应用

近几十年来，中国人的物质生活已得到稳步提升，而精神生活的改善需求远未得到满足，亟须各种新型的文化娱乐产品和服务来满足。此前，不管是酒店、公寓还是民宿，为了走出困境和突破瓶颈，要么通过产品升级改造提升酒店颜值，要么通过强化服务和培训让酒店住起来更有家的温馨，要么在立项时就选择一个地点相对便捷的位置，要么就从管理营销体系上下功夫以降低分销成本等。在文旅IP迅速发展的时代大背景下，住宿业也迎来了新的发展机遇，各大文旅产业集团充分认识到IP的重要性，纷纷自行打造或重金并购。文旅IP在住宿领域的运用，不同于任何一种传统酒店分销手段，是一种基于“人心向往”的自动分销模式。文旅IP是住宿业新的应用入口，能为企业带来源

① 关占阁，葛雪梅. IP主题餐厅发展现状及对策探析［J］.现代营销（经营版），2019（5）：60-61.

源不断的生意，是除了传统硬件、软件之外最值得引入的一项新的资源，是酒店宾馆新的核心竞争力。文旅 IP 能将劣势颇多的地点变成客人心向往之的目的地，并吸引游客专程从世界各地赶来，这就颠覆了传统酒店的成功三要素："location，location，location"理论。例如，迪士尼乐园里的酒店，实际上可以作为迪士尼乐园产品的一部分来看待，是一个基于住宿的特别的游乐项目，而不仅仅是提供住宿的场所，孩子们可以在房间内超级大的大床上蹦跳嬉闹，获得乐园其他项目不能给予的特别的快乐。除了迪士尼，另一个例子就是赌城拉斯维加斯，自然资源和地理区位上的缺点使拉斯维加斯这块地方成为"不毛之地"，可因为有了赌城这个大 IP，世界各地的人们纷纷前往，愿意入住在气候炎热干燥、位置偏僻孤立的沙漠中。

（三）文化和旅游 IP 在公共交通中的应用

城市公共交通是城市内部和外部连接的必要手段，城市公共交通对于本地居民来说，是最贴近城市居民生活的公共服务设施，良好的公共服务设施可以给城市居民带来工作、生活的便利，对于城市的协调运转必不可少；城市交通对于外来人口来说，是外来人口进入城市的重要渠道，也是向外来人口展示城市外在形象的重要窗口，因此将文旅 IP 应用到城市交通当中，可以充分向外来人口展示城市 IP。

随着我国家庭汽车保有量的迅猛增长，以及公路网络建设持续推进，自驾旅游已成为国民旅游的主要构成部分，国内长线自驾游出游人数持续增长，近五年来占国内旅游人数比例稳定在半数以上，且大部分自驾游目的地是在城市和景区之间，文旅 IP 与城市交通联系密切。2019 年 5 月 29 日，"国际山地旅游日"启动仪式在喜马拉雅山脉珠峰南麓尼泊尔加德满都举办，中国首个世界级公路 IP"此生必驾 318"公路 IP，开创性地跳出传统意义上的行政区域，从公路旅行的角度，依据地域文化与地理特征，将这条旅行带划分为上海、太湖、皖南、荆楚、三峡、成都、康巴、拉萨、珠峰九大文旅区块，让游客可以按主题分时段深度游玩每个区块，感受不同区域景观人文的独特性。崇州重庆路，在"5·12"地震后由重庆援建，全长 42 公里，重庆路贯穿崇州南北，穿越丘陵、平原，连接起青城山、街子古镇、鞍子河、花果山、白塔湖、烟霞湖、安仁古镇。每年 3 月，成都平原郊区几十万亩的油菜花田竞相开放，到处是花的海洋，而最为壮观的当数成都市郊的崇州重庆路，这里被誉为"西南地区最美的乡村公路”，道路两旁的油菜花漫山遍野，一望无垠，美不胜收。另外，2021 年洛阳市为了提升洛阳牡丹文化节的整体氛围，洛阳市政府将洛阳牡丹节集中区域的路灯改造为牡丹花的形状，道路上创作了各类牡丹花图案，很好地展现了洛阳牡丹文化形象，提升了牡丹文化节节日氛围。

（四）文化和旅游 IP 在公共教育中的应用

2013 年，国务院办公厅印发了《国民旅游休闲纲要（2013—2020 年）》，明确提出要“逐步推行中小学生研学旅行”，这是学校教育与旅游产业的进一步融合，为响应这一号召，各地积极探索研学旅行的发展模式，并在发展的过程中不断借助 IP 进行赋能。具体而言，文旅 IP 在教育当中的应用主要体现在研学旅行和亲子旅游两个方面。在亲子旅游方面，随着国民收入的增加，尤其是“80 后”“90 后”晋升为新生代父母，他们更愿意陪伴孩子出游，使得国内亲子游备受青睐。2020 年 5 月，携程发布了《2019 国内亲子游趋势报告》（以下简称《报告》）。《报告》显示，一方面，一线城市用户依旧是出游主力，而宁波等经济发达的二三线城市异军突起，成为亲子游市场新生力量。另一方面，伴随二孩同游现象愈发普遍，高品质的亲子游产品将更受欢迎。例如，浙江省第一批示范级文旅 IP“跟着课本游绍兴”，就是教育与历史文化、旅游的融合，通过这一活动策划，一方面促进了当地历史文化的活化，另一方面对学校学生起到了很好的教育作用，同时促进了当地旅游业的发展。

在研学旅行方面，近年来研学旅行蔚然成风，尤其是在教育部等多部门联合推进下，研学旅行被纳入中小学生教育计划，研学旅行是“研学 + 旅行”相结合的一种创新教育方式，并且经过 IP 的应用，不仅可以提升研学旅行的乐趣，而且有助于挖掘当地文化，促进当地经济发展。

为落实甘肃省人民政府办公厅印发的《甘肃省教育科技赋能文旅产业实施方案》（甘政办发〔2019〕58 号），发挥高校学科专业与人才支撑引领作用，赋能文化旅游产业，促进教育科技文化旅游融合发展，甘肃省教育厅发布关于举办全省高校首届文旅 IP 大赛的通知。大赛通过搭建教育赋能文旅交流平台，传播甘肃故事，彰显教育赋能文旅的新作为，目标是为全省高校师生提供展示专业所长和热爱甘肃的平台，调动和激发广大师生参与文旅活动的热情，加快推出一批高校师生礼赞甘肃的“创意作品”和高颜值的“甘肃影像”，讲述新时代丝绸之路黄金段的“甘肃故事”，传播“如意甘肃”新形象。

根据大赛要求，参赛作品共分为“创意短视频类”“原创乡村民谣”“品牌及包装创意设计”“如意甘肃·我的家乡吉祥物设计”等类别，参赛作品强调原创性、艺术性、创新性、创意性，旨在征集一批礼赞甘肃的“创意作品”和高颜值的“甘肃影像”，讲述新时代丝绸之路黄金段的“甘肃故事”，传播“如意甘肃”新形象。据省教育厅副厅长张国珍在启动仪式上介绍，各高校不仅要坚持立德树人，以学生为中心，精心组织校赛，让学生在大赛中提高能力，还要持续优化专业，提高教育赋能文旅的精准性；要持续深化合作，提高教育赋能文旅的协同性；要持续强化保障，提高教育赋能文旅的实效性；要持续强化评价，提高教育赋能文旅的创新性。

2019 年，随着甘肃省政府《新时代甘肃融入“一带一路”建设、打造文化制高点实施方案》的发布，甘肃省教育系统联合科技、文旅等部门，以省政府办公厅名义印发了《甘肃省教育科技赋能文旅产业实施方案》，该方案实施以来，甘肃省教育赋能文旅产业发展的学科专业体系初步形成，学科专业布局不断优化；教育赋能文旅产业发展的人才培养方案全面修订，科教 + 文娱 + 文创的人才培养模式得到了广泛运用；教育赋能文旅产业发展的师资队伍建设不断加强；教育赋能文旅产业发展的研究平台广泛建立；教育赋能文旅产业发展的合作机制已经建立。

（五）文化和旅游 IP 在文化活动中的应用

在国家文化自信和文化强国战略的指导下，发展高质量的文旅产业，需要全面推进文旅产品的改革创新，这就需要深挖城市文化内涵，提炼文化元素，增强旅游要素的文化附加值。中华文化五千年，每座城市都蕴含着深厚的文化，都有自己独特的文化符号，IP 在文化活动中的应用可以以城市文化历史、城市形象为主题，以博物馆、展览馆、图书馆等为路径，通过文创手段激活静态文化资源，形成更具生命力的文博业态和文博 IP。

文旅融合时代，旅游资源已不仅仅是地理范畴的资源和历史文物范畴的资源，带有文化创意、未来科技、人格化的资源才能真正“活起来”“火起来”。例如，故宫 IP 的创立就是 IP 在城市文化领域中的应用。故宫，是唯一保存完整的古代皇宫和中国文化艺术珍贵文物的集聚地，正是这种独一无二的历史地位和文化价值才成就了故宫 IP，并且故宫 IP 在发展的过程中，不断创新文化内涵，增强文化创新创意，在每一个故宫开发和授权的文化产品中体现它的

IP属性，继而形成了丰富的故宫文创IP集，真正将故宫文化打造为超级IP。与之相类似的还有河南博物院，2021年河南春晚一台以河南博物院为背景的《唐宫夜宴》舞蹈剧，一时间引发各大平台转发评论，河南博物院一夜之间名声大噪，吸引了无数的游客前来打卡参观，河南博物院也及时抓住了这一机遇，通过IP赋能博物院文创产业发展，促进博物院价值提升。IP应用到城市文化中，可以充分提升城市文化活力和价值转化力。

文旅IP在文化活动中的应用更应该注重对文化内涵的挖掘和打造，如“七彩云南·古滇家宴”是由七彩云南·古滇名城于2018年打造的一场最云南原生家宴，通过开展深入体验式和身心投入式的饮食文化活动，开放式地展示古滇文化，让世界了解云南、了解古滇。到2021年，古滇家宴已经连续举办了四届，其形式和内涵有改变也有不变。2018年年初次“亮相”时，其核心内涵在于展现“家宴”这一传统形式，并将最云南的理念推向世界，随着活动围绕古滇家宴不断展开，其内涵与呈现方式也不断融入美学理念与数字化的创新。2019年时在味觉体验之外为家宴增添了“滇海大秀”这一视觉体验的重要内容，并在饮食文化的基础上提出具有古滇内涵的审美文化。2020年更是将人与自然的关系纳入活动主题内涵中。2021年，古滇家宴借由家宴的形式融合了中国传统“家”文化的内涵，在云南的家宴之外，打造了属于每个家庭的、无处不在的小家宴。古滇家宴活动的开展有助于云南文化宣传推广的谋篇布局，层层递进的动态过程，从展示到引领，从单纯地展现云南到构建出云南文旅IP体系构建模式。

文旅IP在文化活动的应用中也应当注重对文化人物的故事挖掘，如贵州省贵阳市南明区的“跟着名人游南明·全域说故事”系列活动于2019年秋如火如荼地开展，活动中设立了一批文化故事标示牌，在甲秀楼、达德书院、翠微巷等南明区的一些重要景点和街道上标注出了明清两代的“文士武将”王阳明、杨文骢、曹维城、李端棻、张之洞，清末民国的“各派代表”刘统之、张百麟、王若飞、王伯群以及现代的谢孝思先生，总计十位历史名人的人生故事和足迹。此外，南明区还借着活动的开展推出了“跟着名人游南明”文旅创意产品，并同步开展“跟着名人游南明”主题游线随手拍征集、“阳明杯”城市社区定向赛、“书香门第”评选、甲秀读诗会、“阳明送春联”文化迎春、文创IP国际研讨会暨王阳明国际漫画展等活动。

目前，中国的不少城市、文旅产业创造了千千万万个吉祥物或 IP 形象，但是脍炙人口、人见人爱的 IP 形象仍旧缺少。城市形象可以通过不同领域进行表达，通过城市文化领域，打造城市文化形象；通过城市旅游产业领域，打造城市文旅形象；通过城市的交通环卫，可以展现城市的外在整体形象等。

在西安城市形象建立的过程当中，IP 在其中发挥了较大的作用。西安作为十三朝古都，是中华文明和中华民族最重要的发祥之地之一、丝绸之路的东方起点、中国最佳旅游目的地，被评为 2020 年全球 20 个热门旅游目的地、全国十大热门旅游城市。西安近年来大力发展夜游经济和非遗经济，组织非遗展演进景区、进剧场，加快建设大唐不夜城、北院门风情街、高新嘉汇坊等夜间经济聚集区，打造“夜长安”文化旅游新 IP。利用新媒体平台，如抖音、快手等，将微电影、直播、短视频等作为城市形象传播的发力点，培养一批具有客户黏性的新媒体平台官方账号，创作了一批有创意的城市形象传播视听产品，进而打造了西安独有的城市 IP，极大地提升了西安的文化影响力和城市形象。①

在西安城市形象建立的过程中，充分借助 IP 的影响力，连接西安文化基因，开展文旅融合，进而创造具有西安独特性格特点和生命力的城市形象，并且通过西安城市形象的创造，反哺西安的文化挖掘、旅游目的地形象塑造、旅游吸引物提升以及经济发展。

第二节　文化和旅游 IP 的市场经济活动应用

文旅 IP 在市场经济活动发展中的应用，并不是直接作用的关系，而是通过应用到文化产业和旅游产业当中，进而带动城市经济的发展。这类 IP 往往具有很强的粉丝基础，深入人心，能够引导和促进群众消费，具有超强变现的能力。本节将从应用目的、应用路径与具体实践方面说明文旅 IP 在市场经济活动的应用。

① 董向慧，张小蕾 . 新媒体与新文旅结合打造“网红城市”[N]. 天津日报，2019-12-23(009).

一、应用目的

市场经济指通过市场配置社会资源的经济形式。简单地说，市场就是商品或劳务交换的场所或接触点。市场可以是有形的，也可以是无形的。在市场上从事各种交易活动的当事人，称为市场主体。[①] 文旅 IP 在市场经济活动中的应用既包含一些文化旅游商品的应用，又包含一些市场活动，如娱乐活动和节庆活动、社会公益活动等。

目前，在各地文化旅游商品中存在着品种类型单一、文化内涵不足、工艺水平不高等问题，在文化旅游服务中存在硬件设施不够完善、服务水平参差不齐等问题，这些问题导致商品和服务在促进文旅产业的过程中发展缓慢，成为制约文旅产业发展的短板之一。我国地域文化内涵丰富，文旅融合时代的到来，应运而生的文旅 IP 为供给侧改革提供了新的方向。文旅 IP 在商品和服务中的应用就是在旅游商品的开发过程中深度挖掘文旅 IP 的内涵，强化文旅 IP 的结合路径，将其特有的文化形式外化为商品和服务的某一特征或赋予其特定的文化含义，让商品和服务具有经济价值、文化价值和艺术价值，只有将商品和服务赋予文旅 IP 的独特文化内涵，才能使其更加真实有效，增强公众对区域的认同感。文旅 IP 在商品服务中的应用有利于增强文旅 IP 的吸引力和传播力，有利于扩大文旅 IP 的区域影响力。文旅 IP 本就是文化和旅游产业转型升级的重要引擎，市场经济的活动应用进一步拓展了 IP 应用范围，使文旅 IP 这个跨行业融合的新生事物在文化和旅游产业的基础上不断与其他行业和形态进行融合，通过产业融合发展不断开辟新的转型升级之路，不断增加产业附加价值，推动经济价值的创造。

二、应用路径与具体实践

通常来说，文旅 IP 在经济活动中的应用没有边界，文化的体验性使得 IP 可以与任何活动相融，在娱乐活动、节庆活动、公益活动中，都可以有文旅 IP 的参与。同样在各种商品服务中也体现了文旅 IP 的应用。

（一）文化和旅游 IP 在娱乐活动中的应用

在科技、人工智能大行其道的当下，实现跨界互融将成为长久吸引游客的

① 宁犬祥. 市场经济下的企业经济管理模式研究［J］. 现代营销（下旬刊），2019（10）：159-160.

又一要素。“TGC 腾讯数字文创节”是在腾讯“新文创”战略下，集结了腾讯游戏、动漫、影视等旗舰 IP 和优质数字文创内容，以数字化互动为核心体验，向广大用户开放的线下大型数字文创活动。活动由“明日博物馆”“艺术共创馆”“电竞潮流场”“数字文化趣味市集”四大主题板块组成，提倡“以数字之美探索文化”，通过数字化、科技化的方式为大众呈现《王者荣耀》《穿越火线》《一人之下》等腾讯旗下具有影响力的游戏电竞动漫影视文化，以及包括故宫、敦煌在内的中华优秀传统文化。

2019 年暑期《长安十二时辰》大火，豆瓣评分高达 8.8，时至今日，依然位居 8 分以上的行列。剧集口碑流量兼收，网友们被盛唐气象惊艳，其拍摄地象山唐城也随之火爆起来，成为剧迷们的打卡胜地。象山影视城借力这一大火的 IP，主动出击，开发《长安十二诀》故事，将唐城布局成大型实景游戏现场，游客分别扮演医、商、侠、士、术、捕等职业，每种职业都将以自身视角来看到大唐盛世之景。根据职业设定，玩家要深入接触角色演员才能获得闯关线索，根据线索自行解锁闯关。[①] 游客在游戏中成为主角玩家，所有演员会向玩家提供触发游戏的关键信息，整个唐城都变成了游戏场景。

（二）文化和旅游 IP 在节庆活动中的应用

人类学家特纳（Turner）认为，“节日是人类发明的最大规模的仪式，节日不仅是对社会需要的回应，更是人类创造意义的行为”。中华民族是善于发明创造的伟大民族，在其深远宏阔的文化历史中，亘古不息地展演着丰富多彩的节庆活动。中国是世界上节日最多的国家之一，从古到今，56 个民族的传统节日与新生节日共有 2000 余个，其中约 2/3 是少数民族节日。传承至今，许多节庆已凝塑成记忆民情风俗和信仰旨趣的动感样板，成为彰显特色文化和张扬民族性格的活化载体，正在扮演着文化身份认同和价值观念融汇的特殊角色。[②]

在文旅融合的大背景下，“文旅 +IP”已然成为传统旅游产业升级转型的新方式。2019 年，作为文旅融合的开局之年，文旅 IP 化打造也成为不少文旅企业升级赛道的重要选择，“文旅 IP+ 节庆活动”使 IP 效应叠加，成为文旅融

---

① 象山影视城推出“网景游戏”解锁国内影视基地旅游新模式［EB/OL］.（2019-10-8）［2021-5-17］.http://news.cnnb.com.cn/system/2019/10/08/030090785.shtml.

② 解志翔 . 房地产企业全面预算管理中存在问题的思考［J］. 财经界，2011（2）：54.

合发展、持续引流的重要途径之一。从故宫“紫禁城上元之夜”点亮夜间经济，到跨界动漫、联动影视，IP 花式赋能，传统旅游业转型成效初显。2019 年年初，故宫在元宵节之际，推出“紫禁城上元之夜”文化活动，消息公布 24 小时内，关于上元之夜的报道量就达到 39.6 万条，微博转发量超过 36 万，预约门票被火速“秒光”，完全不亚于 12306 的春节抢票大战，更有平台将票价炒至数千元。“故宫 + 上元佳节”，传统 IP 与节庆活动的碰撞，瞬间击中了消费者的小心脏。虽然夜间旅游不是始于故宫“上元之夜”，但却因此火爆出圈，也让更多人看到了夜间旅游的机会。2019 年年末，中国第一家主题公园“锦绣中华”跨越 30 年，以庆生为契机，引入“自贡灯会”这个传统大 IP，踩在新年的节点上，让传统文化 IP 拉动夜间旅游发展。这场“天下第一灯”与中国最早文化主题公园联袂合作，贯穿元旦、腊八、小年、春节、元宵，历时 58 天，IP 赋能持续拉动夜游经济发展。

（三）文化和旅游 IP 在公益活动中的应用

文旅 IP 在社会公益活动中的应用体现在通过举办公益活动，宣传文旅 IP，不断提升文旅 IP 的影响力。

云宝，是嘉善大云镇的吉祥物 IP，形象是一只从亿年幽澜古泉中诞生的精灵，拥有大大的眼睛、萌萌的体型、暖男的性格，被称为小朋友的甜蜜好友。2017 年 6 月 1 日，大云镇在上海外滩举办“宠上云端”品牌发布会，云宝正式诞生。由此，也标志着大云镇正式开启甜蜜小镇的 IP 元年，迈出“中国甜蜜度假目的地”品牌化发展的第一步。当下，嘉善县大云镇围绕区域发展一体化、文旅融合等命题，加大“跨界深化内容运营”“IP 体验夯实市场”“文旅撬动综合价值”等布局，以儿童友好型小镇建设为抓手，全力推进“中国甜蜜度假目的地”发展，以文旅深度融合，探索长三角旅游一体化实现新发展。[①]

大云镇不仅通过发展甜蜜产业、度假内容，满足大云镇游客对美好生活的向往，也主动通过甜蜜内容输出、爱心云公益等活动，走出大云镇，关爱全社会儿童等特殊人群的健康成长。将自身发展特色与教育相结合，和家长、社会

① 曾庆华. 浙江嘉善：探索文旅融合新发展［EB/OL］.（2019-6-3）［2021-5-17］.https://www.sohu.com/a/318288641_100122958.

一起努力改变孩子的未来。[①] 作为云宝暖男人设重要一环的“云公益”，也随着云宝 IP 打造之路不断践行。自 2018 年起，云宝的“云公益”足迹已遍布上海、杭州、嘉善等地，参加孩子们的运动会，见证他们的才艺比拼，向大众推荐孩子们的画展，为特殊孩子带去欢笑和温暖，给家庭困难孩子送去礼品，给市民和游客表演舞蹈，云宝用自己的甜蜜力量给大家频频送去温暖和惊喜。

基于大云镇在儿童友好方面的成绩和未来行动规划，中国儿童中心授予大云镇域品牌形象、甜蜜大使——云宝“儿童友好使者”称号，并期待大云镇在中国的儿童友好事业中为更多儿童做出贡献。这也是由中国儿童中心颁发的第一个“儿童友好使者”称号。未来，云宝将带着儿童友好使者的身份，延续“云公益”活动，友好儿童，服务社会，去到更多需要帮助的人身边，以实际行动传递志愿精神，弘扬社会正能量，助力大云镇儿童友好型城镇建设。

① 上海特殊学校艺术展在沪落幕 嘉善大云“云”公益助力梦想成真［EB/OL］.（2018-12-6）［2021-5-17］.http://www.sh.chinanews.com/wenhua/2018-12-06/49235.shtml.

第九章　文化和旅游 IP 的跨产业应用

随着我国进入新的社会发展阶段，融合发展成为产业优化结构、转型升级、增强综合效益的有效手段。文化和旅游业作为带动性强、辐射范围广的“绿色朝阳产业”越来越多地同其他产业进行融合，通过“文旅 +”和“+ 文旅”的形式为相关产业进行赋能，不断进行优势互补，各产业之间的融合发展产生了更大的价值。文旅 IP 作为文化和旅游产业的发展载体，随着产业融合程度不断加深，自身也开始逐渐进行跨产业应用，在农业、手工业、制造业等传统产业及文创、人工智能、游戏等类似新兴产业发挥着重要作用。

第一节　文化和旅游 IP 的传统产业应用

随着文旅 IP 延展性的不断加强，开始在农业、传统手工业和制造业等众多传统产业的转型升级中扮演重要的角色，为传统产业注入新的动能，促进传统产业与社会发展更好地结合，加快产业优质发展。

一、应用目的

文旅 IP 具有主题性、引领性、创造性和故事性等多重优势特征，将文旅 IP 应用到传统产业主要有两个目的，其一是能充分发挥文旅 IP 这一新兴事物的优势，通过优势传输，最大化体现文旅 IP 的核心价值，进一步提升文化和旅游业的供给水平；其二是通过与文旅 IP 的融合为传统产业注入新动能，优化产业结构，促进传统产业转型升级，延伸产业链，创造更多的附加值。通过将文旅 IP 的核心价值、内涵与传统生产要素进行结合，充分发挥文旅 IP 的创造性创新产业生产，形成一、二、三产业价值延伸，打造以传统产业资源为基础，一、二、三产业共同突破的新型产业发展格局，开发多样化的产品，丰富传统产业的生产内容；同时通过文旅 IP 的引领进一步扩大市场知名度，促进地区经济多元化升级。

二、应用路径与具体实践

文旅 IP 在传统产业中的应用，主要围绕产业的形象打造、景观设计、服务接待、产品制造、市场营销等几个维度展开，文旅 IP 在每个维度的应用都为传统产业发展带来新的表现形式，注入新的发展活力（见表 9–1）。

表 9–1 文化和旅游 IP 的传统产业应用路径

应用维度	应用方式	表现形式
形象打造	借助文旅 IP 的主题性，以传统产业资源为基础，打造以文旅 IP 为主题的各类“文旅 +”业态	主题农庄、主题小镇、工农业示范园、主题作坊等
景观设计	将文旅 IP 以 logo 符号、吉祥物、卡通形象等形式植入到农业景观、林业景观、制造车间展示等设计中，增加其观赏性和文化性	人工林场、观光稻田、造型果园、特色生产车间等
服务接待	将文旅 IP 高度拟人化，利用人工吉祥物或智能设备的形式应用于各传统企业接待、咨询等各个服务环节	吉祥物讲解、吉祥物表演、吉祥物办公、人工智能服务机器人等
产品制造	将文旅 IP 在传统产业的产品制造中进行展现，创新产品内容，体现创意性和文化气息	带有 IP 元素的农副产品、手工产品、制造业产品等
市场营销	利用文旅 IP 自身的高知名度或者同产业共同制造社会热点事件，号召公民积极参与，以此来增加产业及内部各类产业要素的知名度，达到营销的效果	不同 IP 的故事联动、IP 同产业的故事制造、以文旅 IP 为噱头的产品宣传

（一）文化和旅游 IP 的农业应用

传统农业生产水平较为低下，生产力不足，仅仅依靠农产品作为主要的经济产出，对于从事农业活动的人员而言经济来源较为单一。随着科学技术的进步和新兴产业的融合，农业也迈入了新的发展阶段，生产结构转型升级，涌现出休闲农业、乡村旅游等依托于农业资源的新型发展方向。文旅 IP 作为文化旅游业的载体，在促进文化旅游业同农业的融合发展起到了至关重要的作用。依托于农业资源进行休闲农业或乡村旅游的开发，打造新的文旅 IP 或将已有的文旅 IP 进行植入，是发挥文旅 IP 自身的优势，提高农业发展水平的重要手段。

文旅 IP 在农业上的应用主要体现在各类以农业资源为基础，经过系统性开发形成的各类主题农庄、示范园、主题小镇等新兴业态，并在内部的景观设计、产品制造及市场营销层面全部植入文旅 IP 元素。这类业态的特征是将传统农业资源进行重新梳理、整合，再利用文旅 IP 进行整体包装，最终形成以文旅 IP 为主题的崭新形象，并改变了传统农业生产的单一功能，在兼具传统生产的同时又进行休闲和度假等多重功能的升级。由于同文旅 IP 进行了融合，这类业态借助文旅 IP 的高知名度能够在建成初期快速获得较好的市场反馈，并依靠完善的内部各要素保持持久的发展潜力，能够快速地提高产业的发展水平。比较典型的案例是香港 Hello Kitty 主题有机荟低碳农庄，农场主获得了 Hello Kitty 母公司的授权，将整个农场的主题定位为 Hello Kitty，从整体形象到内部的具体设计处处都体现了 Hello Kitty 元素，包括 Hello Kitty 西瓜田、带有 Hello Kitty 标志的各类农产品及纪念品以及随处可见的 Hello Kitty 形象等。自从全方位引入了 Hello Kitty 后，整个农庄的日客流量从 100 多人上升到 1000 多人，取得了明显的效果。此外，日本熊本县的阿苏农场也是文旅 IP 在农业应用的典型国际案例。熊本县本身是一个农业县，在成功打造了熊本熊这一文旅 IP 之后，县内的各类资源均开始围绕熊本熊主题进行统一设计，阿苏农场就是在这种情况下诞生。阿苏农场在内部引入了众多的熊本熊元素，在景观设计上拥有熊本熊样式的馒头屋；在产品制造上拥有熊本熊西瓜、牛奶等；同时在农场内不时还会出现熊本熊作为接待人员提供服务；而熊本熊作为熊本县各景点和农产品的宣传大使更是高频率地出现在营销领域，为整个熊本县的广告营销起到了至关重要的作用。

从市场上的实践来看，文旅 IP 与农业的融合都收到了良好的效果，在整体形象、内部景观设计、服务接待、产品制造和市场营销等方面带给了农业非常大的变化，让农业发展得到了明显的升级，摆脱了以传统生产要素为创收的思路，开始使得农业由第一产业向着第二、第三产业延伸，增加了农业价值产生的路径，对提升当地的农业发展水平、拓宽居民增收渠道起到了非常明显的作用。

（二）文化和旅游 IP 的传统手工业应用

手工业是指使用简单工具，依靠手工劳动，从事小规模生产的工业。在第二次社会大分工以后，手工业正式独立出来成为单独的一个产业，属于第二产业。在全球经济一体化以及各项新型产业涌现的背景下，传统手工业在市场中的占比越来越小，地位也越来越低，发展更是缺乏强劲动力，面对多元化的市场竞争亟须进行突破。目前，我国传统手工业主要存在两个明显的问题：其一是传承问题，许多传统手工艺面临着无人继承的尴尬局面；其二是在全球化竞争中，我国手工业发展不够成熟，市场不断被境外挤占，市场份额越来越小。随着文化和旅游业的蓬勃发展，手工业搭乘顺风车获得许多边际效益。文旅 IP 的出现更好地帮助传统手工艺重新获得发展生机，将文旅 IP 与传统手工业进行结合，让传统手工业借助于文旅 IP 的高知名度获得更多的关注度和认可度，有利于传统手工艺的传承，扩大市场占有率，提升综合效益。

手工业同农、林等传统产业相比，它的优势在于本身能够实现制造的多样化，可以同各个领域进行结合，并且能够形成实际的手工业产品。文旅 IP 在手工业中的应用主要体现在产品制造及市场营销两个维度，两者的结合是以传统手工技艺为依托，将文旅 IP 进行具象化、产品化，让文旅 IP 成为能够看得见、摸得着、体会得到、易于共情的实际产品。该类产品除了采用传统手工技艺外，它同时被挂上了文旅 IP 的标签，赋予了文旅 IP 的核心价值和内涵，属于传统手工技艺与文化创意的结合体。借助于这种富有文化创意的产品可以提高手工技艺的知名度，助力传统手工技艺发扬与传承，实现传统手工业的新式营销。这类产品在市场竞争中拥有两个核心优势：一是文旅 IP 的高知名度及其丰厚的核心价值内涵；二是传统手工技艺的新奇感，这两点对于产品扩大市场占有率、吸引消费者目光共同发挥着作用。典型案例是迪士尼 IP 和日本传统工艺人共同策划的“Disney Japan Classics”项目，该项目是迪士尼 IP 同传统手工艺的完美结合，设计师从迪士尼人物中获取灵感，再结合各类手工艺技术创造一系列的可爱、精致、实用的周边产品。[①] 包括冰激凌汤匙，是一种运用传统工艺将迪士尼人物刻印在汤匙勺柄的产品，再经由高精度研磨的技术，可以把手掌的热度快速均匀地传到勺子的另一端，用于冰激凌的融化；米奇放

① 当迪士尼与日本传统手工艺相遇［EB/OL］.（2015-7-24）［2021-5-17］.https://www.sohu.com/a/24167468_118779.

大镜饰品，沿用传统制作眼镜的技术以及环保材料，打造了这款二合一的“米奇”，别出心裁地将项链与放大镜结合，方便、有趣、帅气；蛭谷和纸，以小熊维尼的蜂蜜罐子为原型，运用日本和纸传统手工艺进行制作，手工做的每一张信纸信封上都印有维尼的原稿图样，造型甚是美观。

关于文旅 IP 在传统手工业的应用，目前市场上主要还是以附带有文旅 IP 元素的手工艺品为主，体现的是 IP 的核心价值内涵及传统手工艺的精巧，以产品作为宣传载体，能够进一步提高品牌知名度，助推传统手工艺的发扬和传承。

（三）文化和旅游 IP 的制造业应用

制造业通常是指在工业时代利用物料、能源、机械工具、设备、资金、技术、信息和人力等资源要素，通过制造过程转化为符合市场需求的、可供人们利用的工具、工业品和生活消费产品的行业。传统制造主要集中于行业本身，聚焦于自身产品、技术和设备等要素的创新，随着各产业边界的不断扩大，制造业也开始同其他产业融合，进一步丰富制造业的功能，提供更加多元化的服务。文化和旅游业在发展壮大的过程中边界不断外延，与传统制造业也产生了融合，更多的新型业态开始出现。在这样的产业发展背景下，文旅 IP 作为文化和旅游业发展的重要载体，开始在文化旅游与制造业的融合中发挥着越来越重要的作用。文旅 IP 在制造业的应用有利于提升制造业企业自身的品牌知名度，优化企业资源配置，提升企业管理水平，增加企业经济效益。

文旅 IP 在制造业中的应用，在对制造企业整体形象的提升、内部景观设计、个性化服务接待、创新产品制造以及市场营销层面均有所体现。文旅 IP 的引入让制造企业告别了冰冷的制造工厂，拥有了更多的文化底蕴，在整体的对外形象上得到了进一步改善；在内部的景观设计上，以文旅 IP 为创意的制造车间、展厅等都进一步丰富了企业内部的可观赏性；在产品的制造上可以基于企业自身的设备、技术和材料制造具有文旅 IP 创意的结合产品；在服务接待上主要是基于制造企业生产的具有明显文旅 IP 标识的各类机械产品，包括人工智能机器人、景区和文化场馆的各类服务设备等内容；在品牌营销层面文旅 IP 对制造企业产生的价值更为重要，借助于文旅 IP 自身的高知名度对企业品牌知名度较低的制造企业产生带动作用，对企业自身具备一定知名度的可以实现强强联合，是一种有效的营销手段。典型的案例包括熊本熊同本田制造工厂的合作，双方共同推出多种具有熊本熊元素的车型，新车推出以后在社会上的热度很高，进一步提升了本田企业的知名度，该产品的实际销量也非常可观；迪士尼也曾与海尔集团进行过合作，双方就将迪士尼 IP 运用到冰箱生产中进行了深度合作，后续海尔集团推出了迪士尼版的个性定制冰箱，吸引了众多迪士尼的粉丝购买；服装制造企业优衣库也多次与迪士尼进行合作，双方除了在产品上进行创意设计外，在店铺的内部景观设计以及线上线下的服务体验等都体现出了迪士尼的文化元素，真正地将迪士尼 IP 在服装制造业进行了全方位的应用。

总体而言，文旅 IP 的诞生为传统产业发展带来了非常多的变化，使得更多的传统产业开始主动同文旅 IP 建立合作，不断创新产品，寻求产业突破。随着文旅 IP 在传统产业中应用的越来越多，文旅 IP 的应用路径也会变得更加多元，产生的附加值也会越来越多，更多的文旅 IP 也将会被开发，形成正向循环。

第二节　文化和旅游 IP 的新兴产业应用

一般来说，新兴产业是相对于传统产业而言的，它是指以未来具有竞争力、前瞻性和先导性的先进技术为基础而衍生的产业集群，[①] 代表着新科学技术产业化水平。目前国内关于新兴产业的文献有很多，涉及层面涵盖了产业形成机制、发展路径、产业政策等多方面内容。新兴产业有多种类别，如数字经济产业、科技文创产业、智能制造产业、高端商贸产业、现代金融产业等。文旅融合时代，文旅 IP 的应用越来越广泛，不少新兴产业的发展都离不开文旅 IP 的挖掘开发以及设计应用。如何对文旅 IP 进行有效应用是文旅融合新形势下的新要求，本节结合文旅市场需求和新兴产业发展，以文旅 IP 在文创产业、人工智能产业和游戏产业中的应用为例，来探讨文旅 IP 如何在新兴产业中得到充分有效应用，助推新兴产业可持续发展。

---

① 孟祥芳.区域战略性新兴产业选择评价研究——基于天津的实证分析［C］//中国科学与科技政策研究会.第六届中国科技政策与管理学术年会论文集，2010.

一、应用目的

随着国家对新兴产业发展的政策支持，新兴产业迎来了重大的发展机遇，信息技术产业、商贸产业等发展稳中有进，科技产业、智能制造产业等迎来高速发展时期，数字创意产业发展较快，创意设计服务领域也有所增长，总体呈现欣欣向荣的气象，产业之间的融合态势也逐渐增强。文化和旅游产业的融合发展充分发挥了文化和旅游融合的溢出效应，推动了文化和旅游各领域、全链条、多方位的深度融合，促进了产业发展形成新优势，助推了多产业之间的融合发展，这在一定程度上推动了文旅 IP 在新兴产业中的应用。文旅 IP 应用于新兴产业能产生多重效果。从文旅 IP 自身角度来讲，通过在新兴产业中的应用，能传播优秀的文化价值，扩大文旅 IP 的影响力和知名度，通过产业的发展带动文旅 IP 自身的发展，进一步扩大文旅 IP 的产业链。从新兴产业角度来讲，与文旅 IP 的融合发展，能增强产业的核心竞争力，为产业带来市场品牌效应，实现产业的创新发展，增加产业的文化价值和经济价值。

二、应用路径与具体实践

文旅 IP 在新兴产业中有多条应用路径，它可以应用于产品设计，如与文创产品相结合，设计出能体现文旅 IP 内涵的文创产品；可以应用于产品开发，如与游戏产品相结合，开发出具有文旅 IP 元素的新型游戏产品；可以应用于产品服务，如与人工智能产品相结合，使人工智能服务具有 IP 特色，增强服务的独特性等。文旅 IP 如何在新兴产业中应用，取决于 IP 与产业中的哪一生产环节相匹配，如设计环节、生产环节或产品展示环节。而文旅 IP 也有多种构成要素，如有形的 IP 的 logo、IP 吉祥物、IP 衍生品等以及无形的 IP 背后蕴含的文化和旅游内涵等。要想发挥出文旅 IP 在新兴产业中应用的最大效果，就要学会如何将产业的生产环节与 IP 的构成要素相结合，找到文旅 IP 在产业中应用的最优路径，取得互惠互利的效果。

（一）文化和旅游 IP 在文创产业中的应用

文创产业全称文化创意产业，是以文化为精髓、创新为手段、内容为核心的新兴产业。文创产业融合了文化、科技、创意等元素，在为消费者带来多元消费体验的同时，也有效带动了相关产业的发展。随着消费者需求的不断多元化和消费的不断升级，普通产品不能完全满足消费者的消费需求，文创产品随之产生。文创产品，顾名思义，就是将文化元素融入日常产品，从而开发出蕴含文化内涵的产品，而文旅 IP 在文创产业中的应用，主要就是通过其与文创产品的融合，开发出能展现文旅 IP 形象和内涵的文创产品，让文创产品更具有独特性和代表性。

近年来，各大知名博物馆大力推动文创产品的发展，如伦敦的大英博物馆、纽约的大都会艺术博物馆、北京的故宫博物院等，掀起了一阵阵文创热潮。文旅 IP 与文化创意的融合项目也越来越多，市场上与文旅 IP 相融合的文创产品也逐渐受到消费者的青睐。以陆羽 IP 为例，陆羽 IP 形象曝光后，在挖掘与塑造自身禅茶内涵的同时，逐步设计出具有陆羽 IP 元素的文创产品。如 2019 年首家“陆羽泡的茶”开业，该径山茶特色茶铺结合了传统径山茶产业和时尚消费，创新推出了以径山茶为特色的系列茶饮和茶点。再如 2020 年联合国礼大师李加林织锦，特别推出了联名款丝巾，该款丝巾将独特的禅茶文化与中国特色织锦工艺相结合，两种传统文化在绸缎上相生相融，形成了蕴含深厚文化内涵的现代丝织艺术品。陆羽 IP 还联合知名江南制糕品牌塘栖“法根糕点”，利用传统茶食制作技艺，推出了甜、醇、酥的茶点茶小酥，茶点上印有陆羽 IP 的特色造型，给予了大径山抹茶新的诠释。不仅如此，陆羽 IP 还携手 G20 供应商百丈知名企业“双枪”竹木，特别推出充满祈福寓意的“陆羽茶小僧径山福箸”，这是陆羽 IP 与文创产品融合的又一大胆创新。融入陆羽 IP 形象的文创产品持续加码，还有陆羽 IP 棉麻抱枕、陆羽 IP 三味径山茶等，涉及食、用、行等各个层面，未来陆羽还将带来更多文创产品，为余杭文创贡献自己的一份力。

文创产品的创意容易模仿，形式易于复制，但与文旅 IP 融合后，使得文创产品更具有独特性和不可复制性。文旅 IP 与文创产品融合后会产生新的文创产品和商品服务，改变了传统产品的形象和服务方式，促进了文创产品的转型升级。从陆羽 IP 的文创经验来看，要做好文旅 IP 与文创产品的融合，一是坚持以消费需求为导向、以现代工艺技术为依托；二是注重对文旅 IP 的深入研究和挖掘，体现文旅 IP 的特色和内涵，让文创产品能够成为文旅 IP 形象传播的载体和桥梁；三是“接地气”“开脑洞”，配以优秀的创意设计团队，并且与消费者的生活方式相结合。

文旅融合时代，文创产品必须以消费者需求为导向，追求特色工艺的同时也要符合消费者的实际需求，站在消费者的角度思考产品的创新设计，为消费者创造出既有文旅 IP 内涵，又符合现代人审美品位的文创产品。在产品的创新设计过程中，可以借鉴近几年十分火爆的故宫文创经验，一方面，培养专业的产品设计团队，并通过培训提升团队对文旅 IP 的理解以及审美水平和创新意识。另一方面，系统研究当今多元化的工艺和审美特征，从产品的功能、造型和装饰等方面进行创新研发，在把握好当今消费者喜好和坚守文化内涵的基础上进行产品创新设计。[①] 文旅 IP 在文创产业中的成功应用，不仅为文创产业带来了盈利，扩展了文创品牌边界，而且扩大了文旅 IP 的知名度和影响力，可谓是互利共赢。

（二）文化和旅游 IP 在人工智能产业中的应用

随着大数据、人工智能等高新技术的发展，文旅产业迎来了新的机遇。原国家旅游局局长、国家山地旅游联盟副主席邵琪伟认为，高新技术与文旅产业的融合，预示着科技赋能文旅融合的时代已经到来。现代旅游业发展协同创新中心理事长龚克将其定义为文旅产业智慧化。根据龚克的观点，文旅产业智慧化可以通过信息技术、IP 创新等推动文化和旅游资源的深度挖掘、开发和可持续利用。[②] 近年来，随着文旅融合的发展，文化和旅游产业迎来了 IP 时代，高新技术对文旅 IP 的影响也逐渐显现，如同程文旅在推出人工智能机器人后又推出了人脸识别检票应用；华侨城联手腾讯，将人脸识别技术用于旗下景区的日常管理；中国联通在红旗渠景区发布了首个基于 5G 技术的智慧旅游系列应用；深圳世界之窗联手中国联通，打造全国首个 5G 全覆盖的大型文化主题公园；长江索道推出全国首个 5G 技术索道 VR 超感景区等。[②]智能时代，高新技术尤其是人工智能的加持，让文旅 IP 更加个性化，强化了消费者对 IP 产品线上和线下的互动体验。

以敦煌莫高窟 IP 为例，敦煌莫高窟数字展示中心于 2014 年开放，展示中心以数字化为基础，利用现代信息技术和展示手段，通过全方位、立体化的虚拟洞窟场景使游客身临其境，并向游客展示与莫高窟遗址相关的自然、

① 刘铁生，刘玉寒．“文旅融合”背景下小郁竹艺在文创产品设计中的应用研究［J］．科技资讯 2019，17（30）：166–167.

② 高江虹，马静．搭乘5G快车，文旅驶向智能新时代［N］．21世纪经济报道，2019–09–09（010）.

历史、文化、艺术以及洞窟开凿、壁画彩塑制作等内容，在满足游客多样化需求的同时，提升游客的参观体验。游客中心还能利用调控功能平衡旅游旺季的客流量分布，缓解旅游高峰期的压力。敦煌莫高窟将数字展示中心与实体洞窟相结合，既用多维立体的方式满足了游客一览壁画的需求，又控制了流量以保护容易受损的文物，是一个非常成功的文旅 IP 与人工智能融合应用的案例。②

文旅 IP 和人工智能的深度融合，一方面可以强化消费者对文旅 IP 线上线下的互动，通过个性化的方式实现实情实景和虚情虚景的高度融合，从而传递文化和旅游资源价值，引导消费者从对自然历史文化价值的认知到理解，再到爱好，从而获得身心的愉悦和精神的升华。另一方面可以优化文化和旅游产业的供给，满足消费者的文化和旅游需求，从而升级文化和旅游的产品和体验感，更好地满足和引导大众对美好生活的向往和追求。

现阶段，虽然文旅 IP 与人工智能正逐步实现融合，但文旅产业智慧化更深层次的价值还没有得到充分挖掘。当前文旅 IP 与人工智能的融合大多停留在基础的数字应用层面，只用了某一种技术或者设施，对于大数据的数据采集、开放共享、云计算等还没有深度应用。虽然文旅产业智慧化仍存在需要攻克的难点，但它的发展前景还是很被看好的。国务院办公厅在 2019 年印发了《关于进一步激发文化和旅游消费潜力的意见》，该意见指出，要提升文化和旅游消费场所宽带移动通信网络覆盖水平；推进“互联网 + 旅游”，强化智慧景区建设，实现实时监测、科学引导、智慧服务；促进文化、旅游与现代技术相互融合，发展基于 5G、超高清、增强现实、虚拟现实、人工智能等技术的新一代沉浸式体验型文化和旅游消费内容，提升文化、旅游产品开发和服务设计的数字化水平等。① 从提高消费便捷程度、推动景区提质扩容、促进产业融合等方面推动文旅产业的智能化、智慧化发展，为文旅 IP 与人工智能的融合发展提供了良好基础。

（三）文化和旅游 IP 在游戏产业中的应用

如今我国网络游戏产业飞速发展，网络游戏在某种意义上来说，是一种新的艺术形式，一款高品质的游戏，既要运用计算机技术，又要结合运用传统意

① 徐学超 . 文旅行业利好政策频发，风口已经来临［J］. 现代商业银行，2019（20）：90-93.

义上的美术、音乐、文学创作等众多艺术形式，使游戏参与者在进行游戏的同时得到艺术的享受。从这个角度来看，网络游戏是新兴的第九艺术，是现代文明的一种新的表现形式。经过一段时间的发展，网络游戏产业已经形成了一套完整的产业链，对整个信息产业与文化产业带来了巨大的经济效益和社会效益，游戏产业也因此成为互联网经济发展和文化产业发展的“火车头”。但是，游戏产业的发展仍然存在着内容低俗化、水平低端化的问题。如何提高游戏质量，打造高质量、受大众喜爱的游戏，对于现代游戏产业的发展十分重要，而文旅 IP 等独特资源在游戏产业中的应用，为游戏产业的转型升级带来了新的发展机遇，使游戏产业在提高游戏质量的同时提升中华优秀传统文化的影响力和覆盖面，实现双赢。

以故宫 IP 与游戏的联动为例。由腾讯游戏代理、苏州叠纸网络科技制作的一款面向女性玩家的游戏《奇迹暖暖》和故宫 IP 进行了联动。《奇迹暖暖》作为一款超人气换装养成手游，自开服以来获得万千女性玩家的喜爱，是游戏行业的时尚潮流风向标。海量精致考究的服装元素和少女心满满的游戏氛围，不仅收获了国内玩家的好评，而且俘获了韩国、越南、日本等多国玩家的少女心。此次合作将在“奇迹暖暖”游戏里开设故宫传统服饰的专有板块，以“清代皇后朝服”和“胤禛美人图”为首期合作主题，将故宫珍藏的精美宫廷服装、配饰等 IP 元素及其背后丰富的内涵，通过游戏的方式，更有趣、生动、优雅地呈现给年轻人，让故宫文化爱好者能够在游戏中体验到传统与流行文化碰撞后焕发的生机，让更多人了解到明清皇家的衣饰之美。通过故宫 IP 与《奇迹暖暖》的联动，深度解读了故宫的文化内涵，从多个维度使中国传统文化和当下的互联网文化相结合，以更加开放的姿态，吸引着当代年轻人的注意。

除了联动的方式外，当游戏与文旅 IP 的现实场景结合，也会带来不一样的游戏体验和宣传效果。如完美世界游戏公司与南京夫子庙这个文旅 IP 携手，在《诛仙》手游中植入历史街区实景，让游戏参与者在游戏的同时游历“天下文枢”牌坊、明远楼，泛舟秦淮河上，登临唯美画舫，在游戏中领略秦淮盛世风光。游戏中还加入了“与子同秀”“花朝节副本”等新玩法，让传统文化变得更加鲜活。

文旅 IP 应用于游戏产业，一方面能挖掘文旅 IP 的历史文化价值，游戏参与者在进行游戏的同时能够体验文旅 IP 的独特魅力，从而对文旅 IP 产生兴趣，提升文旅 IP 的知名度；另一方面能通过文旅 IP 为游戏增强宣传效果，游戏参与者会因文旅 IP 愿意主动去体验某款游戏，带动游戏产业的发展。通过文旅 IP 和游戏产业的相互融合、相互促进，在增强文旅 IP 和游戏的影响力的同时，能不断提升文化和旅游产业以及游戏产业的经济和社会价值。

第十章　文化和旅游 IP 的跨区域应用

第一节　文化和旅游 IP 的溯源地应用

一、应用目的

随着大众旅游时代的到来，人们开始越来越关注本土旅游。而在发展本土旅游产业的过程中，地方应对独具特色的本土文化资源进一步提炼，打造具有个性特征的文化和旅游 IP，以避免陷入同质化竞争。例如，打造特色主题乡村，需要充分挖掘本土文化资源，构建特色乡村文化和旅游产业链。从前期策划到后期运营都需要执行者围绕乡村的特色 IP 全方位搭建“原创 IP+ 互动娱乐”等系列项目，来实现文化和旅游 IP 的价值创造。

二、应用路径与具体实践

在打造本土文旅 IP 的具体实践过程中，地方遇到了难以开发具有潜力的文旅 IP、难以塑造独具特色的文旅 IP 形象，难以在传播文旅 IP 的过程中获得流量、难以将文旅 IP 实现经济价值转换等问题，为此，我们分别以袁家村、荻港水乡、北荣町、玛塔玛塔小镇、江西省南丰县等为例，以期为解决这些问题提供思路借鉴。

（一）提炼包装当地现有或有潜力的 IP

袁家村被誉为关中民俗第一村，2007 年开始在领导班子的带领下发展乡村旅游，打造集休闲生活方式、现代文化创意、关中民俗小吃于一体的特色文化旅游小镇，给袁家村带来巨大的游客量，现在的年游客量超过百万人次、收入过亿元，大大改善了当地村民的生活品质。

地处关中腹地的袁家村，正是凭借独特的地缘优势，整合拥有的人文资源，不断寻求创新发展。从民俗旅游出发，经历了四大阶梯式的发展阶段，实现了“袁家村”品牌效应的极大飞跃。“袁家村”IP 与各产业进行有效融合，如袁家村以关中饮食、关中建筑、关中民俗为依托，深耕区域乡村旅游市场，打造出体现袁家村味道的特色小吃、体现关中样式的民居建筑和体现关中人豪放、淳朴的民俗文化；民俗体验主要开发关中大院、农家生活、民俗活动、关中印象，将关中农耕文化作为一种非物质文化遗产和历经千年的文化艺术进行保护，打造农耕文化的展示和体验板块；特色文化与民俗演艺杂耍、秦腔、皮影等，《再现袁家村》全剧以袁家村民俗文化、人文精神为主线，生动再现了袁家村丰富民俗生活的时代变迁，追溯了袁家村人多年来不懈奋斗的创业精神；开发生态有机绿色食品、地方特产、手工艺品、民族服饰、饰品、书画古玩、草药等旅游商品。袁家村以民俗风情小镇为定位，深度挖掘关中民俗文化，提取文化 IP 元素，以袁家村 IP 不断拓宽市场，树立袁家村这块金字招牌。

袁家村的成功主要分为以下几点：第一，袁家村以民俗风情小镇为定位，分析其资源优势，推出关中特色美食，深度挖掘关中民俗文化，提取文化 IP 元素，打造袁家村独有的 IP。第二，以村民入股的形式，实行村民股份制，利用村民集体的力量共同促进关中民俗特色文化旅游小镇的发展。第三，突破传统的经营管理模式，袁家村实行统一经营和管理、免租金的形式，把村集体的收益与商家经营的收益相挂钩，制定打分和末位淘汰的制度，并严格管控管理运营的每一个过程。

（二）深挖当地特色民俗，树立 IP 文化形象

荻港水乡乡村旅游以古村为核心，这里历史文化悠久、自然环境优美，是一个以江南水乡鱼文化、水乡古村落为特色的乡村旅游产业集聚区。近年来，荻港不断推进乡村旅游产业发展，渐渐取得了不错的成效。现有一个国家 4A 级旅游景区，区域内有各具特色的农家乐、酒店、乡村民宿等。园区现有床位数 2100 张、餐位数 4400 个。自备旅游大巴 3 辆，可直接接送游客从上海、杭州等城市到景区，提供独具特色的“家门口接送”一站式服务，形成较为完备的旅游综合服务体系。2017 年，共接待游客 165 万人次，实现旅游总收入 4.6 亿元；截至 2018 年 6 月底，共接待游客 102 万人次，实现旅游

总收入 2.5 亿元。①

“荻港乡村”IP 围绕“修复优雅传统建筑，弘扬悠久传统文化，打造优美人居环境，营造悠闲生活方式”的主题定位，形成“国家4A级旅游景区”“桑基鱼塘”“美丽乡村”三位一体产业分布。荻港古村以“更古朴、更完美、更幽雅”的形象展示着古韵风姿，并在传承和发展中向外界展示出一个“宜居、宜业、宜游”的世外桃源。

“荻港乡村”IP 在各领域的应用，如举办“重阳美食节”“小镇寻宝”“油菜花节”“赛龙舟”“春节踩街活动”等诸多特色活动，传承丝绸文化、鱼桑文化、古村文化，体验农家生活，将古村风貌与现代运动有机结合，展现别样现代的古村生活；在荻港 4A 级旅游景区的建设发展中应用“荻港乡村”IP 的标志，并在景区建设中推行一批景区标志的衍生文创产品；深度挖掘荻港当地的特色民俗，树立渔桑文化 IP，打造“渔文化节”活动支持休闲观光农业开发，培优育强，发展当地旅游商品企业。通过开发湖桑茶，进一步促进当地农业增收，丰富旅游商品产业，保护传统遗产。

在产业融合发展方面，以荻港古村文化传承名店及传承人为突破口，创立帮帮基金，成立具有当地特色的文化产品。与第一批荻港古村文化传承名店签订帮扶协议，聘请 7 名台湾产业导师从门店整理、店内改造、产品形象提升、网络营销等方面进行专业指导，制订一店一策帮扶计划，提升景区业态形象；荻港古村与美食陈家菜相结合，通过美食带动旅游，建立荻港美食街，产村融合，迅速带动古村旅游人气；以景区村庄、桑基鱼塘为依托，通过“社会资本 + 村集体 + 农户”“国企 + 村集体”等模式引进社会资本，组团联建“强村公司”，经营村庄美丽资源和美丽乡村建设，大力实施“两进两回”行动，积极发展美丽经济。

（三）借助外部 IP 获得引流

借助外部 IP 获得客流，如日本北荣町小镇借助动漫《名侦探柯南》的 IP，打造柯南旅游小镇。鸟取县北荣町是《名侦探柯南》作者青山刚昌的故乡，北荣町借助《名侦探柯南》这一动漫 IP，打造了柯南旅游小镇。在北荣町，柯南的身影出现在大街小巷，还建设了属于柯南迷的火车站。全长 1400 米的主

① 干永福，李卫宁. 乡村旅游产品实务——乡村旅游案例百则［M］. 北京：中国旅游出版社，2018.

干道取名“柯南大道”，路上到处都是以柯南为主题的标志牌、浮雕、铜像、井盖等。[①] 还有一座柯南博物馆，馆内铺设出青山刚昌绚丽的作品，包括个人介绍、漫画作品和动画作品的展示区及大量的动漫、工艺品店，为北荣町带来了巨大的经济收益。而在北荣町的历史文化馆中，不仅收集了世界各国的柯南漫画书，而且展示了作家少年时代的绘画设计图和画像原型。小镇还会举办各种关于柯南的活动赛事，在《名侦探柯南》诞生 10 周年之际，鸟取县举办了名侦探竞赛，引起动漫迷的广泛关注。

电影《指环王》的出现让新西兰从一个普通的旅游目的地化身为充满神秘色彩的“中土世界”特色旅游目的地。电影《指环王》作为影视 IP，与当地旅游业成功完美融合，近几年新西兰已经成了世界各地“魔戒迷”们心中的“朝圣地”，进而带动了新西兰旅游产业跨越式发展。同时作为《指环王》拍摄地的玛塔玛塔小镇也一跃成为游客心中向往的经典影视主题旅游小镇。玛塔玛塔借由电影魔幻《指环王》IP 吸引力，吸引了大批游客前来参观。

（四）以产品开发为支撑，打造文化和旅游 IP

江西省南丰县大力发展橘园旅游，做特色的“蜜橘”产业，打造“橘园游”IP，将单一的农业做成多个产业融合，实现从无到有的创新、总量从小到大的跨越、品质从低到高的提升。蜜橘是南丰的魂，“橘园游”IP 是南丰旅游的根。近年来，南丰县围绕“橘园游”IP 建设，依托南丰蜜橘资源，将蜜橘产业与旅游产业深度融合，推动“橘园变公园、变游园、变乐园”，精心打造了国礼园、前湖山庄、南湾农庄等 30 多个形态各异、独具特色的“橘园游”旅游点，内含绿道骑行、游船观景、野趣烧烤等 20 多个体验性项目，开发了“休闲观光、种植采摘、特色餐饮、农耕体验、垂钓戏水”等一批复合型乡村旅游产品，并不断提升景点品质、配套设施、服务水平。发展农旅经济和商旅经济，包含蜜橘采摘、蜜橘深加工、包装、销售、品尝农家菜等。组建蜜橘种植农业合作社，发展以蜜橘深加工体验、产品销售为主的工旅经济。改造升级蜜橘加工厂、产品展示区、销售区的设施设备，研发“橘园游”IP 相关的系列产品。借助向莆铁路和福银、济广高速等便利交通，设置了生态山水游、休闲体验游、文化研学游、康体养生游等多条精品旅游线路，

---

① 熊洁芬．国产动漫 IP 价值转化的创新分析［J］．出版广角，2020（16）：38–40.

吸引众多国内外游客来南丰旅游。全县已建有 1 家国家 4A 级旅游景区、7 家国家 3A 级旅游景区、5 家省 4A 级乡村旅游点、18 家省 3A 级乡村旅游点，形成了“春赏花、夏避暑、秋采橘、冬泡泉”的四季旅游格局，并成为“江西风景独好”旅游品牌的又一目的地。①

第二节　文化和旅游 IP 的跨省域应用

一、应用目的

随着国民消费升级的步伐逐渐加快，大众对文旅消费方式有了新的要求，更富有文化内涵和品牌号召力的文旅 IP 开始融入文化旅游业转型升级进程，为文化旅游业提供了转型新动能。文旅 IP 在文化旅游营销中具有特定的品牌效应，帮助企业、产品等更具个性化、标识性，成为提升文旅产业发展水平的重要组成部分。② 自 2018 年中华人民共和国文化和旅游部正式挂牌起，文旅 IP 打造工程突飞猛进，文旅 IP 的应用呈现多元化发展趋势。目前在各行业、各维度不乏将文旅 IP 实现跨省域应用的成功案例。

二、应用路径与具体实践

与国际成熟的 IP 文旅项目相比，国内自主文旅 IP 虽然在质量与数量、商业模式的成熟度等方面依然存在差距，但发展速度较快、发展潜力较大。我们着重讨论文旅 IP 在电影小镇、主题公园、文化创意、商业模式、艺术设计方面的跨省域应用。

（一）文旅 IP 在电影小镇的应用路径与具体实践

由影视 IP 兴起的影视文旅是人们受到影视作品相关因素的吸引而前往与影视作品有关的地方进行参观、访问的现象。影视旅游其实是非常广泛的，越

① 颜国清 . 南丰做优做强蜜橘品牌［N］. 抚州日报，2018-11-30（A01）.

② IP 资源是文旅产业的核心［EB/OL］.（2019-1-16）［2021-5-18］.http://travel.people.com.cn/n1/2019/0116/c41570-30559873.html.

来越多的目的地开始主动引用“影视 IP+ 电影小镇”的形式来发展旅游，主要原因是：其一，影视表达形式种类多样化；其二，影视内容多样化（如场景、人物、明星、故事背景等）；其三，影视作品主题具有多元化。影视 IP 主题文旅小镇将影视文化、动漫文化融入区域平台旅游发展中，以影视资源、动漫资源为核心，经过深度开发以及产业融合形成系列旅游体验产品，开创演艺、活动、表演等形式产品，加强场景化体验、互动化体验，进而带动文旅产业快速品牌化、项目化，随着影视娱乐产业及文旅 IP 主题开发的快速推进，影视 IP 主题已成为特色文旅小镇极具代表性的开发类型。①

华谊兄弟以影视 IP 为核心，以电影小镇为基础，延伸文旅全产业链，在空间实景层面打造集影视制作基地、影视主题公园、影视作品展播、影视作品交易、影视会展乃至影视基金于一体的综合影视发展基地，是基于影视 IP 全产业链发展的典型案例。② 华谊兄弟电影小镇将小说、游戏、网剧、动漫等全形态娱乐内容导入小镇中，完成各种形态的转换与增值，实现 IP 价值最大化。电影小镇是沉浸式体验，很容易将游览者带入到电影故事之中，产生情感的互动和体验。同时，围绕影视 IP 延伸出的众多文化内容是电影小镇的“独门秘诀”。在城市转型升级的大背景下，文化名片自然成为提升城市品位与竞争力的“形象大使”，而华谊兄弟电影小镇成为城市的文化名片，成就城市梦想。华谊兄弟电影小镇的定位非常明确，它是完全脱离房地产的纯粹的文化旅游产品，既不要房地产项目，又不要地产土地。

作为开放平台，电影小镇所有项目如餐饮、休闲、住宿等都由华谊兄弟持有和运营，由此创造的持续盈利模式和“生态圈”将为小镇带来持续的“造血”能力，并且利用 IP 打造集娱乐、体验、互动于一体的文化产品，从根本上保证了体验的品质。再秉持特色化发展，挖掘当地的文化和特色，做个性化的设计和打磨。

能否提供具有人文情怀的产品、景区或主题公园，并以这种文化为理念向人们提供喜闻乐见的休闲娱乐作品和服务取决于文旅 IP 的应用形式能否成功。依托真正有价值的文旅 IP，顺势而为，打破旧模式，开启新组合，才可以推

① 李克纯.华谊兄弟布局影视小镇是真正的发力点还是“圈地”噱头？[N].中国房地产报，2017-04-24（011）.

② 赵俊利.全域旅游视角下旅游小镇发展模式研究[D].上海：上海师范大学，2017.

动旅游产业的转型升级。[①]

（二）文旅 IP 在主题公园的应用路径与具体实践

2021 年春节小长假，文旅市场加速复苏。根据文化和旅游部 2 月 25 日公布的春节文旅市场统计数据显示，假期七天我国国内游达 2.56 亿人次，同比增长 15.7%，恢复至疫前同期的 75.3%。这其中，旅游演艺也成为消费者假期热衷于观看的项目，对于丰富假期文化旅游活动发挥了重要作用。特别是在国家提倡“就地过年”背景下，夜游、公园、旅游演艺等成为新消费热点。随着人们生活水平的提高，近些年旅游演艺市场越发火爆，我国的旅游演艺节目数量已经从 2013 年的 187 台增加到 2017 年的 268 台；场次增长 61%，由 53336 场增加到 85753 场；观众人数由 2789 万人次增加到 6821 万人次，增长 145%；而旅游演艺项目的票房正以每年 20% 左右的增长速度快速增加，2018 年已经达到 56 亿元，消费市场火爆。

目前我国主题公园吸引力不断提升，主题公园的强大引流能力叠加周边游的不断兴起，国内主题公园旅游演艺项目票房收入占比越来越高，已经远超过剧场、实景演出的票房收入，主题公园旅游演艺独特的娱乐性与互动性正在吸引着越来越多的观众进行二次消费。“演艺 IP+ 主题公园”模式无论从营收还是观众数量上来看都居于整个旅游演艺行业首位。其次，主题公园演艺另一大特性在于可复制性强，像宋城演艺的“千古情”系列，目前已有四个异地项目扩张开业。

“演艺 IP+ 主题公园”模式以其丰富的内容，给游客带来了视觉、听觉、触觉等丰富的感官体验，成为主题公园（集群）重要的一环。目前国内比较知名的旅游演艺 IP 仅有“印象”“山水盛典”“千古情”系列以及诸如《云南映象》等的单体演艺项目，总体数量较少。究其原因，相比于越来越丰富的文化旅游产业，旅游演艺的发展水平还比较低，形式、内容比较单一，对文化的挖掘、展现还不够深入，对 IP 的提炼与应用都需要进一步探索。

以文化产业起家的宋城演艺，拥有丰富的 IP 储备，以中国故事、世界水平、宋城品质为定位发展，植根历史文化沃土，培育出系列文化繁花，通过对不同地域的历史文化演绎，引领观众穿越时间和空间的界限，让观众感受古代

---

① 张振鹏．文化旅游的 IP 运营经［N］．中国文化报，2017-03-18（006）．

和现代的文化碰撞，带给观众不一样的视觉盛宴和心灵震撼。“千古情”系列获得成功首先要归功于“主题公园 + 旅游演艺”深度融合的经营模式产生的协同效应；其次是专业化的运作和管理，保证了新项目在异地的成功复制；最后是“宋城 + 千古情”两大品牌知名度高，营销推广和活动策划能力出色。《宋城千古情》运营坚持“一月一小改，一年一大改”策略，长期坚持走近观众，听取观众的意见，不断修改打磨演出。宋城的创作团队甚至可以根据当天的客源变动情况，安排不同文化特色的舞蹈，让演出更加贴近观众。①

随着文化旅游发展速度的加快，展现地方文化的旅游演艺产业也在快速发展着，特别是 2019 年文化和旅游部《关于促进旅游演艺发展的指导意见》政策的颁布，必然将旅游演艺产业推向一个新的快速发展阶段。② 同时，“演艺 IP+ 主题公园”模式若要持续保持生命力，“人才储备 + 内容创新”是关键。

与此同时，梳理近年来国内的“文旅 +IP”案例后可以发现：当前，仅主题公园项目而言，联动的 IP 多为动漫 IP、影视 IP（如动漫 IP 阿狸、电影 IP《通天帝国》《集结号》等）。与国内多数乐园习惯联动动漫 IP、影视 IP 的做法不同，近期引起热议的顶级主题公园北京环球度假区引入腾讯游戏 IP，释放出了新的行业信号——游戏 IP，或许将成为主题公园项目未来竞争的新王牌。

腾讯互动娱乐以游戏为起点，构建了庞大的 IP 生态。作为全球领先的游戏开发、运营和发行平台，腾讯游戏对 IP 以及中国文化的重视程度非同一般——强调以 IP 构建为核心的文化生产方式，以塑造更多具有广泛影响力的中国文化符号。为此，腾讯互娱做了大量的尝试：在其所擅长的线上，通过内容生产的方式，从人设、世界观、故事等不同维度，打造承载中国文化的优质 IP，不断探索线上与线下结合的全方位体验，推动游戏 IP 和大众生活、旅游场景相结合的多样玩法，通过线下 IP 衍生场景进行文化传递。例如，《和平精英》在哈尔滨打造了国内最大的 IP 主题雪迷宫、DNF 嘉年华落地武汉展现游戏与当地文化的双重魅力、《欢乐斗地主》在彭水苗乡建造融入苗族非遗文化的“欢乐茶馆”等经过一系列“文化符号”打造的举措之后，腾讯游戏 IP 拥

---

① 主题公园+旅游文化演艺，“千古情”们是这样做出来的［EB/OL］.（2018-12-21）［2021-5-18］. https://www.sohu.com/a/283705606_168296.

② 玉妮. 乡村振兴战略背景下民族特色文化旅游演艺业发展研究——以《坐妹·三江》演艺项目为例［J］. 歌海，2020（1）：29-32.

有成熟的世界观、充足的游戏角色以及强大的故事可塑性，并拥有庞大的用户量和极强的影响力与号召力。据《2020 年 6 月游戏网络关注度分析报告》，王者荣耀曾以 85.04 的热度连续数月蝉联榜首。同时，在北京文博会组委会和瞭望智库联合发布的《面向高质量的发展：2017—2018 年度 IP 评价报告》中可以看到，《王者荣耀》在 274 个头部 IP 中排名第四，是榜单前五中唯一的游戏 IP，同时位列原生游戏 IP 价值榜首。《王者荣耀》不仅在 IP 价值上得到了广泛的认可，并且在与线下主题公园的融合上，也提供了极其有参考价值的样本。事实上，腾讯旗下热门游戏都曾从线上来到线下，由单一数字游戏发展为线上线下多元互动，具有丰富的沉浸式现场体验的综合性游戏 IP。

以 TGC 2020 数字文创节为例，众多游戏 IP 的场景还原乃至基于智能化的线下互动体验，就让玩家倍感新奇。比如，《王者荣耀》峡谷变身“梦境版”，科技感与“仙气”融汇场景，让粉丝们备受震撼；《和平精英》“精英冒险俱乐部”将和平世界搬至线下社交场景，吸引大批特种兵前来集合；《穿越火线》“FIRECAMP 火线营”还原了游戏的沉浸枪战体验，让不少老玩家热血沸腾；《地下城与勇士》“阿拉德市集”连接城市文化，制造数字化新奇体验；《火影忍者》忍者修行学堂，成了大批二次元粉丝回首青春的聚集地；《QQ 飞车》以高度还原的飞车赛场，为众多竞速爱好者们带来肾上腺素飙升的极速体验；《QQ 炫舞》凭借虚拟舞者星瞳与最新流行的练习生互动养成玩法，将旧日情怀与当下潮流一网打尽……从线上到线下，对 IP 应用的不断探索，充分体现了腾讯对“IP 构建”的重视和实力。

从只注重线下参观体验的单一打法，逐渐过渡到融合线上互动，更为智能，以及更为丰富的游览体验。对用户来说，得到了更深层的沉浸互动体验；对主题公园，甚至是入驻的周边商家而言，也拥有了在商业与文化价值上拓展的更大空间。

（三）文旅 IP 在文化创意的应用路径与具体实践

IP 是全域旅游发展中重要推动力量，在一定意义上，也是全域旅游发展的灵魂。随着我国国民经济的不断发展，人们对旅游类与文化类的消费需求不断提升。

历史的资源是唯一的，但文创 IP 的创意并不是唯一的。“网红”故宫的互联网 + 商业化成长史，堪比一个顶级 IP 帝国的诞生过程。故宫在形象活化的同时也没有停下商业化的脚步，在“服务观众中心”的经营理念与核心价值观的指引下，创新打造了博物馆的“历史 IP+ 文创创意”的商业模式，为故宫带来了可观的经济价值，也更好地反哺了故宫文化的传播，实现了经济与文化上的双重回报。

要打造高品质的文化 IP 精品，就应注重文化产品的质量与价值，创造既能传递文化价值，又让人们喜闻乐见的形象和品牌。而过度消费粉丝、透支消费者的信任，最终将不利于 IP 的持续性建设和长久发展。

故宫、兵马俑、莫高窟等，属于不可复制的历史资源，充分利用这些历史资源，打造文化创意 IP。故宫在年轻人群体中备受追捧，并非是昙花 ·现的流行现象。敦煌研究院原院长王旭东先生说过：“我们要把莫高窟融入一个宇宙世界的背景下，它不是宇宙的孤立体，而是大宇宙世界整体的一部分。”古老的丝绸之路，连接着东西方文明，敦煌作为丝绸之路上的咽喉要地，承载了璀璨的文化艺术，蕴含着东西方文明的交融密码。在东至奈良、西逾雅典的路途中，在无数携文化艺术、珍奇货物在丝绸之路上东西而行的过程中，敦煌终于凝聚孕育成沿途一个文明的重镇。故宫博物院的根基在于文物藏品，大国工匠与皇家气韵是它的文化底蕴，所以我们看到无论是最早的紫禁城系列文具，还是 2019 年脑洞升级的故宫福鹤睡衣、祥云彩妆，都始终围绕着最正宗的紫禁城生活，多面的跨界融合，给我们制造了一波又一波的惊喜。故宫《谜宫·如意琳琅图籍》是故宫第一部“创意互动解谜”书，将日月双全、北斗七星等日月星宿作为破解谜题的关键部分。打破了传统解谜游戏的形式，提高了客群的求学性、动手能力和参与度，巧妙地发挥了星空的作用。借鉴创意互动解谜书的想法，在开发星空系列创意文创产品时，不是仅仅停留在星空星球造型、颜色和发光特性进行的原样复制，更要拓展性的开发星空的作用，让星空系列文创产品更具有知识性、趣味性。

在“内容为王”的时代，文旅 IP 的本质就是内容化产品的输出，但关键在于要清楚内容的落脚点始终不能脱离核心文化，产品的标准在于满足目标客户人群，传播旅游城市或景区或目的地的核心产品和文化价值。

（四）文旅 IP 在商业模式的应用路径与具体实践

文化需要通过商业的产品形态来体现，文化的底层仍然是商业逻辑的支撑，商业可以标准化，而文化永远无法标准化。文化常常被认为是庙堂之物，但是实际上阳春白雪和下里巴人背后都是文化，只是面对的人群不同。比起晦涩难懂的“艺术”，泛娱乐化的文化明显更容易走近用户，比起真实的“面朝黄土背朝天”的农耕生活，大部分人更想体验吹着空调的田园牧歌生活。如果文化是一个金字塔，底层是娱乐，中间是泛文化，顶端就是艺术，越往上受众则越少，文化产业绝不是在金字塔顶端的自我陶醉，更重要的是要考量如何向下与大众产生共鸣。

在距离成都41公里的安仁古镇里，方所开了一家民宿——方知书房。方所的自我定位从来都不只是书店，除了为人熟知的复合书店业态，方所一直在探索新的业态。方所以“阅读+文旅”的理念，围绕着旅行与阅读，打造了集书店、咖啡、住宿等多重复合业态于一体的“可住的书房”。在方知书房，可以旅游、可以阅读、也可以住宿。围绕音乐打造了更“定制化”的阅读空间，在运营上则更加个性化、更随性。与购物中心的书店不同，方庭书店主要围绕社区文化，瞄准周边人群。据了解，方所还将和融创合作，将书店开进小区，成为一家“家门口的书店”。社区书店更像是“家的延伸”，个体的书房变成了共享的阅读空间。方所的解决方法是围绕文化的圈层，把艺术向下发展，再结合大众认知和理解，创新出一个新的维度，文化不能过于小众，而也不会成为泛娱乐化的产物，实际上则是坚守中间这一层，把娱乐往“泛文化”的方向发展，艺术与产品融合成面对大众的“泛艺术”产业。

（五）文旅IP在艺术设计的应用路径与具体实践

文化IP与艺术设计的融合是当代城市文旅产业发展的新风向，文化IP的优势离不开有效的呈现方式与体验载体，实用性艺术设计的出现，为文化IP的表达提供了多种途径。

艺术设计与文化IP的融合应用同样有着一定的原则：设计应用品质化原则，可树立文旅项目全新的体验感受与品牌服务；设计应用模块化原则可为文旅项目提供多层次多维度的游览体验，缔造常有常新的游览基础；设计应用多元化原则，通过文化多元、体验多元、交互多元的方式激发游客好奇心与参与感，让文化IP的传播与认同从被动变为主动。艺术设计与文旅IP融合是丰富游客体验、促进经济收益的有效手段。当代文旅IP与艺术设计融合发展模式还处在发展期，随着时代的不断发展，以尊重文化、深入设计、活化内容、以人为本的原则，中国的文旅产业发展必将举世瞩目。

与此同时，视听影音技术的不断发展，艺术设计与科技的结合，为文化 IP 的应用表现提供了新的方式。如《西安年·最中国》作为西安城市文化旅游对外品牌，是城市文旅产业中文化 IP 与艺术设计融合的代表案例之一。西安新唐人街作为“西安年·最中国”的主要文旅体验承载地，其依托于西安悠久的历史、人文、民俗、美食等特色地域文化 IP 与艺术设计融合应用，以盛唐文化为主题，以特色盛唐建筑景观为依托。通过数字媒体艺术设计、交互装置艺术设计、视听艺术设计、环境氛围设计、灯光视觉设计等多维度艺术设计表现，为游客提供多维化的体验游览与文化输出。①

第三节　文化和旅游 IP 的跨境域应用

一、应用目的

文旅 IP 是具备文化属性的符号和品牌形象，它可以产生良好的经济和社会效益。扩大文旅目的地知名度、提升品牌影响力、增加经济收入。伴随着文旅 IP 在本土以及某个区域范围内知名度的提升，开辟国际市场，打开国际知名度，吸引国际游客，便是文旅 IP 跨国性应用的主要目的。

当下，越来越多的游客因为一个吉祥物、一个影视节目、一首歌曲、一部文学作品就前往相关目的地游玩参观。故事、形象、标志性产业、特色文化形态、logo 等都可以演变为独特的文旅 IP，但是它并不是一个简单的概念，而是一个需要发掘、包装和打造的综合性体系，是一个需要持续运营、用心经营的知识财产。哪怕拥有同一个 IP，不同地区对该 IP 的运营能力以及创造的价值范围都可能截然不同。例如，花木兰是中国家喻户晓的历史人物，也是一个知名 IP。花木兰的正宗故里河南虞城建立了木兰祠，尽管每年有部分当地人前往，但外地游客鲜有知晓；湖北黄陂借势木兰文化起源地，定制舞剧《花木兰》，建设主题旅游区，开发名人博物馆，最终小有名气。美国好莱坞更是将

① 高原．文化 IP 在城市文旅产业中的设计应用［J］．艺术科技，2019，32（8）：100-101.

花木兰拍摄成电影，开发衍生商品，让花木兰走向世界。可见，文旅 IP 从开发完成到实现价值创造仍然需要寻找合适的应用路径。

二、应用路径与具体实践

目前在全球范围内，每年都有大量的文旅 IP 涌现，但是能让人印象深刻、长期记忆且具有价值创造能力的文旅 IP 却十分罕见。文旅 IP 是一个复杂的系统，大型文旅 IP 必然是旅游演艺、主题公园、主题酒店、文旅小镇、博物馆旅游、文化节庆、旅游商品等多种形式组合起来的旅游生态。当一个文旅 IP 具备一定规模条件时，必然会考虑跨国性应用，在此过程中如何管理文旅 IP 显得十分重要，因此我们将侧重分析跨国性文旅 IP 在 IP 管理上的应用模式。基于对迪士尼、Hello Kitty、杜莎夫人蜡像馆、乐高乐园、故宫、熊本熊等国际文旅 IP 的研究分析，归纳总结出两大类跨国性应用模式：单一主控模式和合作众包模式。

（一）单一主控模式

单一主控模式是指该文旅 IP 从形象设计、内容原创制作、媒体发行、主题乐园运营、到各种跨行业授权商品落地等的全产业链闭环皆由一个公司、一个大集团或一个组织单位自主完成。其中较为典型的文旅 IP 案例有：迪士尼乐园、杜莎夫人蜡像馆、乐高乐园、地中海俱乐部等。跨国性文旅 IP 往往具备系统性、故事性、主题性、互动性、符号性、延展性、创新性、反馈性、吸引性、引爆性、独特性、形象性等特点。不同的应用模式对文旅 IP 特性的作用各有不同。单一主控模式有利于构建稳定的组织秩序，集中资源完成集体的重点目标，有利于加强对大型项目和综合性事务的管理，因此文旅 IP 的系统性、主题性、故事性等特性的构建具有促进作用。但是同时，单一主控模式也不利于个性化发展，约束了 IP 的创新性、延展性等特性。因此，不同的组织会选择不同的文旅 IP 应用模式。

企业对于文化和旅游 IP 单一主控模式的应用过程包含了四个流程：一是创造核心产品，二是品牌合作，三是提炼产品的核心特色，四是打造文化和旅游 IP。单一主控模式首先需要开发商进行自主研发 IP 内容、IP 媒体发行、投资运营主题乐园、创作衍生品、跨行业授权等内容。由开发商确定文化和旅游 IP 的核心内容后，需要通过媒体发行以扩大文化和旅游 IP 的知名度与影响力，反向通过塑造相关的影视作品、文学作品等方式推广或巩固文化和旅游 IP。其次，开发商将在全球范围内自行投资建设相关主题乐园、主题酒店、主题餐厅等，并负责运营管理工作。此外，开发商会利用文化和旅游 IP 的符号元素创作消费品等衍生产品，增加收益。当然也可能以跨行业授权的形式将文化和旅游 IP 应用至其他行业与领域。其中，迪士尼、环球影业则是这一应用模式的典型代表。

迪士尼公司自成立以来已有近百年的历史，是美国传媒业百年老字号，也是全球娱乐业的龙头企业之一，已形成集影视制作、主题乐园度假区、媒体网络、消费产品、图书出版等于一体的庞大产业链，涉猎业务范围几乎涵盖了整个文化产业。成立至今，迪士尼产品及其卡通人物大受欢迎，持续吸引着消费者和粉丝，其成功之处就在于迪士尼 IP。最初迪士尼与他的首席动画师乌布・伊沃克斯共同设计了著名的米老鼠形象，随后通过动画片、电影等不断丰富米老鼠的形象内涵使之越来越受观众的欢迎。随着米老鼠的一炮而红，迪士尼开始为它增加新的小伙伴，米老鼠的家族逐渐兴旺起来。① 除了原创 IP 的开发，迪士尼还十分擅长学习和挖掘历史资源，从世界范围内的民间神话、经典名著和童话故事中寻找并构建适合迪士尼的卡通 IP 形象，如迪士尼公主系列、玩具总动员系列、海底总动员系列等。在这些 IP 有了一定名气后，迪士尼公司迅速在杂志、电视、家庭影院等多个平台推出漫画及动画片，随后创作了一系列衍生产品。为了推动迪士尼 IP 的国际化发展，迪士尼公司陆续在全球范围内开设了六个迪士尼乐园，并成立相关事业部进行管理运营。最后，迪士尼公司采用 IP 授权的方式与服饰、家电、汽车等多个产业建立了合作关系。国内，光线传媒正在向迪士尼模式发展。

再以乐高集团为例，该公司的核心产品就是积木。现阶段的核心产品即是未来开发的文化和旅游 IP 物理载体的初步产品。随着集团核心产品取得一定的成功，集团往往会与其他品牌进行合作，提高知名度。随着乐高积木销量的提升，乐高集团与皮克斯动画、哈利・波特、迪士尼等知名品牌开启了合作之路，推出主题化积木玩具，进一步扩大了知名度。结合联名产品，挖掘产品特色，提炼核心特色，乐高集团最终将主题化的积木玩具作为核心特色。同时依托企业的特色与核心进行文化和旅游 IP 的建设和打造，开拓影视、主题乐园、

① 宋楚乔 . IP 视域下迪士尼娱乐产业的实践与探索［D］. 长沙：湖南师范大学，2019.

酒店、饭店等其他的一些领域。伴随着乐高集团积木玩具销量的增加以及扩大品牌影响力的迫切需求，它开始涉足电影产业，拍摄了《乐高大电影》，以及开办赛事活动、建设乐高主题公园等。

（二）合作众包模式

合作众包模式是指以一个文旅 IP 为中心，由多方（包括创作者、政府、出版公司、媒体及发行公司、广告传播公司、玩具公司、游戏公司、地产公司等）共同参与制作、宣传、发行、产品销售、乐园运营等工作。合作众包模式使得文旅 IP 的边界得到了扩展，有利于更好地汲取优质资源、降低成本、提高效率，充分发挥文旅 IP 的创新性与互动性。与此同时，合作众包模式也存在着管理不便、文化内涵易偏离等缺点。

结合合作众包模式的特点，文旅 IP 的合作众包模式应用主要包括以下几个方面：一是研发公司对 IP 进行开发设计。开发商通过影视文学作品开发 IP 或者汲取目的地文化设计 IP 形象。二是媒体广告公司对 IP 进行宣传发行。当开发商缺乏媒体宣传资源，且对 IP 的投入资金较少时，会选择广告公司、电视台、出版社等媒体企业对 IP 进行宣传推广。三是 IP 授权，实现价值创造。在文旅 IP 具备一定知名度后，下一步需要考虑如何实现 IP 价值变现。其中 IP 授权是合作众包模式的重要环节，包括衍生品授权、外包装授权、礼赠品授权、营销授权、数字虚拟授权、线下实体店授权、主题乐园授权等形式。

合作众包模式下的文旅 IP，如 Hello Kitty、熊本熊、故宫等都是经典案例。Hello Kitty 来自日本著名礼品公司三丽鸥，它是 IP 授权与管理公司中的领跑者。三丽鸥在 Hello Kitty 设计完成后，对其进行了知识产权注册，随后也很少为其刻意投资做广告，而是采用全方位营销。Hello Kitty 被印在多种产品上，小至贴纸、笔、笔记本、衣服、玩具、手表、杯子、盘子、筷子、手机、烤面包机、垃圾桶，大至电脑、跑步机、汽车，甚至是可以让人们置身其中的冒险主题乐园，并偶尔利用限量商品来刺激收集行为与重复购买率。Hello Kitty 的成功同时也给其商业合作伙伴带来了巨大的商业利益。三丽鸥向日本超过 500 家公司以及海外的数百家企业进行了授权。如今 Hello Kitty 独特的形象已经出现在约 2.2 万种不同的产品上，畅销 40 多个国家。①

① 杨丽媪．一只小猫的商业传奇［J］．现代营销（学苑版），2007（6）：74-76.

第四篇　案例篇

第十一章　城镇乡村类文化和旅游 IP

第一节　城市类文旅 IP：“衢州有礼”IP

一、“衢州有礼”IP 简介

“衢州有礼”指的是“南孔圣地、衢州有礼”这一城市 IP。城市 IP 可以看作一座城市的名片，展示了这座城市最具特色的属性。每一座城市 IP 都呈现了其别具一格的文化底蕴和精神面貌，是历史人文与现代经济交融的结晶。“衢州有礼”便是对当地最能体现衢州特色的自然资源和人文资源进行深度挖掘、提炼融合设计的一款具有城市属性的 IP，通过这一城市 IP，可以让大家了解这座城市的过去、未来和最富魅力的地方。

“衢州有礼”体现了衢州独特的城市文化和价值主张，作为南方孔子文化的发源地和传承地，儒家思想一直是衢州文化的精髓与核心。在儒家文化的影响下，当地逐渐形成了崇尚“礼”文化的风气。衢州的礼是人文之礼，淳朴、包容、好客、友善、感恩、尊重，是衢州民风最具识别性的标志，得到了国内外广泛认同。“有礼文化”慢慢从一种规范人们行为的准则，演变为品行合一的衢州民风民俗，构成了历代传承而相沿不辍的文化传统。

二、“衢州有礼”IP 发展历程

南孔文化的核心在于传承周公的“礼乐文化”，可以说“礼”是儒家思想的核心内容，也是中华文化的重要特色。礼者，人道之极也。衢州是圣人孔子嫡系后裔的世居地，是南孔文化的发源地，在南孔文化、千年儒风的沐浴下，衢州民风淳朴、社会和谐。将“礼”文化提取成为衢州的城市文化是必然的，一是因为衢州天然笼罩在儒学文化和礼文化的光环之下，是山东之外江南地区儒家文化传承不可或缺的金名片，也是衢州最具优势与识别性的文化象征；二是因为在儒家文化长久的熏陶下，“礼”已经成为衢州人民日常生活的行为指南与准则，“衢州有礼”这一品牌的提炼最能体现衢州人民的精神风貌和人文素养，也是最具文化传承的衢州精神的体现。

在“衢州有礼”这一城市 IP 的基础上，衢州还开发了城市品牌标识作揖礼、吉祥物快乐小鹿和城市卡通形象南孔爷爷。

（一）城市品牌标识：作揖礼

衢州城市品牌标识作揖礼以衢州地图、孔子行礼图为核心创意元素，与“南孔圣地、衢州有礼”这一城市品牌主题巧妙融合。将衢州地图衍化为拱手礼的手势，以最直观的手礼形象，代言“礼”文化的博大内涵；以最直观的地图载体，将衢州两区一市三县融为一体。结合黄绿蓝的渐变色系，以表现纯净阳光、绿水青山、多彩田野的“活力新衢州、美丽大花园”意境，体现全市人民以礼为魂、同心同德、齐心协力共建新时代大衢州的精神内涵。

（二）吉祥物：快乐小鹿

自古以来，鹿是祥瑞的象征。鹿所代表的品德，与孔子所推崇的儒家思想“仁、义、礼、智、信、温、良、恭、俭、让”传统优秀品德一致。衢州根据对南孔文化的理解，设计出一只小鹿穿着中国传统服饰表达对中国传统儒家文化的尊崇；服装整体以紫色为主，象征“紫气东来”的寓意。快乐小鹿展现的青春活力、朝气蓬勃，正是衢州人民对美好幸福的生活状态的写照，展示“活力新衢州、美丽大花园”发展愿景。

（三）城市卡通形象：南孔爷爷

南孔爷爷是结合现代设计理念推出的 Q 版卡通孔子，于 2016 年面世，现已成为衢州南孔文化的卡通形象代言，并且得到社会广泛认可。在形象设计中，南孔爷爷的发髻为书画卷轴，代表他的儒学思想博大精深；浓眉遮眼的形象，在众多卡通形象中独树一帜，代表具有渊博的知识、积极入世的精神；心形的胡子造型，则代表只要有心向学，都可入学受教的思想；颜色主要采用灰色系和黄色系，寓意辉煌。[①]

三、“衢州有礼”IP 的开发应用

“衢州有礼”IP 的开发过程包含 IP 定位、设计、传播等阶段，它在塑造城市形象、宣传城市品牌等方面得到了较好的应用。在衢州市政府和企业的通力合作下成功打造的“衢州有礼”IP，对衢州当地的经济文化发展起到了重要的助推作用。

（一）“衢州有礼”IP 的解码

悠久深厚的南孔文化是“衢州有礼”IP 的文化基因。“南孔文化”的核心在于传承周公的“礼乐文化”，“礼”既是儒家思想体系的最高范畴，又是中国传统文化的核心内容。礼者，人道之极也。衢州作为孔子嫡系后裔的世居地，南孔文化的发源地，天然笼罩在儒学文化和礼学文化的光环之下。因此，南孔文化逐渐成为衢州最具优势与识别性的文化象征，在儒家文化长久的熏陶下，“礼”已经成为衢州人民日常生活的行为指南与准则，“衢州有礼”这一品牌的提炼最能体现衢州人民的精神风貌和人文素养，也最具衢州精神。

“衢州有礼”IP 的设计者在设计这一 IP 之初就秉承着传扬“南孔文化”，展示衢州之美的文化理念，在整个 IP 打造过程中也在不断挖掘衢州本地独一无二的文化内涵。在紧扣衢州作为“南孔文化”的发源地这一特色文化的基础上，深入探寻南孔文化的核心内涵“礼文化”。最终选取礼乐诗书中最具人文气息的“礼”作为衢州城市 IP 的主题。

城市 IP 的本质目的在于塑造城市形象，带来更多的生机与活力的同时吸引更多的资源。所以在打造城市 IP 中最重要的是明确城市的品牌定位，创造出一个差异化、特色化的城市形象，以此延伸构建出定位 IP、视觉 IP、产品 IP、活动 IP、产业 IP 和模式 IP 的“1+6”的城市 IP 逻辑体系。以视觉 IP 为例，为了让人们对“衢州有礼”这一 IP 有更好的理解和形象的认识，同时也为了增加人们对这座城市文化的认同和喜爱，视觉 IP 形象的呈现就显得异常重要。这种视觉 IP 最喜闻乐见的一种方式就是通过设计一些可爱的卡通形象和具有文化属性的衍生产品呈现出来。由此，设计者精心设计出城市品牌标识作揖

① 李佳．“南孔圣地、衢州有礼”浙江衢州打造城市品牌［EB/OL］．（2018-8-4）［2021-6-15］．http://news.eastday.

礼、吉祥物快乐小鹿、城市卡通形象南孔爷爷三款视觉 IP 产品。

（二）“衢州有礼”IP 的传播

在政府和企业的大力推广下，“衢州有礼”IP 综合运用线上线下、传统和互联网的传播方式迅速在社会上形成了一定的知名度。线上通过制作精美的宣传片在主流媒体（如 CCTV 等官媒）上宣传推广衢州的“礼”文化，并在抖音、快手等新媒体上发布相关视频吸引流量关注。线下方面为进一步扩大“衢州有礼”IP 的影响力，衢州一直积极地在北京、上海、武汉、深圳、成都、西安、重庆等国内重点城市举办城市品牌发布会，围绕“把衢州故事说给您”“把衢州历史写给您”“把衢州有礼送给您”“把衢州文化唱给您”“把衢州风情秀给您”“把衢州历史演给您”和“把衢州清凉带给您”等主题把衢州的百般风情展现给世人。除此之外，衢州市政府还邀请了衢州籍国际著名影星、衢州市旅游形象大使周迅和世界冠军、衢州城市形象大使黄雅琼等社会知名人士以语音和 VCR 等形式推介家乡。衢州先后冠名了两列“南孔圣地 · 衢州有礼”号高铁列车，列车沿途停靠北京、上海、天津、杭州、南京、宁波、苏州等 100 余个国内大中城市，成为运行在京沪、宁杭、宁蓉、沪昆、杭甬线上的亮丽风景。

（三）“衢州有礼”IP 的应用

城市 IP 原本作为城市品牌的塑造方式，它的出现不仅是为了宣传城市形象，更重要的是在商业实践中有更大的推动作用。在城市治理中，把“衢州有礼”这一 IP 应用于优化营商环境和基层治理，衢州市近几年通过努力，把“有礼”文化融入营商环境优化和基层治理中，力争打造中国营商环境最优城市和基层治理最优城市，让“有礼”成为衢州建设希望之城、奋斗之城、温暖之城的文化支撑。如今，衢州已被列入了全国 12 个营商环境评价试点市之一，成为全国首批“雪亮工程”建设示范城市，基层智慧治理已走在全国前列。如果把城市运营比喻成一台工作的机器，城市 IP 就像是传动的链条。通过 IP 在城市之中的流动实现政府关心、市民认同、游客感动的共赢局面。城市 IP 就是城市的精神灵魂，是城市内涵的集中表达，是一个城市区别于其他城市的文化特质。城市 IP 具有认同程度高、作用范围广、影响时间长的特点。“衢州有礼”的成功之处就在于它并不是一个短期的口号，而是一个可以长远服务于城市运营的核心价值观。

在商品活动中，“衢州有礼”这一IP下的“南孔爷爷”IP，目前已拥有衍生产品近20个类别，如冰箱贴、钥匙扣、杯垫、公勺公筷、茶宠、毛绒玩具、盲盒等。除了自身打造的众多文创产品，他们还与其他品牌联名合作，不断扩大“南孔爷爷”以及“衢州有礼”的知名度。例如，联想联名推出主题平板电脑，与泰隆银行推出联名储蓄卡、信用卡，携手饿了么吉祥物“饿小宝”联合开展线下美食推介活动，与百年老字号张小泉剪刀联名开展线上高考助力活动，联手马蜂窝开展IP助农，生产“南孔爷爷”牛肉酱，入驻杭州漫联文链等。

“衢州有礼”IP在现实中的应用已经开始融入不同产业和领域。文化创意产业是一个地区经济增长和高质量发展的重要动力，为了推动当地的文旅产业发展，衢州专门成立南孔文化发展中心。衢州通过举办“文耀衢州·礼誉天下”四省边际城市群文博会，构建了文化产业区域协作发展新平台；聚力打造“衢州有礼”诗画风光带，以“古城双修”——南孔文化复兴和南孔古城复兴为核心，推进文化创意产业向诗画风光带集聚，为高质量发展提供了新的增长极。①

在城市品牌的打造上，衢州通过不断融入国际级赛事、活动来提升自身的知名度和美誉度。从联合国前秘书长潘基文在世界针灸康养大会上用中文清晰标准地说“衢州有礼”，到开罗联合国花园城市总决赛现场联合国前副秘书长沙祖康全程助阵衢州代表团，并一举夺得“国际花园城市”桂冠；从举办国际未来社区建设衢州论坛、全国首个国际未来社区建设产业联盟落户衢州，到第二届“一带一路”国际经贸活动成功举办；从获得2022年亚洲拔河锦标赛暨国际拔河公开赛的承办权，到十余项国际级赛事落地衢州……在国际舞台上，衢州变得越来越从容自信、光芒四射。②

四、“衢州有礼”IP的价值创造

通过剖析“衢州有礼”城市IP的开发和应用过程，形成对这一IP的价值塑造和表现方式的认识和理解，并对IP的价值创造过程有进一步的认知。综

① 毛利霞. 放大格局，奋力提升中心城市核心竞争力［N］. 衢州日报，2020-09-10.

② 林敏. 一句话，激活一座城——“南孔圣地·衢州有礼”城市品牌打造历程［N］. 衢州日报，2019-12-01.

合来看，“衢州有礼”IP 的价值创造主要通过发掘衢州文化 IP 概念内涵，设计形象产品和衍生产品获取大众对衢州这座城市的喜爱和认同，同时吸引对衢州发展的有利资源，最终不断提高衢州当地的经济文化发展水平。

（一）“衢州有礼”IP 的社会价值

随着新冠肺炎疫情防控进入常态化阶段，衢州在全国率先硬核打造一座“使用公筷”的城市，一座“行作揖礼”的城市，同步打造一座“不随地吐痰”的城市，防范化解疫情风险点，为衢州健康发展保驾护航。此外衢州创新推出“有礼指数”测评体系，在经济、平安、民生、生态四张报表基础上，补充有礼报表，构建了多元实绩评价体系，为高质量发展提供坚实支撑。

衢州在大力推广城市 IP 过程中，也在身体力行地践行自身 IP 理念和定位，紧扣“礼”文化的 IP 内涵核心，在城市各方面建设中都融入“衢州有礼”的形象打造。例如，前两年衢州市市场监管局举办打造“一座最有礼的城市”行动宣言发布活动，努力做到将“服务有礼、监管有礼、维权有礼、执法有礼”的“四个有礼”融入日常工作之中。

（二）“衢州有礼”IP 的经济价值

“南孔圣地 · 衢州有礼”城市品牌于 2018 年 7 月 25 日正式向全球发布，经过多年的宣传推广以及与不同品牌、不同 IP 之间的跨场景、跨产业、跨区域的应用，“衢州有礼”已经成为国内外享有一定美誉的城市品牌。“衢州有礼”除了成为我国颇具盛名的城市 IP 外，还以城市卡通形象“南孔爷爷”参与了各式各样的联名活动。如参加深圳文创设计展、杭州文博会、上海国际 IP 授权展、深圳国际 IP 授权展、香港国际动漫展等展会，成功地在动漫 IP 圈树立了良好的口碑，提高了衢州的国际知名度和城市形象。这一系列的推广传播给衢州带来的商业资源从旅游到文创产品都在促进着衢州当地经济的发展和转型。从经济上考量，对客商有礼才会带来产业、对企业有礼会带来税收、对游客有礼会带来利润。这也在另一个方面说明从衢州“南孔文化”中提取“礼”文化这一核心内涵的正确性。

（三）“衢州有礼”IP 的文化价值

“衢州有礼”IP 的开发应用对传统文化民俗的传承、丰富和发扬同样起到了重要作用。这表现在不仅对衢州这座历史文化名城起到了保护和促进作用，而且对衢州的儒学文化小镇和示范区的赋能和提升起到了带动作用，更是对节日民俗、非遗文化等的一种继承与弘扬，给衢州这座历史文化名城注入了新的活力，创造了新的文化价值。衢州有礼 IP 还体现了一种有礼的态度，古时衢州人的每一个人生节点都有一个仪礼，如出生礼、成人礼、婚礼、乔迁礼等，这背后折射出衢州人对“礼”文化的重视和传承。“衢州有礼”IP 的设定也恰好对衢州“礼”文化的传承与发展起到了重要的促进和助推作用。

五、“衢州有礼”IP 发展启示

通过对“衢州有礼”IP 的梳理不难发现，它的成功一方面离不开对城市地方文化的深度挖掘，另一方面来自对 IP 形象的视觉化呈现以及自身强大的营销能力。在独特定位的基础上通过开发周边产品链，利用营销赋能形象产品的推广，成功打造出“南孔文化・衢州有礼”的城市 IP。

（一）深挖特色文化，提炼独特 IP

为构建能够展现城市形象，引领城市发展的公共品牌，衢州从自身特色文化入手，追根其“南孔文化”和“礼”文化内涵，提取“南孔圣地・衢州有礼”作为城市 IP，成为衢州对外宣传的重要名片。文化旅游资源的识别挖掘是文旅 IP 打造的基础，识别出的资源品质决定了 IP 的品质，挖掘的深度决定了 IP 的内涵深度。

（二）优化视觉形象，扩展应用边界

文旅 IP 不仅仅是一个符号，是要通过实际应用创造价值的重要文旅资源。“衢州有礼”在精神内涵的基础上提炼出了城市品牌标识、吉祥物和城市卡通形象。其中，作为卡通形象的南孔爷爷在多领域应用中发挥了重要的作用，为“衢州有礼”对外产品体系的构建起到了重要作用。在文旅 IP 开发应用的过程中，要明确吉祥物、卡通形象等的设计不是流于表面的生拉硬拽、东拼西凑，而是要关注对文旅 IP 内涵的深度挖掘和与产品形象的契合，最终通过优质的 IP 衍生产品和视觉化效果赋能 IP 的价值创造。

（三）多元推介 IP，构建营销体系

目前“衢州有礼”不仅有 3D 动画、二维动画、漫画等展示方式，还在抖音、微博、公众号等线上平台进行展示。同时，衢州政府也积极推进线下推介会，加速“衢州有礼”与全国各地不同文化的交融，实现对不同地区的个性展

示，全方位构建 IP 营销体系。

第二节　城市类文旅 IP：熊本熊 IP

一、熊本熊 IP 简介

熊本熊作为熊本县的吉祥物，是城市经营品牌的一个非常成功的经典 IP，其形象已渗透到城市生活的方方面面，成为富有强大生命力的城市象征。熊本熊 IP 的走红不仅意味着巨大的商业价值和高明的营销技巧，而且蕴藏着极大的文化价值。作为一个成功的吉祥物 IP，熊本熊的形象设计与传播案例非常值得相关行业从业者加以揣摩、分析和学习。①

二、熊本熊 IP 发展历程

日本南部的熊本县在 2010 年之前是一个以农业为主的城镇，是日本数一数二的农业县。在得知日本政府计划在 2011 年 3 月开通贯穿整个九州的新干线的消息后，熊本县政府看到了脱贫致富的机会。为迎接九州新干线通车到熊本县，吸引更多游客，熊本县在 2010 年策划了“熊本惊喜”活动。熊本县政府邀请了当地知名剧作家小山薰堂担任“新干线元年事业顾问”来策划“熊本惊喜”活动。

为了让游客体验到不一样的惊喜，小山薰堂和好友水野学一起设计了一款熊本县的吉祥物，也就是现在的熊本熊。熊本熊的 IP 形象设计参考了熊本县的主色调黑色，并添加了萌系形象经常采用的两颊腮红，这两抹腮红也蕴含了熊本县“火之国”的称号。除了平面设计，小山薰堂还为熊本熊 IP 进行了皮套设计，熊本熊皮套形象在设计阶段经历过三次变化。第一代熊本熊皮套跟常见的吉祥物外套差不多，身材纤细，手脚比例过于写实，长相怪异。于是小山薰堂找到专门制作吉祥物皮套的大厂改进，第二代皮套诞生，变得更加圆滚

① 徐亦凡 . 日本吉祥物形象熊本熊走红的动因分析［J］. 东南传播，2016（3）：41-43.

滚。如今我们看到的第三代皮套则是在上一代基础经过了又一轮的改进。经过三轮的设计改进，熊本熊皮套的身体比例更加协调，手部动作更加灵活，能做更多精确的动作，瞳孔和嘴型也经过修改，表情更加“蠢萌”。对于熊本熊的动作行为同样也是经过设计的，它的每次挥手、每个动作也都在计划内，包括最知名的“捂嘴”动作。

熊本熊形象确定之后，策划团队创造出了更多场景让它和正常人一样，比如养牛、做超市收银员、上时装秀、组乐队、拍电影等。此外，熊本县政府还让熊本熊兼职担任熊本县营业部长和幸福部长，为熊本县政府机关的形象代言。① 高度的拟人化以及立体鲜活的各类动作，让熊本熊迅速走红，收获了一批忠实粉丝，形成了熊本熊 IP。

三、熊本熊 IP 的开发应用

熊本熊这一 IP 形象的打造从开始的外观设计到形象推广再到市场化的运营，本质来说是文化与市场的碰撞与结合。用文化的基因帮助 IP 的定位与设计，用市场化的手段进行产品的经营与运作。

（一）熊本熊 IP 的解码

文化基因：熊本熊 IP 形象的设计从最富历史价值的熊本城的人文元素着手，形象色彩上采用熊本县城市整体的黑色，并融合“火之国”的气候代名词。设计者还注意到日本有人气的形象都有一个红脸颊，因此设计者也给熊本熊设计了标志性的红脸颊。形象名称也是由熊本县的地名化名而来，因此熊本熊具有极强的地域、文化属性。熊本熊的形象可以总结为：熊本县的特色 + 萌系角色的腮红。

符号：熊本熊的 logo 先后经历了两版革新，即 Kumamon，这个名字结合了熊本（Kumamoto）与熊本方言（人）（Mon）的发音，意为熊本人，明确了熊本熊出自熊本县的概念。

熊本熊是在形象设计成功的基础上又综合了时下的消费特点，加入了呆、贱、萌、蠢等多种可以和人们融入一起的性格特点，又设计了独特的动作和表情组合，长时间运用专业的表演方式进行演绎，使得熊本熊 IP 的形象最终深

① 文锐 . 复盘熊本熊成名之路：解读超级 IP 养成密码［N］. 证券时报，2019-02-20.

入人心。

（二）熊本熊 IP 的传播

当熊本熊这个 IP 创造出来后，最重要的事情便是如何把这个 IP 进行合理的营销推广，使得它能够发挥吉祥物的价值，给熊本熊的农业和旅游业带来一些新的转机。但是熊本县作为一个农业大镇，政府本身的财政能力匮乏，并不能支出很大的财政金额用于熊本熊营销和推广，所以负责人在此基础上制定了独特的宣传战略，利用本身熊本熊可爱蠢萌的形象进行宣传和推广。

在推广方面主要有两个要点，一是划定好推广的目的地，人流量大、游客多、影响力强并且距离熊本县最近的大都市大阪就成了熊本县宣传推广熊本县的阵地，如通过拟人化的熊本熊在街头进行卖艺、以发名片等方式去推广特色旅游景点和特产。二是其背后的营销团队也利用网络科技的优势，如给熊本熊建立自己的官方社交账号等，在网站上与日本网民经常进行互动等方式不断提高自身的知名度，逐渐成为日本的网红吉祥物。

在营销方面，熊本熊比较有代表性的就是人为制造了两个事件，一是熊本熊失踪事件，官方在网站上发布了熊本熊在执行任务中失踪的消息，引导全民参与寻找熊本熊，目击者通过网络平台推特提供线索，最终熊本熊被找回，也赢得了大量的关注度，成为热点话题。另一个就是熊本熊的“找腮红”事件，同样是制造话题热点，提高熊本熊的知名度，更让外界对熊本熊和熊本县的了解更多。这两次成功的热点营销事件也成功推广了熊本熊这个文旅 IP，使得短时间内熊本熊的名声大涨，赢得了更多的关注度。[①]

（三）熊本熊 IP 的应用

熊本熊 IP 在成功推出以后，主要借助 IP 的视觉卡通形象进行商业化的应用和实践。例如，通过授权其他公司使用熊本熊的形象进行产品宣传，进一步提升了熊本想 IP 的知名度。前几年熊本熊咖啡馆的出现表明熊本熊 IP 在向新零售应用的迈进，这是城市 IP 的又一次流量变现的市场探索，也是 IP 产品跨场景应用的一次尝试。

熊本熊 IP 的成功塑造是熊本县旅游行业的一次探索和创新，其相关衍生产品和关联产业为熊本县带来了广阔的收益来源。熊本熊作为熊本县的文化创

① 龚霏菲，王珩．日本卡通形象熊本熊版权新规正式实施［N］．中国知识产权报，2018-02-08.

意产品，熊本县拥有其所有的衍生创意版权，从 logo 到表情包、再到经典动作和各种事件梗，让熊本县在信息化时代能够获得足够多的知识产权保障和产业收益。目前熊本熊这个 IP 已经走出了熊本县的地区平台，成功地跨入了整个日本乃至国际产品市场，现在熊本熊卡通形象被印在了各类食品包装、学生用品、列车外部车皮上等。截至 2016 年申请授权的产品包装图案已经超过了 20000 件。据悉，除去旅游方面的收益，2013 年关于熊本熊 IP 的周边产品收益就已经达到了 1422 亿日元，占熊本县当年经济总收入的 10%，这对于一个偏远的小县城来讲发展意义巨大。

在熊本熊 IP 发展成熟以后，就有了较大的粉丝群体，开始吸引很多其他的品牌的合作意向。在联名产品营销的大背景下，熊本熊收到众多品牌的联名邀请。

四、熊本熊 IP 的价值创造

熊本熊 IP 经过熊本县近十年的推广和宣传已经取得了很大的社会、经济和文化价值。这具体表现在 IP 形象的设计源于对文化的继承、发展和创新，盘活了自身的本土文化；IP 形象人格化的设定（给熊本熊安排公务员的身份）带动了社会价值的延伸；IP 形象衍生产品的打造带动了旅游、制造、文化等产业发展。

（一）熊本熊 IP 的社会价值

2013 年 4 月，日本地方经济综合研究所的调查显示，九州、关西和首都圈地区的居民对熊本县的印象分别从 2011 年的第 6 位、第 6 位和第 7 位，上升至第 2 位、第 3 位和第 5 位。熊本熊推出不到三年，其认知度已经排名全日本第一，在日本的成功可与大受欢迎的 Hello Kitty 和米老鼠相提并论。[①] 熊本熊的爆红很大程度上带动了熊本县的对外形象宣传，提高了熊本县在国内和国际上的知名度。

另外，熊本熊这款 IP 在问世之初便给它进行了人物形象上的设定，史无前例地被授予熊本县营业部长兼幸福部长，成为日本第一位吉祥物公务员。这种形象设定很大程度上改变了人们对公务员以前形成的刻板印象，把公务员的

① 张莉.振兴地方经济的二次元萌物——从熊本熊看日本地方吉祥物［J］.文教资料，2019（31）：90-92.

形象也附带进行了新的塑造，表明公务员的形象也有可爱、呆萌、惹人爱的一面，拉近了公众对政府的感知距离，同时也为熊本熊这一 IP 的推广和宣传带来很大的帮助。

（二）熊本熊 IP 的经济价值

从熊本熊打造和推广出来这个 IP 之后，熊本县就开始思考如何利用这个 IP 进行变现，最直接的方式便是打造以熊本熊为主题的产业链条，如打造了以熊本熊为主题的火车站、办公室、民俗等一系列产业，并不断进行持续经营和推广，通过这些方式，逐渐建立了城市品牌并且拉动了熊本县的旅游业的发展和相关农副产品的销量。

当地政府为了持续推动熊本县的人气发展，不断扩大宣传，在形象授权方面采取免费授权的政策，使得各大中小企业能够很便利地获得熊本熊这个 IP 的官方授权，进一步提升了相关文创产品的销量。并且熊本县不满足于国内市场，开始逐步开拓海外市场，如开发海外形象的授权。海外企业能够有权参与“熊本熊”IP 的授权申请，得到批准后就可以使用熊本熊的版权形象，为自己的商品进行代言。之后越来越多的商家看到了熊本熊这个 IP 的巨大潜力和商机，纷纷来申请使用代言，除了日常用品的商家外，甚至连日本的航空公司也来找熊本熊代言。全世界来往日本的游客都能够在乘坐航班时候看得到可爱的熊本熊，使得熊本熊这个 IP 形象逐步走出日本、走向世界，提高了熊本县的知名度。越来越多的海外游客也愿意专程去熊本县旅游打卡，和可爱的熊本熊进行合照，购买熊本熊的相关文创。

熊本熊 IP 在成功打造和推广变现之后，给熊本县政府带来了很高的经济收益。据日本银行的一项研究显示，从 2010 年出道后的短短两年内，熊本熊就为原本经济来源为农业的熊本县带来了 1230 亿日元的经济利益。其认知度已经位居全日本第一，没有哪只吉祥物比它更吸金，只要印上熊本熊形象的周边产品总能快速售罄，连同日本当地人都不怎么知道的熊本县，也一跃成为旅游打卡胜地。2020 年疫情防控期间，以日本吉祥物熊本熊为特色的产品销量仍然连续第九年增长，因为疫情被迫宅在家里的人们对于熊本熊代言的食品的需求不断增加，因为疫情原因无法去熊本县旅游的人们选择了更多印有熊本熊 logo 的卫生防护用具等，使得即使疫情防控期间熊本熊的相关周边产品的销量仍然没有下降。

熊本熊打破了传统昂贵的授权费用，此前很多的卡通形象的 IP 如果要在商业上进行使用，就需要支付高额的版权费，而熊本熊只需要通过熊本县的审核，不需要提前支付许可费用，只要通过在当地生产各种衍生品所需要的生产零件或配件就可以使用这个 IP。此举一方面促进了熊本熊更广泛的传播，另一方面企业在当地进行加工或者生产也增加了就业岗位，也促进了当地的经济发展和产业的转型升级。后来，面对广阔的海外市场，熊本县政府又将这一思路拓展到了全世界。2018 年 1 月，熊本熊版权新规正式实施，第一次允许日本境外企业申请它的形象授权。企业申请成功后，只要支付 5%~7% 的版权费，就可以使用熊本熊形象。最终，申请熊本熊形象授权的商品从 2011 年的 3000 多件飙升到如今的几万件。①

（三）熊本熊 IP 的文化价值

熊本熊形象 IP 的开发和设计是在熊本县文化内涵中元素提取的基础上，结合设计者对 IP 形象市场上的敏锐洞察进行设定的，这本身就是自身文化的一种再开发和创新。这在熊本熊名字的命名和外观设计中都可以看到很明显的体现。

熊本熊的英文“Kumamon”，读音上结合了“熊本”（Kumamoto）与熊本地方方言“人”（Mon）的发音。写法上 Kuma 在日文的意思是熊，Mon 在熊本方言中是 Mono 的另一种说法，日文写作“者”。因而，“Kumamon”意为“熊本人”，明确了“熊本熊”出自“熊本县”的概念。

为了突出本县特色，熊本熊在身体上使用了熊本城的主色调黑色，并在两颊使用了萌系形象经常采用的腮红，而红色也蕴含了熊本县“火之国”的称号，它不仅代表了熊本县的火山地理，更代表了众多美味的红色食物。②

五、熊本熊 IP 发展启示

熊本熊 IP 能够迅速爆红并且能够持续如此长的时间受到大家的喜爱和关注，重点源于三个方面的成功。首先是 IP 形象的塑造独具匠心，利用了传统与现代文化元素的结合；其次 IP 形象的营销别具一格，利用了热点营销和跨

① 龚霏菲，王珩．日本卡通形象熊本熊版权新规正式实施［N］．中国知识产权报，2018-02-08.

② 张莉．振兴地方经济的二次元萌物——从熊本熊看日本地方吉祥物［J］．文教资料，2019（31）：90-92.

界营销；最后在 IP 经营上另辟蹊径，选择改变版权策略降低再造门槛，推动 IP 形象快速的深入人心。

（一）独特形象与本土化特色结合

从熊本熊的设计思路上来说，设计师水野学的设计灵感源于熊本城的黑色主基调，加上对于熊本县具有特殊含义的红色，因为红色代表了当地的火山地貌。设计师将代表地方特色的颜色，巧妙地以“二次元”的表现手法呈现出来，可爱憨厚的熊以及“二次元”萌系的腮红。大面积的黑色，加以白色以及鲜明的红色点缀，让熊本熊的形象在日本众多地方宣传吉祥物中脱颖而出。简洁的外形，以及“突兀”的颜色能够快速让游客留下印象。将黑熊与“二次元”肥胖、憨厚的外表形成“二次元”的“反差萌”，获得了大量年轻人的喜爱与追捧。从熊本熊的性格设定上，它高度拟人化，并不像以往的吉祥物都是美好、纯洁的象征，反而带有一些人类不良但合法的小习性，做到了“接地气”的人设。并不像以往的吉祥物就只是个摆设那样，政府也任命熊本熊担任熊本县的营业部长兼幸福部长，有自己的办公室，官职仅次于知事与副知事。这些设定似乎都打破了我们以往对吉祥物象征吉祥、好运的“刻板印象”。在 IP 建设过程中，吉祥物的形象设计需要设计师对本地特色元素进行有效抓取，并深入研究本地文化基因，合理地将本地元素创新运用在 IP 形象设计上，碰撞出不一样的火花，才能有效地对本地特色文化进行宣传。“地方特色 + 创意”才能设计出一个带有地方特色的象征性符号。

（二）借力热点与媒体实现跨界圈粉

我们印象中的吉祥物多被用于节庆、活动的宣传中。熊本熊跳出了这两个范围，它的最初亮相就没有常规性地选择在本地，而是选择了更为发达的大阪。并在日本许多电视节目中刷“存在感”，如在日本有名的红白歌会上与另一位地方吉祥物船梨精“大打出手”，场面一度引人发笑。通过多层面的媒体介质对吉祥物的推广也极为重要。除了在传统媒体平台宣传以外，熊本熊的推广初期，也对自身进行了大量的宣传，在社交媒体上，“熊本熊”有着自己的官网以及 Twitter 和 Facebook 账号，甚至在中国的社交媒体微博上也有着自己的账号。高度拟人化的设定，让它在互联网上像一个真实存在的人一样，会每天更新自己的动态、发布行程，保持自己在社交媒体平台的曝光度。在新兴游戏产业中，熊本县也推出了带有熊本县特色的游戏《制作熊本特产》，也受到了广大民众的喜爱。熊本熊营销团队在多个宣传平台上灵活运营多种传播策略，抓住每一个机会，才能够收获到如此成功的营销效果。

（三）改变版权策略降低再创造门槛

以往基于对知识产权的保护，许多知名 IP 都会有一个高昂的版权使用费用，虽然能够对 IP 的知识产权有一个有效的保护，但是这就有可能对于 IP 的多元开发设置了一个屏障。在 IP 授权方面，熊本熊的案例也打破了以往的规则。

熊本熊的形象授权是不收取任何费用的，使用者只需向熊本县政府进行申请，并证明 IP 使用是能够帮助宣传熊本县和熊本熊，或者该产品使用到了来自熊本县的原材料。虽然这样的版权申请制度，可能对于熊本熊的版权费用收取大打折扣，但是对于熊本熊和熊本县的宣传效果还是很有帮助的。在当下对于知识产权的保护越来越好的情况下，不收取任何版权费，仅需申请的大 IP，还是会很吸引企业、商户进行投资的。对于他们而言，不花钱就能与正版的大受欢迎的熊本熊进行联名，也对自己的商业发展带来了很多好处。熊本县的这种授权策略仅在开放的第一年就收到了来自全球超过 3600 次申请。

对于一个吉祥物而言，可能它的使命就是能够对它作为符号所代表的城市、事件进行有效的宣传或带来经济收入。那它需要持续地保持一定的热度，才能够不断地获得人们的关注。吉祥物能够被多元开发就意味着广阔的社会认知度与知名度。熊本县的这种降低授权门槛的策略显然能够帮助熊本熊的形象在市场中站稳脚跟，并且不断地扩大商业版图。

第三节 小镇类文旅 IP：南浔古镇 IP

一、南浔古镇 IP 简介

南浔古镇位于湖州市南浔区，地处江苏和浙江两省交界处，坐落于美丽富饶的杭嘉湖平原腹地，始建于南宋淳祐年间，距今已有近 800 年的历史。明清时期南浔古镇为江南蚕丝名镇，是一个人文资源充足、中西建筑合璧的江南古镇，目前是“江南六大古镇”中文化积淀最深、保存最完好的古镇，被誉为“江南六大古镇的封面”。同时，南浔古镇素有“文化之邦”和“诗书之乡”之称，出现过许多著名人物，如民国奇人张静江、“西泠印社”发起人之一张石铭、著名诗人和散文家徐迟等。

2014 年 6 月，伴随着中国大运河成功入选世界文化遗产名录，南浔作为大运河的重要部分，也借势成为世界文化遗产地。江南运河南浔段作为一处独立的遗产区，具体包括“一段一点”。“一段”指河道本身即頔塘故道，全长约 1.6 公里，是大运河重要支线頔塘流经南浔古镇区的一段，也是历史上江南运河的“西线”的重要组成部分；“一点”指运河附属遗产——南浔镇历史街区，即南浔古镇。大运河南浔段总面积 2.18 平方公里，其中遗产区 0.92 平方公里，缓冲区 1.26 平方公里，是典型的运河城镇聚落遗产。世界级文化遗产“中国大运河”，在保护的同时充分展示和运河相伴而生的丝商文化等，并通过世遗文化和旅游的融合发展，打造南浔独特古镇 IP。

2015 年 5 月，南浔古镇管理委员会在南浔古镇就《南浔古镇旅游度假区总体规划及总体策划》项目全国公开招标进行评标，标志着南浔古镇在打造世界级古镇旅游 IP 上迈出重要一步。2015 年 7 月，南浔古镇入选国家 5A 级旅游景区，区域内有各级文保单位 15 处。其中国家级重点文保单位 4 处（7 个点），即嘉业堂藏书楼及小莲庄、南浔张氏旧宅建筑群、尊德堂、頔塘故道、丝业会馆及刘氏梯号；市级文保单位 11 处。这里拥有香火缭绕的寺院、中西合璧的建筑、诗意浓郁的园林、钦若嘉业的藏书楼、依水而筑的百间楼、蜚声海内外的湖丝、风格独特的石拱桥……南浔犹如一幅古朴、淡雅、怡然的诗水墨画，在众多江南古镇中一枝独秀。南浔古镇的独特风景和文化底蕴也构成了文旅 IP 的核心价值和内涵。

二、南浔古镇 IP 发展历程

早在新石器时代，原始社会氏族部落就在现南浔古镇地区繁衍生息。南浔自南宋淳祐年间建镇至今已有近 800 年历史。南浔地区多产丝绸，民国时期不乏众多丝绸富商，后随着丝商落败，地区经济转移，很多民国时期丝绸富商私家园林、别院甚至庞大的建筑群开始遭受破坏。为了尽快保护历史古迹，保留南浔地区的人文历史遗产，在当地政府指导下，2003 年成立了南浔古镇景区，开始保护和修复工作。2005 年，南浔古镇获评第二批中国历史文化名镇。

2011 年 6 月 30 日，湖州南浔古镇管理委员会作为区政府派出机构正式成立，领导公司对古镇区域开展保护、利用、规划、建设和管理工作。

多年来南浔古镇不断挖掘当地历史文化，从中提取核心要素，结合建筑特点，进行了南浔古镇的 logo 设计、商标注册等工作，对已开发的知识产权进行保护。浙江南浔古镇旅游发展有限公司先后在 2012 年和 2017 年申请了南浔古镇 logo 和名称商标注册，并于 2014 年和 2018 年通过注册认证。其间对“丝业会馆、小莲庄、水晶晶、毓秀里”等商标名称也申请了商标注册与认证，从法律意义上进行知识产权的保护，为后续的文旅 IP 塑造、开发与应用奠定了良好基础与保障。

2015 年 7 月南浔古镇景区正式通过国家 5A 级旅游景区审核，成为湖州市首家国家 5A 级旅游景区。同年，景区全面推进智慧旅游建设，实现免费 Wi-Fi 全覆盖，赋能古镇文化更好地保护和传播。随后，古镇创建了“小南小浔”作为景区卡通玩偶形象、“浔象元宝”作为古镇与腾讯官方合作电竞赛事的表情包及吉祥物并借助影视综艺拍摄、节庆活动举办宣传古镇 IP。

三、南浔古镇 IP 的开发应用

南浔古镇立足自身深厚的历史文化积淀，开发 IP 形象和产品的打造，为古镇的发展注入新的生机与活力，这在文化古镇景区的 IP 开发与应用上尚属前列。借助互联网等新兴媒体的传播力量为文旅 IP 的应用奠定基础。

（一）南浔古镇 IP 的解码

1. 文化基因

被称为“江南六大古镇之一”的南浔古镇，自宋朝建镇以来，距今已有 700 多年的历史，拥有丰富的文化遗产。南浔自古便出了许多名人学士，明代时就有“九里三阁老，十里两尚书”之谚。宋、明、清三朝，南浔籍仅进士就有 41 人。当代，诞生了西湖博览会创始人张静江、“西泠印社”发起人之一张石铭、清末民初四大藏书家之一刘承干、著名文学家徐迟等一批名人贤士。大量中西式的建筑是南浔古镇特色之一，众多民国时期丝绸富商私家园林、别院构建的庞大的建筑群近些年逐渐成了热门参观点。南浔古镇不仅有保存完好的明清建筑，而且有大量的湖笔和丝绸文化。南浔古镇作为湖州市唯一的国家 5A

级旅游景区，是湖州市旅游纪念品销售的重要窗口，在纪念品售卖上，南浔古镇从商品选取、商品设计、产品策略，甚至商品品牌打造等方面做了深入研究与分析。南浔古镇在商品上融入了丝绸文化的丝绸产品，如旗袍、抱枕等，还成立了南浔古镇旅游纪念品品牌——浔迹，并设专门产品运营公司浔迹，对外售卖南浔特色的茶具、书签、湖笔等文创产品。同时综合消费者态度、文化创新、产品策略等多方面设计文创产品，将景区形象融入旅游纪念品中。

2. 符号性

通过对文化基因的提取，南浔古镇从“南浔”二字中各取一字，打造了“小南小浔”卡通形象的玩偶来展现古镇特质。随后融入南浔四象元素创立“浔象元宝”作为南浔古镇与腾讯官方合作电竞赛事的表情包及吉祥物。古镇发起首档网微联动青春偶像励志竞演综艺节目《水晶晶南浔・水晶晶女孩》。南浔古镇自 2012 年起先后注册了南浔古镇 logo 及商标注册、水晶晶商标、丝业会馆、小莲庄、毓秀里等系列文字和图形商标。

（二）南浔古镇 IP 的传播

南浔古镇通过“线上 + 线下”融合的传播手段，扩大了景区的知名度。通过举办“浪游南浔虾客大会”“浪游南浔夏日次元电竞嘉年华”“浔梦环游南浔古镇创意市集”“中秋长街宴”等主题活动线下体验营销方式加强文旅 IP 对游客的吸引力以及游客对文旅 IP 的印象。投放长三角杂志广告《湖区旅游》，投放湖州交通 103.5、浙江交通 93 电台广告等。同时积极发挥线上媒体的作用，广泛注册开通线上媒体平台账号，开通南浔古镇官方微博、南浔古镇官方抖音账号、南浔古镇微信公众号等平台，在线上同步更新线下活动，开展云直播，联合影视平台打造综艺影视节目，扩大 IP 影响力。同时与巨量引擎跨界合作举办“水晶晶南浔・水晶晶女孩”全国选拔大赛；跨界与综艺影视行业合作，《飞奔去月球》《美好的时光》取景南浔古镇。通过线上线下联动的形式带动来浔游客，以活动 + 体验 + 美食等形式升级多层次的消费结构。此外，南浔古镇旅游发展有限公司下设策划品宣部，专门负责设计公司文化 IP 活动，由公司办公室统一管理各类商标。

（三）南浔古镇 IP 的应用

目前南浔古镇已成为国家 5A 级旅游景区，它的历史文化价值和自然风光得到了社会各界的高度认可。为进一步促进南浔古镇文旅 IP 的深入开发与良好发展，南浔古镇积极引入与文旅 IP 相关的优质项目。南浔古镇景区成立水晶晶文创园，推出优惠政策，吸引新兴行业创业者入驻，形成新兴产业孵化园，为未来文创产业发展打下基础。启动太阳酒店、水晶晶广场等酒店类项目，并对接洲际、希尔顿、凯悦等知名酒店品牌进行商务洽谈，同步进行民宿类招商，形成民宿聚落，现已有囿舍、浔书坊等优质民宿入驻。同时响应中央号召，举办浔梦环游南浔古镇创意市集，大力发展夜经济，以夜市 + 演出为吸引人流亮点，丰富夜间文旅 IP 活动。

南浔古镇从自身的形象特点、历史文化、发展现状等角度提取了“江南水乡、古镇、长街宴、水晶晶”等要素，打造了系列文旅 IP，并基于这一系列的文旅 IP 举办了多样化的主题活动。例如，举办浪游南浔夏日电竞嘉年华，开展 cosplay 大赛、宅舞大赛、声优大赛、电竞比赛、coser 巡游等活动；举办以龙虾 + 美食 + 文旅 IP 打造的主题活动“浪游南浔虾客大会”；举办以 cos 赛事 + 电竞赛事为主要形式的“浪游南浔夏日次元电竞嘉年华”；以沿河长街宴、买票送螃蟹等形式举办中秋长街宴和邂逅南浔活动。在文化产业方面，南浔古镇联合电视媒体打造《水晶晶女孩》选秀节目，创作以南浔古镇西施与绣花锦的传说为背景的音乐剧《浔梦江南》，将本土文化与音乐剧相融合，让旅客更深入了解南浔古镇本土文化。

四、南浔古镇 IP 的价值创造

南浔古镇 IP 历经开发设计、媒介传播、市场运营等阶段逐渐开始产生包括经济、文化等方面的阶段性效益。在经济价值方面，一方面通过吸引更多的游客带来更多的门票收入，另一方面通过开发周边文创产品带来新的业态收入；在文化价值方面，通过各种新的方式呈现景区历史文化，让古镇历史从沉睡中重新焕发生机。

（一）南浔古镇 IP 的经济价值

南浔古镇基于自身特色，围绕文旅 IP 建设、开发及应用开展各项活动，不断引入新型业态活动，逐步完善景区产业体系。通过成立水晶晶文创园，提升景区文创产品质量，丰富文创产品种类，提高了文创产品销量；举办各项节庆主题活动，引入了美食、住宿等业态吸引游客入园；联合新媒体，跨界影视行业进行综艺、影视节目拍摄录制，引入影视行业的加盟提高景区的知名度。

南浔古镇以文旅 IP 为基础而开展的各项活动增加了游客消费动机，带动了古镇各业态的升级，促进南浔消费结构转型。

南浔古镇文旅 IP 建设不仅凸显了古镇的地域特色和历史文化，丰富了景区业态活动，促进了消费结构升级，更重要的是加强了对游客的吸引力，增强了客户黏性。以售卖龙虾、精酿、小吃的形式举办美食活动，吸引了来自全国各地的游客，从而一定程度上带动景区门票、游船的销量。举办浪游南浔夏日电竞嘉年华，将二次元文化、汉服文化、电竞文化等新兴文化带入南浔古镇，吸引了年轻群体，促进南浔古镇旅游人群增长，加强了旅游主体对南浔古镇的客户黏性。

（二）南浔古镇 IP 的文化价值

南浔古镇拥有深厚的历史文化和鲜明的地域特色，近年来南浔古镇基于地域特色、当地历史发展背景、人文民俗风情等方面，以“南浔古镇”为主文旅 IP，以“水晶晶”“江南水乡”“丝业会馆”“小莲庄”等为次文旅 IP，形成了一套独属于南浔古镇的文旅 IP 体系。并且“南浔古镇”主文旅 IP 于 2021 年 1 月入选浙江省首批示范级文旅 IP 名录。南浔古镇景区在春节、五一、国庆都会进行水乡氛围的打造，邀请传统习俗传承人进行演艺活动，如舞龙舞狮、皮影戏等；针对团队市场，常年推出水乡婚礼体验；针对研学市场，推出拓版印刷、湖笔制作等体验以及励志讲学等活动。

五、南浔古镇 IP 发展启示

南浔古镇景区在文旅 IP 的打造上运用古镇自身的悠久历史文化积淀，从中提取 IP 的元素风格，率先打造出具有古镇这一形象特色的文旅 IP。此外，对知识产权保护的重视和多元的营销手段是南浔古镇 IP 成功不可或缺的因素。

（一）汲取当地文化特色，提取核心 IP 元素

自 2018 年文化和旅游部成立以来，文旅融合达到新高度，文化和旅游 IP 的开发与应用也成了主流趋势。各省、市、县以及景区的文化和旅游 IP 层出不穷，但其中绝大部分只是昙花一现，究其核心原因在于未贴合当地文化特色，打造出符合当地历史文化与现代特色的文化和旅游 IP。南浔古镇系统梳理了当地发展历史沿革、传统民俗、历史文化、人文风情，从中汲取了“水乡古镇”“水晶晶”“丝绸”“湖笔”等核心元素，联合打造南浔古镇文化和旅游

IP。因此，其他主体单位在开发文化和旅游 IP 时需要深度挖掘当地历史文化，并与现代特色相结合，提取核心 IP 元素。

（二）重视 IP 产权保护，奠定 IP 应用基础

南浔古镇对文化和旅游 IP 的开发过程中值得其他主体借鉴的重要一处便是对知识产权保护的高度重视。多年来，南浔古镇不断挖掘当地历史文化，从中提取核心要素，结合各项活动，进行了南浔古镇的 logo 设计、商标注册等工作对已开发的知识产权进行保护。近年来南浔古镇先后对南浔古镇 logo 及商标、水晶晶商标、丝业会馆、小莲庄、毓秀里等进行了注册与认证，从法律意义上进行知识产权的保护，为后续的文化和旅游 IP 塑造、开发与应用奠定了良好基础与保障。其他主体单位需及时对开发的文化和旅游 IP 进行注册和知识产权保护以便后续活动开展。

（三）营销方式多元化，创新 IP 传播方式

文化和旅游 IP 的营销与传播是文化和旅游 IP 可持续发展的重要一环。从南浔古镇的案例中不难发现其在 IP 的营销与传播上围绕“线上 + 线下”相结合的理念进行了多项活动。通过线下体验营销方式加强文化和旅游 IP 对游客的吸引力以及游客对文化和旅游 IP 的印象。同时积极发挥线上媒体的作用，广泛注册开通线上媒体平台账号，在线上同步更新线下活动，开展云直播，联合影视平台打造综艺影视节目，扩大 IP 影响力。

第四节　小镇类文旅 IP：玛塔玛塔小镇 IP

一、玛塔玛塔小镇 IP 简介

玛塔玛塔镇位于新西兰怀卡托地区，是新西兰北岛的一个盛产奶牛的著名小镇，人口仅有 1.2 万人左右的新西兰乡村小镇。这里是新西兰良种奶牛的培育基地，镇上的居民多以经营农场为主业，是新西兰重要的牧羊区之一。小镇周围有绿草如茵的乳品牧场，是现代世界的世外桃源。新西兰绿水青山、碧空白云，本就是生态环境极好的地方，更是被誉为“人世间最后的净土”。玛塔玛塔小镇拥有至今保存完好的原始大自然，这里充满了原始气息和生命力，白雪皑皑的峰峦，金光灿灿的海滩，碧波荡漾的湖泊，苍翠茂密的原始森林。小镇上一切景区的开发与挖掘都建立在自身资源的基础上，因地制宜，极力避免了“撞脸”情况的发生。

新西兰一直以来以出众的自然风光和历史遗迹受到全世界游客和电影人的青睐。在被“魔幻 IP”激活之前，新西兰应该只算得上一个被称作“上帝的后花园”的存在，大家都吵着想要移民的地方，而在玛塔玛塔小镇被选为《指环王》的取景地后，新西兰多了一个名扬天下的称呼——“中土世界”。玛塔玛塔小镇是魔幻大片《指环王》三部曲和其前传《霍比特人 1：意外的旅行》霍比特人村庄夏尔的主要外景地。在影片中，玛塔玛塔镇被描绘成几乎是与世隔绝的霍比特村，小矮人“哈比族”的家园“哈比村”被大草原和森林怀抱着。在电影拍摄前，导演彼得·杰克森（Peter Jackson）从 1999 年开始便踏遍新西兰两岛，只为寻找风景最优美、地点最神秘、最能够重现 7000 年前风土的地方。历尽波折，彼得导演的视野里终于出现了玛塔玛塔小镇——未来的“哈比村”。如今，“哈比村”是唯一一处没有被拆掉的《魔戒》外景地，而它之所以能保留下来，也是出于意外。因而原本按照合同，应该在电影拍摄完成后被拆除，但是由于一些原因延误了工程，庄园主人亚历山大一家也没空理它。那时候，大家不知道《指环王》后来会那么成功。于是哈比村被保留了下来，如今已经成了“魔戒迷”们的必到之地。在这里，你抬头便可看到飘浮在湛蓝的天中形状各异的白云，清澈碧绿的小溪依偎着村子静静地流淌，村民纯朴安静地生活着。整个玛塔玛塔小镇拥有着 5000 平方米的蔬菜和花圃，小镇上有很多“霍比特式”的建筑，共有 44 个霍比特人洞穴。跨过洞穴，可以来到霍比特人的村庄，大小不一的拱形建筑和圆形小门，门口的栅栏信箱，整个场景和电影里一模一样，让游客有切实置身于电影世界中的独特体验。

玛塔玛塔小镇借由电影魔幻《指环王》IP 吸引力，吸引了大批游客前来参观，华丽转身为世界旅游目的地，成为世界范围内“影视 IP+ 电影小镇”的经典案例。可以说玛塔玛塔小镇的 IP 核心就是由《指环王》IP 的内核加上当地的自然资源禀赋和文化传统构成的，这种特殊的外部资源也是很多电影小镇出现的重要原因。

二、玛塔玛塔小镇 IP 发展历程

《指环王》和《霍比特人》让玛塔玛塔小镇名声大噪，成为新西兰必去的打卡胜地，每年有成千上万“魔戒迷”们来这里参观。现在小镇上出现了很多“霍比特式”建筑，也有很多专门的旅游攻略与网红打卡地，以及等着人们带回家的 IP 衍生品。比如，驱车穿过面积达 1250 英亩风景如画的牧羊场，沿途欣赏一直延伸到卡迈山脉的雄伟景象，感叹大自然的壮观神奇。在这里最有名的当数比尔博的房子——袋底洞，是魔戒和霍比特人的粉丝们一定不可错过的景点，这里正是 Frodo 和 Bilbos 冒险开始的地方。再比如，参观电影中的绿龙酒馆和磨坊等建筑，你将目睹怀卡托一望无际、清新怡人的农田是如何被打造为“中土世界”里夏尔的所在地。在绿龙酒馆，你可以品尝到特别酿制的饮料。最后，欣赏完电影布景后，你可以返回至夏尔餐厅以及夏尔礼品店，在礼品店可以选购心仪的纪念品，因为有些纪念品只有在这里能够买到。

从某种程度上来说，IP 打造可以是从文艺影视作品中衍生出来的，是一种潜在的资产，而影视特色小镇，从某种意义上来说，正是影视 IP 的一种主要表现形式。国际影视制作领域的合作也提振了新西兰的旅游业。以《指环王》为例，该片取景地点范围遍及新西兰南北岛两地共 150 个地方，由冰山走到火山、由农地穿越森林及湖泊。[①] 可见，随着影视娱乐产业及 IP 主题开发的快速推进，影视 IP 主题已成为特色文旅小镇极具代表性的开发类型，进而带动文旅产业快速品牌化、项目化。

三、玛塔玛塔小镇 IP 的开发应用

玛塔玛塔小镇 IP 的开发和利用在某种程度上具有偶然性，这得益于影视作品的取景和传播。但另一方面也具有某种必然性，这体现在小镇能够顺势抓住影视 IP 带来的机遇。

（一）玛塔玛塔小镇 IP 的解码

玛塔玛塔小镇因独特的生态环境和地貌特征被选为大文学 IP《指环王》和《霍比特人》取景地，凭借文学 IP 转化为影视 IP 的途径，成功构建文旅 IP。为了完美呈现哈比族人悠闲的田园生活，剧组人员在电影开拍前一年，就

① 初晓彤 .2 亿美元投影视新西兰经济不走寻常路［N］. 北京商报，2017-05-15.

前往农场主亚历山大的农庄种下了 5000 平方米的蔬菜和花圃，让它们有足够的时间自然成长，因此电影中的哈比村是完全“真实”的美景，连剧中小矮人住家的门、围栏、房舍等都是真实的场景。在玛塔玛塔小镇原有资源的基础上，剧组人员基本上还原了原作中霍比特人的生活场景，实现了文学 IP 中的场景在现实世界中百分百复原，也使得虚拟魔幻文学、自然风貌旅游资源以及影视传播相结合，从而成功构建了玛塔玛塔小镇文旅 IP 的基本框架。

在电影《指环王》和《霍比特人》拍摄结束后，由于诸多原因，最后导致取景地并未按照合同规定被拆除，而是被完整地保留了下来。这一切就像是宿命，拍摄场景的留存注定了玛塔玛塔小镇成为影迷们心中的“朝圣地”，而取景地也由临时外景变成了永恒留存的杰作。在原有拍摄场景的基础上，玛塔玛塔小镇又仿照霍比特式建筑增加了更多的建筑，利用已有的影视 IP，放大得天独厚的风景和地貌的影响力，用大规模的霍比特式建筑震撼游客。场景留存与构建将影视拍摄地由原本的农场放大辐射到了整个小镇，一方面丰富了目的地的旅游资源体系，另一方面也丰富了游客的旅游体验。拍摄场地的留存与管理以及后续仿霍比特风格建筑的建造是不断丰富玛塔玛塔小镇文旅 IP 核心内涵的过程，也是巩固影视 IP 引流成果的必然趋势与走向。

（二）玛塔玛塔小镇 IP 的传播

“新西兰的草原看起来像英国，但是它的山脉却像瑞士的阿尔卑斯，同时它清澈的湖泊又像是在意大利。”原本新西兰以得天独厚的自然风光被世间誉为“人间最后的净土”，但自从玛塔玛塔小镇 IP 构建后，在原有文学作品的基础和引流作用下，新西兰作为“中土世界”闻名，丰富了新西兰在国际旅游市场中的知名度和市场定位，为新西兰旅游多样化发展提供了坚实的基础。借助《指环王》《霍比特人》两个大 IP 电影以及诸多电视综艺，如我国的《爸爸去哪儿》等影视的宣传，快速提升了玛塔玛塔镇的全球知名度。

玛塔玛塔小镇除作为新西兰旅游局官方 Qualmark 认证的“新西兰最优秀的可持续旅游企业”能够获得一些旅游局官方的旅游宣传资源外，玛塔玛塔小镇的宣传主要还是来自传统的电视、电影媒介。从网络上搜索，关于玛塔玛塔镇的宣传主要来自一些营销平台，如国际旅游 OTA 猫途鹰，我国的马蜂窝、小红书等平台。与很多旅游景点不同的是，玛塔玛塔小镇作为旅游景点并没有独立的社交媒体账号，而是依托于新西兰旅游局的官方网站、社交媒体账号“100%纯净新西兰”进行线上的宣传。虽然玛塔玛塔小镇是一个非常成功的旅游IP，但是在传播营销方面还有所欠缺。

（三）玛塔玛塔小镇IP的应用

随着越来越多影迷来到“中土世界”打卡，玛塔玛塔小镇为满足游客接待的需求，不断完善相应的旅游基础设施。将电影中的酒馆等充分利用起来，不仅作为游客打卡地，同时也用作旅游餐饮设施，使得游客在参观电影中的绿龙酒馆和磨坊等建筑的同时，也能品尝到特别酿制的饮料，目睹怀卡托一望无际、清新怡人的农田。除此之外，小镇还建设有餐厅和礼品店，游客可以在这里购买到仅在玛塔玛塔小镇才能买到的纪念品。玛塔玛塔小镇还配有专门的旅游信息中心，为游客提供有关这个地区的各种信息。

玛塔玛塔小镇距离奥克兰有2小时的车程，距离汉密尔顿和罗拓鲁瓦月45分钟车程，该地距离人流量大的城市不远。在原取景地的牧场中有一家名为夏尔的咖啡馆，为游客提供一系列农场体验活动。其中，牧羊场体验活动可以让游客了解到新西兰的牧羊知识，并有机会参加剪羊毛示范活动，甚至还可以用奶瓶喂哺羊宝宝。目前，霍比屯地区有44个霍比特人洞穴，一周七天都开放。当地导游每15分钟便可以带领一组游客游览这10英亩的电影场地，向游客们讲述关于建造霍比屯和拍摄电影的种种奇闻趣事。游览地包括经过重修的粗壮葳蕤的橡树，还有霍比特人比尔博和佛罗多巴金斯的洞穴等。

玛塔玛塔小镇除了在应用场景上将自然村庄与电影等影视相结合外，在跨产业领域中，也有着良好的成效。玛塔玛塔小镇在声名大噪之前，就是一个畜牧业鼎鼎有名的村庄，我国许多牛奶厂商都从那里进行采购。在成为有名的旅游胜地之后，通过文旅IP的打造，文化与旅游产业的相结合，能够带动本地畜牧业的再次发展，并将玛塔玛塔小镇的牛奶品牌知名度推向世界。

四、玛塔玛塔小镇IP的价值创造

玛塔玛塔小镇文旅IP的发展极大地促进了新西兰的旅游和经济发展，提升了新西兰作为旅游目的地的知名度和美誉度。

（一）玛塔玛塔小镇IP的社会价值

玛塔玛塔小镇IP的成功一方面对小镇的经济发展起到了推动作用，另一方面通过吸引更多的人来到这里感受、体验大自然的美，使人们更加珍惜、爱护大自然。这不仅对新西兰当地的环境生态保护有一定的积极作用，而且有利于世界各地的环境保护。

（二）玛塔玛塔小镇 IP 的经济价值

充满神秘色彩的玛塔玛塔小镇是被“魔幻 IP”激活的典型案例，电影《指环王》的出现让这片祥宁的新西兰土地化身为“中土世界”的旅游胜地。与此同时，国际影视制作领域的合作也实实在在地提振了新西兰的旅游业。据新西兰政府的统计，18% 的游客表示选择来新西兰是受到电影《指环王》和《霍比特人》的影响。

2014 年至 2018 年年底，以《指环王》和《霍比特人》电影产业为推动力，不局限于玛塔玛塔小镇，从旅游交通、食宿以及相关业态考虑，电影产业为新西兰创造了 2.47 万个岗位，带动 1.4 万人次就业。

玛塔玛塔小镇这个文旅 IP 作为《指环王》和《霍比特人》在现实世界的投影，每年给新西兰带来 33 亿新西兰元收入，真正实现了“影视拍摄”与“影视旅游”的良性循环、“文”与“旅”的联动发展。

五、玛塔玛塔小镇 IP 发展启示

玛塔玛塔小镇的成功从某种层面上说是必然，无论是原著和影视 IP 在国际上的火爆，又或者是新西兰在游客心中特殊的地位，都奠定了玛塔玛塔小镇 IP 成功打造的基础。

（一）火爆 IP 不断引流

《指环王》与《霍比特人》本就是有名的文学 IP，其经过影视化之后粉丝和流量更是成倍增长。玛塔玛塔小镇作为这两部电影中霍比特人生活的村庄的取景地，在粉丝心中早已奠定了不可动摇的地位，充分发挥了文旅 IP 的引流效果。随着《指环王》和《霍比特人》这一系列影视作品影响到更多的人，玛塔玛塔小镇会持续享受自带的流量红利，从而达到持续引流的效果。

（二）挖掘内涵创造价值

玛塔玛塔小镇没有过度开发《指环王》和《霍比特人》的影视 IP，在充分意识到被选为取景地的本质在于生态与地貌特征后，比起过度开发与改造，玛塔玛塔小镇选择最大限度地保留原生态，保留并还原剧情里最本真的样子。以霍比特式建筑为核心，不过多加工，为游客充分保留了惊喜，正是这份还原使得玛塔玛塔小镇能够源源不断地吸引游客，达到口碑传播的效果，从而创造更大的价值。

（三）影视 IP+ 主题小镇模式

玛塔玛塔小镇模式是现有 IP 与取景地充分结合的模式，是典型影视 IP+ 主题小镇的模式，再一次印证了 IP 小镇打造的可能性。在充分还原 IP 场景的同时，增加旅游服务所需要素，充分发挥小镇对区域经济的带动作用。不同于很多旅游小镇是先有 IP，再有小镇，小镇就需要有构思、有创新、有植入的方式的建设。而玛塔玛塔小镇成为 IP 之前，它就已经在那里了，是经过《指环王》和《霍比特人》两大电影 IP 的加持，才让玛塔玛塔小镇在全世界声名大噪，发展文旅 IP 的好处显而易见。

第五节　乡村类文旅 IP：中国英台之乡 IP

一、中国英台之乡 IP 简介

“英台故里”——祝家庄，位于浙江省绍兴市上虞区东南，距市区 7.3 公里。玉水河畔祝家庄，梁祝故事传千年。祝家庄村是经典爱情故事“梁祝传说”中祝英台的故乡。祝家庄地处半山区，南、西、北三面环山，庄前有“玉水河”，河呈南北长条形，与开凿于西晋的四十里河贯通。现尚存有祝氏祖堂、玉水河、井空泉、药师寺等与英台文化相关古迹，充分体现了梁祝文化悠久的历史积淀和深厚的文化内涵，是独具文化特色的乡村旅游地。

“中国英台之乡”这一文旅 IP，展示了对爱情的追求，反映人类永恒的主题；对知识的渴望，反映了人类高层次的需求；对自由平等的肯定，闪烁着人文主义思想的光辉；对美的展示，提升了人类的审美期待。此外，“中国英台之乡”这一文旅 IP 也反映了上虞地区深厚的吴越文化积淀。虞舜深厚的文化积淀孕育了一个追求知识、追求爱情、追求自由平等的祝英台，吴越民俗影响了一个刚强的性格和不满足于现状、勇于进取的祝英台，同时也在向世界展示她迷人的风采和永恒的生命魅力。

二、中国英台之乡 IP 发展历程

2006 年 2 月，中国民间文艺家协会正式批文，授予梁祝传说地之一的浙江上虞市“中国英台之乡”的称号，并在上虞举行授牌仪式；2011 年《中国旅游报》刊登了祝家庄景区的相关介绍，提升了国内知名度；2019 年 1 月，瑞丽《伊人风尚》向年轻女性群体介绍了中国英台之乡；通过举办“上虞祝家庄国际单车山地速降邀请赛”，吸引了众多游客走进祝家庄感受跨越千年的传奇之恋。另外，该项目还被评为 2020 年浙江省运动休闲旅游优秀项目。一直以来，作为梁祝传说地之一的上虞紧紧抓住英台之乡这一文化 IP，力争将其打造成文旅资源。虽然全国有数个梁祝传说地，但上虞在文化寻根、故事挖掘上始终走在前列。在梁祝文化的基础上，上虞结合当地乡土文化举办各种文化体验活动，将英台之乡 IP 从面上资源打造成实实在在惠福大众的经济文化资源。

三、中国英台之乡 IP 的开发应用

英台之乡文旅 IP 的设计有其得天独厚的优势。以历史悠久、传播面广的梁祝爱情故事为主题开发一款充满文艺、爱情气息的 IP 形象，在中国文旅 IP 中算得上是独树一帜。借助梁祝故事已经深入人心的优势，在 IP 传播上着重突出其活动、产品的创新之处。在应用上围绕凄美的爱情故事设计有意思的体验活动和创意产品赢得顾客的喜爱，同时推广弘扬中国优秀的传统文化。

（一）中国英台之乡 IP 的解码

“中国英台之乡”文旅 IP 以中华爱情第一村——祝家庄和祝府及其周边生态空间为原生地，以千年传唱的“梁祝”文化为传承力量，以虞舜大地的文化积淀和社会民俗为纽带，打造追求自由、追求爱情、追求知识、追求平等的 IP 形象和 IP 价值观。

千年流传的爱情绝唱《梁祝》在今天还富有旺盛的生命力，最本源的力量来自祝英台的勇敢和追求，和她身上闪现着的中国传统女性的光辉。英台之乡 IP 的内核就是来自祝英台身上的那股勇敢执着、不屈不挠的追求自由爱情的精神，同时汲取吴越文化中的进取精神，形成英台之乡文旅 IP 的主题。

（二）中国英台之乡 IP 的传播

1. 传播手段

制订全年度的宣传营销方案，传统媒体与新媒体相结合，全方位、多渠道、立体式宣传。通过“网络直播、网络图文、网络办节、网络短视频”等方式，搭建旅游线上图文、短视频、直播、VR 虚拟旅游等平台，开展“云端式”宣传，引导“云端旅游、云端购物”；以“诗画曹娥江·品质上虞城”为主题，进一步巩固电视、报纸等传统主流媒体和公共交通、户外大屏等硬广宣传营销平台；利用节庆活动、热点事件，策划推出一系列互动话题、体验活动、奖励环节，带动广大群众参与微信、微博、抖音活动。

2. 传播力度

在诗画浙江·文旅资讯头条号、网易号、搜狐号、百家号、简书号等平台同步推广发布“中国英台之乡”IP；与抖音短视频大平台合作策划宣传推广“中国英台之乡”IP；《绍兴日报》专版报道了中国英台之乡；《中国旅游报》上刊登了祝家庄景区的相关介绍；《瑞丽伊人风尚》2019 年 1 月刊对中国英台之乡进行了有关宣传。

3. 传播成效

2006 年 2 月，中国民间文艺家协会授予上虞“中国英台之乡”的称号；国家非遗《梁祝传说》保护人陈秋强将上虞祝家庄“中国英台之乡”的名号传于日本，受到日本梁祝文化专家的重视认同；2011 年《中国旅游报》上刊登了祝家庄景区的相关介绍，提升了国内知名度；举办了“上虞祝家庄国际单车山地速降邀请赛”，吸引了众多游客参与，并荣获 2020 年浙江省运动休闲旅游优秀项目称号；举办了寻找祝英台旅游节等全国性节庆活动，反响良好；在携程、马蜂窝、微博等新媒体平台上获得好评，有多位旅游达人打卡发布攻略。

（三）中国英台之乡 IP 的应用

1. 溯源地应用

“中国英台之乡”文旅 IP 引领文化和旅游深度融合，对上虞文旅融合在主题、产品和业态上都具有巨大的推动作用。首先在空间上，上虞区确定了一体两翼三大走廊的发展格局，其中梁祝文化风情小镇是两翼中的重点板块。其次在旅游产品开发上，“中国英台之乡”文旅 IP 开发了中华爱情第一村、梦蝶小镇和“她”主题人文美学街区等人文主题景区，催速了上虞文化的地域化展示。再次在业态延伸上，打造了 SHE 主题业态，如主题人文酒店、女性视角下的生活美学空间等。最后在节会活动上，举办了“爱情第一村”旅游节会活动和相亲活动，反响良好。

2. 跨省域应用

“中国英台之乡”文旅 IP，根植于梁祝文化，这场被称为“中国版罗密欧与朱丽叶”的旷世奇缘，自 1600 年前的晋代形成以来，主要流传于宁波、上虞、杭州、宜兴、济宁、汝南等地。梁祝传说在流传的过程中，各地人民又不断丰富发展传说的内容，甚至还兴建了众多以梁祝传说为主题的墓碑和庙宇等建筑。

3. 跨境域应用

2006 年梁祝传说经国务院批准列入第一批国家级非物质文化遗产名录。梁祝传说是一则凄婉动人的爱情故事，与《孟姜女》《牛郎织女》《白蛇传》并称中国古代四大民间传说，而其中又以梁祝传说影响最大，无论是其文学性、艺术性和思想性来说都居各类民间传说之首，是中国最具影响力的口头传承艺术，也是唯一在世界上产生广泛影响的中国古代民间传说。梁祝传说还流传到朝鲜、越南、缅甸、日本、新加坡和印度尼西亚等国家，其影响之大在中国民间传说中实属罕见。

梁祝传说在流传过程中被鼓词、故事、歌谣、传奇、木鱼书、戏剧、曲艺、音乐等艺术形式接受，从而使梁祝传说在民间广为流传，成为中国最具辐射力的口头和非物质文化艺术，并形成了庞大独特的梁祝文化。在日本就有日本话剧《梁祝》、DVD 及其每年公演。

四、中国英台之乡 IP 的价值创造

从 2000 年以后祝家庄和上虞就开始在向外界介绍推广英台之乡这一文旅 IP，经过几年的努力终于获得了国家的和社会上的认可。紧接着又开始紧锣密鼓地发掘 IP 形象背后的社会、经济和文化价值，为当地的快速发展注入新的动力。

（一）中国英台之乡 IP 的社会价值

2006 年梁祝传说经国务院批准列入第一批国家级非物质文化遗产名录。

浙江省非遗梁祝传说传承人陈秋强，向青少年讲述故事，组织国内外相关专家学者共同举办梁祝传说专题学术研讨会，成立上虞英台文化研究会，积极推广梁祝传说文化；创新乡村旅游体验新形式，打开祝家庄景区“故事型”景区新局面；大力发展梁祝文化文创产业，积极吸引文创人才创业回归；丰富具有国际影响力的“梁祝文化”内涵，丰富与鼓词、故事、歌谣、传奇、木鱼书、戏剧、曲艺、音乐等传统与新型艺术形式的结合。日本的梁祝文化专家、学者渡边明次等日本友人曾先后三次走进英台之乡，并表示上虞祝家庄是非常吸引他的地方，他还会再次探访上虞，将上虞这块诞生过梁祝美好传说的遗存推介到日本。

（二）中国英台之乡 IP 的经济价值

“中国英台之乡”文旅 IP 的发展带来了一定的经济效益。以“梁祝传说”为核心宣讲“英台之乡”故事，提升了品牌市场影响力；设计开发制作一系列的文创衍生品，产生了良好的市场效益；举办各类旅游节活动和相亲活动，吸引了大批游客前来参加；组织一系列的休闲体验类活动，展示梁祝文化，丰富了品牌内涵；未来规划发展女性视角美学空间、女性创新创业基地，培育以女性为主体的新市场。

（三）中国英台之乡 IP 的文化价值

借传统文化中对美好爱情的愿景，宣扬积极向上的爱情观；梁祝爱情体现了对男女平等的追求，弘扬自由平等的精神思想；以英台“化装求学”为背景，宣扬“教育为本”的理念；展示吴越文化，传递不满于现状、勇于进取的吴越精神。开发了一系列的“中国英台之乡”文创衍生品：泥塑、爱情伞、学习用品等。从祝英台的文化 IP 延伸到“她”文化产业，彰显女性视角下的传统美学与现代美学的碰撞，同时为追求独立、热爱自由、追逐梦想的都市女性度身打造的创意休闲空间。从传承中创新，丰惠镇小和祝家庄小学成为英台文化传承基地，借用现代化手段把故事绘成图画，做成课件边放映边讲解。与时俱进，因势利导，在口述《梁祝传说》时有意淡化恋爱的内容，突出了祝英台女扮男装求学杭城这一情节，突出了英台爱学习、求知识的一面。

五、中国英台之乡 IP 发展启示

英台之乡 IP 的出现既可以说是文旅 IP 发展的一次探索也可以说是一种应

运而生。在文旅 IP 的打造上，英台之乡起步较早，在 2006 年之前就开始布局探索，在文化上具有得天独厚的优势使得 IP 形象的塑造能够深入人心，加之紧跟当下的特点话题，开展各种线上线下的活动，使以往沉积的文化资源再一次焕发生机。

（一）挖掘当地文化，提炼文化旅游 IP

祝家庄村从“梁祝传说”的经典爱情故事入手，以虞舜大地的文化积淀和社会民俗为纽带，打造“中国英台之乡”IP，向人们传达出追求自由、追求爱情、追求知识、追求平等的 IP 形象和 IP 价值观。因此，在打造文旅 IP 时需要深度挖掘当地历史文化，并与现代特色相结合，提炼独特的文旅 IP。

（二）产业融合发展，提升文旅 IP 形象

“中国英台之乡”IP 的发展过程中，不仅注重对“梁祝”文化内涵的挖掘，而且注重产业融合创新发展。“中国英台之乡”IP 与社区功能融合：引进“英台故里，春风蝶语”乡村版未来型社区，打造英台文化的未来社区；“中国英台之乡”IP 与动漫游戏融合：打造祝英台的动漫，开展各类戏曲演出，形成较大的市场影响力；“中国英台之乡”IP 与体育运动融合：开展英台故里祝家庄单车山地速降，荣获省运动休闲旅游优秀项目；“中国英台之乡”IP 与文创融合：打造梁祝文创产品，形成积极的市场影响力。“中国英台之乡”IP 与节庆活动融合：举办了“爱情第一村”旅游节会活动和相亲活动，反响良好。“中国英台之乡”IP 通过与社区、动漫游戏、体育、文创等相关产业相融合，全方位挖掘“梁祝”文化 IP 的内涵，进一步提升“中国英台之乡”IP 形象。

（三）营销方式多元，构建全面营销体系

“中国英台之乡”IP 通过传统媒体与新媒体相结合方式，全方位、多渠道、立体式宣传，通过网络直播、网络短视频等方式，搭建各类旅游平台，并利用节庆活动、热点事件，策划一系列丰富多样的活动，燃起人们的热情，积极参与微信、微博、抖音活动，加速“中国英台之乡”IP 与全国各地不同文化的交融以及对世界不同地区的展示，全方位构建“中国英台之乡”IP 营销体系。

第六节　乡村类文旅 IP：大力水手村 IP

一、大力水手村 IP 简介

大力水手村位于欧洲的地中海岛国马耳他本岛的西北端，也叫 Sweethaven 村，是世界知名的以动漫元素为主题的文化和旅游目的地，同时也是欧洲家庭度假理想的地方，马耳他著名的文化旅游胜地。大力水手村是一个因动漫人物而诞生的小村庄，以知名动漫人物“大力水手”作为主题打造而成，在打造过程中充分将动漫元素融入村庄的建设中。大力水手村是按照孩子们最爱的动画片大力水手里的场景而建的，素材来自 1980 年派拉蒙电影公司和迪士尼公司根据 E. C. Segar 所创作的《大力水手》连环画。这个童话般的村落由 165 个工人花费 7 个月建成，村内设有理发店、面包房、锯木厂、鱼店、邮局、鞋匠铺，各类业态应有尽有，能够很好地满足当地居民和游客的实际需求。

大力水手村通过乡村的新业态、新模式、新产品不断地增加村庄的吸引力，并大力发展文化旅游业进一步带动村庄的发展，增加当地村民的收益。近年来村庄年均接待上百万人次的游客，为当地居民创收增加了重要途径，使村民收获了更多的幸福感。

小镇除保留并进一步还原动画片场景外，还增添了以“大力水手”为主的娱乐项目。在动漫 IP 的带动下，小镇把菠菜打造成最受欢迎的蔬菜，在小镇的各个角落都能看到与漫画同款的菠菜罐头做成的装饰物，餐厅内菠菜汤则是最畅销的菜肴。在这样一个个生动的还原漫画中的人物、景观，甚至是漫画中的食物的布局中，完美呈现了大力水手作为一款 IP 的生态布局。马耳他通过大力水手这款动漫 IP 精准定位村落的发展格局，开发各种游戏体验活动吸引游客，同时设计各种衍生产品带动商品经济发展，最终成功打造了属于大力水手村的一款 IP。

二、大力水手村 IP 发展历程

大力水手 IP 的诞生经过了创意形成、创意开发和创意实践三个阶段。当地政府和企业充分利用外部已经形成的市场资源和自身优质的地理环境条件，打造了大力水手村落自然旅游景观于一体的休闲度假胜地。

（一）创意由来

大力水手村原本叫 Sweethaven 村，在几十年前是个“与世隔绝”的小乡村，同马耳他其他村庄一样并无特殊之处，大力水手村名字的由来要归功于美国知名动漫《大力水手》。《大力水手》是创作于 1929 年的美国《Popeye the Sailor》连环漫画里的主人公，漫画一经问世就大受欢迎，甚至引起当地食用菠菜的热潮。1933 年，Fleischer Studios 将漫画拍成卡通电影短片，由派拉蒙电影公司（Paramount）发行，在拍摄电影短片的过程中，为了更好地还原动漫中的场景，导演组在全球范围内寻找合适的取景地，最终因为马耳他美丽的风景与原著高度的契合度，选择了这里的 Sweethaven 村作为取景地，从此这个不知名的小村庄就开始跟大力水手建立了紧密的联系。

（二）启动建设

电影公司在选定 Sweethaven 村以后，由于村庄的发展现状并不能满足拍摄的实际需求，于是决定对村庄进行了统一的建设，村庄的正式建设开始于 1979 年 6 月，耗费 165 名工人历时 7 个月完成。由于马耳他没有森林，为了建造理发店、面包房、锯木厂、鱼店、码头、邮局、鞋匠铺，甚至还有墓地等 19 间真实的木头房子，导演组专门从荷兰进口了上百根原木和几千块木板，并从加拿大进口了用来建造屋顶的木瓦，就为了让房子更符合原著。整个村庄全木结构的房屋也按照 20 世纪 20 年代的外观风格建造，导演组还一口气预订了 9000 升油漆，让村庄看起来更加色彩纷呈。此外，导演组在安可湾附近的河口建了一座 60 多米的防波堤，保护布景在拍摄期间不受到海浪和潮汐的影响。在经过 7 个月的建设后，村庄已经有了焕然一新的面貌，初具大力水手村的雏形。

（三）IP 的诞生

电影拍摄完毕以后，按照原来的规定本应该对村庄的面貌进行还原，拆除后面增加的建筑景观。但是由于电影的拍摄增加了这个小村庄的知名度，吸引了一些游客到现场进行参观，让村庄获得了一些发展旅游业的收益，同时电影大力水手扮演者罗宾·威廉姆斯（Robin Williams）也建议保留村庄现在的风貌。于是马耳他政府在综合考虑之下选择了保留村庄，免收剧组土地使用费，并将小村命名为“大力水手村”，这样村庄正式由 Sweethaven 村变成了“大力水手村”。之后当地政府还设立了旅游部门，由专人负责运营管理，并在保留原有场景的基础上做了一系列的改革，进一步还原动画片场景，大力水手村的游客进一步增多，知名度也逐渐提升。至此，大力水手村 IP 正式诞生。

（四）IP 的发展

村庄的管理者在看到因发展文化旅游业而带来的创收后，不断加大对 IP 发展的投入，进一步丰富村庄的产品和服务。为了吸引更多游客，除了电影本身的元素以外，村内还增加了以“大力水手元素”为主的娱乐项目，如游戏屋、博物馆、电影院等。游客可以在村里的 Lower Complex 中心观看动画节目，还可以观看 1980 年罗宾主演的大力水手真人版电影。村里的一些房屋还配备了与拍摄有关的各种道具，游客可以自己扮演大力水手，体验拍摄电影的过程和乐趣。村内还增加了大力水手情景剧，号召游客参与到表演中，让游客穿上各式各样的村民服装，重温《大力水手》的经典情节，得到沉浸式体验。情景剧拍摄成片后，参与演出的游客会获得一套由自己参与演出的《大力水手》DVD 纪念片，纪念片上还会有自己的名字。此外，村内还保留了几个拍电影时建的小屋，打造成专门的拍摄地，为游客提供打卡拍照服务。

三、大力水手村 IP 的开发应用

十里不同风，百里不同俗，每一个地方都有属于自己的独特资源可以开发利用。马耳他岛上的大力水手村借助影视作品带来的知名度，开发出属于当地特色的文旅 IP 来提升当地的经济、文化发展。在 IP 的经济价值转换上，抓住村落景区的大力水手 IP 主题，设计各种体验感强的活动和游戏，吸引世界各地的游客前来游玩，提升当地的经济发展水平。

（一）大力水手村 IP 的解码

大力水手村因作为电影《大力水手》的拍摄地而知名，随着大力水手的名气远播，大力水手村也成为热门的旅游目的地。大力水手村 IP 的发展可以说和大力水手这个动漫 IP 的发展有着千丝万缕的关系。大力水手的形象创作于

1929 年，经历了近百年仍然十分受欢迎。漫画中大力水手爱吃的菠菜具有强身健体的神奇功效，这其实来源于一场误会。1870 年，德国化学家沃尔夫在检测时不小心将 100 克菠菜里含有 3.5 毫克铁写成了 35 毫克，这一下就放大了菠菜的营养价值。大力水手这一漫画角色的出现因此一度推动了美国菠菜市场的发展，如今机缘巧合之下又为大力水手村的发展起到了助推作用。随着大力水手这一动漫 IP 的不断发展，大力水手形象也成为坚强勇敢文化的一种象征。

（二）大力水手村 IP 的传播

大力水手人物个性鲜明，故事曲折离奇，充满一种积极向上的价值观和趣味性。大力水手自身便拥有巨大的粉丝流量，因此，最开始到访大力水手村的游客多数的出游动机是因为大力水手这一动漫。起先村庄的发展主要是依靠大力水手这一动漫作为宣传载体，当时许多去马耳他大力水手村的游客是大力水手漫画、电影作品的粉丝。随后，随着大力水手村 IP 自身的知名度不断增加，相关的业态、产品和服务不断加强，开始吸引更多游客为村庄的实质性体验而慕名前来。伴随着村庄知名度的提高，粉丝数量也越来越多，强大的粉丝效应开始产生。

（三）大力水手村 IP 的应用

当地政府为了促进大力水手村更好地发展，提升 IP 的知名度，继续扩大 IP 的自身价值，在村庄的业态设置上不断推陈出新，以游客的实际需求出发，不断丰富村庄的体验内容。当地的管理者十分清楚如果村庄仅有旅游观景点是远远不够的，要发展旅游观光产业，想在众多景点中脱颖而出，就要在互动中增加体验游戏，将 IP 的核心价值和文化内涵融入游戏中，让游客在互动体验中深入当地村庄、融入当地文化，轻松愉快地度过休闲时光。所以管理者依托当地的海岛环境，开发出了木偶戏、博物馆、小电影制作等丰富多彩的活动，拓宽了产业链，丰富游客的旅游体验，各类层出不穷的衍生品更是为游客的“大力水手”之旅画上了圆满的句号。

四、大力水手村 IP 的价值创造

在打造大力水手村 IP 之前，马耳他作为一个地中海区域的群岛国家，就已经拥有得天独厚的影视剧拍摄环境。除了自身独特的地中海风景外，岛上还有法国南部和意大利风格的建筑风光，甚至能找到独具中东特色的建筑群落，以及与南美秘鲁相似的风景，这些特点为跨地域影视剧的取景提供了便捷的选择。一些国际知名的电影都曾在这里取景拍摄，其影视拍摄文化逐渐得到了积累。这给马耳他岛的影视文化产业的发展提供了得天独厚的地理优势。

在大力水手村获得成功以后，进一步增加了马耳他的知名度，让马耳他的影视拍摄文化底蕴更加深厚，成为众多影视拍摄的候选地，其中包括知名的《刺客信条》《海岸情深》《僵尸世界大战》《危机 13 小时》《慕尼黑》《特洛伊》《菲利普船长》《角斗士》《达·芬奇密码》以及《权力的游戏》等许多影视剧都曾在此取景，马耳他也因此被誉为“地中海上的好莱坞”。

除此之外，当地政府和企业积极发展与“大力水手”IP 相关的产业，如开发与大力水手有关的游乐设施和活动体验，发展粉丝经济。通过发展周边产业，形成闭合产业链，带动小镇经济发展。比如，大力水手村为了更深入“大力水手”动画形象，生产菠菜罐头；在酒吧售卖菠菜汤等，将核心 IP 深入其他行业中，发展其他行业，形成闭合产业链，扩大了 IP 的推广范围。

五、大力水手村 IP 发展启示

大力水手 IP 的成功离不开外部机遇的出现，但更离不开当地人们对文化 IP 的转换和用心经营。虽然大力水手在全世界的传播给马耳他带来了一定的发展机会，但如果仅仅用单一的影视作品 IP 去吸引游客很难实现其经济价值。于是大力水手村在原有 IP 形象基础上，通过与其他产业的融合，来带动当地的旅游和商品经济发展。

（一）根据资源禀赋定位 IP 主题

文化和旅游目的地的主题是留给游客最直接的印象，也是目的地鲜活文化的体现，必须围绕目的地文化自然资源和历史人文景观，在厘清文化内涵和联系的基础上，尽量把目的地所有历史文化串起来，统一到文化主线上来，统一到一个主题 IP 标签上，展现独特的文化意蕴，提升各景点、旅游产品之间的凝聚力。大力水手村就是充分利用影视拍摄遗留下来的动漫元素，形成自身的特色文化内涵，将大力水手这一元素进行放大化，并结合生产附属的业态和产品形成 IP 主题。类似的案例还有英国莎士比亚故居小镇，文化主线十分清晰，整个小镇以莎士比亚的 IP 主线，展现莎士比亚出生、读书、生活到归隐逝世整个生活历程。镇上每一处店铺、每一条街区，甚至每一个休息座椅，都和莎士比亚有关。同时，小镇举办的各类文化活动，也是和莎士比亚生活历程相关。再如安徽西递遗产小镇，围绕古徽州文化遗产和非遗传承两大古徽州 IP 主线，把历史文化场景贯穿于小镇的衣、食、住、行、玩等各个方面，以古村落、古民居静态展示和传统徽州婚俗表演、民俗祭祖等动态历史文化活动，重现古代徽州地区生产、生活场景，让游客一提到“徽州文化”，就会想到西递遗产小镇。

（二）依托整合传播定位 IP 形象

一旦文化和旅游目的地具备 IP 属性，可以使游客更快速地对旅游目的地有形象上的认识，通过 VI（视觉识别系统）设计、旅游项目打造、影音作品创作、文创产品设计等，让旅游 IP 具有强个性化的独特吸引力。在文化和旅游目的地 IP 设计方面，必须考虑如下因素：

第一，IP 设计必须考虑到当地的人文精神，即 IP 的核心价值观，这是 IP 的灵魂，是 IP 蕴含的隐形因素，也是符号设计最为困难的因素，但它一旦表达成功，与受众价值观产生共鸣，则影响力是深远的，这是忠实粉丝形成的基础。

第二，IP 设计必须将符号表达与多媒介演绎转化相结合，有利于实现 IP 的整合传播。对于游客来讲，IP 是形象认知的产品，是简单鲜明有特色的元素和符号，应该具有扩展性。除了大力水手村以外，国内的部分 IP 案例也采用的这种模式。例如，浙江大云镇推出“云宝”IP 形象，安徽殷港艺创小镇推出“学豹”IP 卡通形象等，通过短视频、微信表情包等方式，借助全媒体传播小镇形象。

第三，IP 要与文化旅游产业进行深度结合，并以载体的形式，更好地为文化和旅游业服务。将 IP 设计形象与目的地的打造、旅游线路的串联、旅游产品的设计、旅游项目形象设计以及基础设施等有机结合，使之整体上协调统一。

（三）整合资源延伸 IP 应用

IP 开发的目的是更好地应用，文旅 IP 作为文化旅游业的载体，是为了促进产业的高质量发展。借助 IP 带来的强大粉丝效应以及自身的产权价值，通过加强自身创造或跨界联合的形式，将 IP 的核心价值和文化内涵具象化、产品化，从知识产权转变为实际可体验、可感受、可消费的产品或服务。反过来，高质量的产品和服务又可以进一步丰富 IP 的核心价值和文化内涵，进而促进 IP 的向好发展，形成良性的 IP 闭环链条。随着产业的融合，文旅 IP 的跨界延伸应用越来越多出现，其不仅在文化和旅游领域发挥价值，更能够在其他产业发光发热，这对于促进地方的整体经济，加强社会的整体供给起到了很好的带动作用。

第十二章　景区景点类文化和旅游 IP

第一节　华强方特 IP

一、华强方特 IP 简介

“华强方特”是由华强方特文化科技集团股份有限公司打造的方特系列主题乐园 IP，旗下拥有 8 个完全自主知识产权的主题乐园：“方特欢乐世界”“方特梦幻王国”“方特水上乐园”“方特东方神画”“方特东盟神画”“方特丝路神画”“方特国色春秋”以及“方特东方欲晓”，现已在安徽芜湖、辽宁沈阳、山东青岛、山东泰安、山东济南、河南郑州、湖南株洲、福建厦门、天津、甘肃嘉峪关、山西大同、浙江宁波、广西南宁、河北邯郸、四川绵阳、江西赣州等地投资建成 20 余座主题乐园。华强方特作为国内全产业链运营的企业，从主题乐园创意设计、研究开发、内容制作、施工建设、到市场运营，具有成套设计、制造、出口的体系。该企业通过打造一个又一个的方特主题乐园，不断为全国各地带去更多的欢乐，让“华强方特”IP 享誉全国。

二、华强方特 IP 发展历程

华强方特发展主题乐园已有十几年时间。从最早的为主题乐园提供技术和设备，到开发属于自己的第一个产品，再到真正实现拥有自主知识产权的主题乐园 IP，最后在 IP 建设之路上不断壮大繁荣，华强方特 IP 的发展历程有力地证明了 IP 建设在文化和旅游业发展中起到的绝对价值。

（一）华强方特 IP 的诞生

21 世纪初，华强方特推出自己的首个终端市场产品“方特乐园”，该产品在当时虽较为新颖，技术上也较为先进，但是从市场角度来看，该产品经济效益并不高，缺乏一定的持久力。在这个基础上，集团开始寻求发展思路的转变，开始聚焦于市场上发展较为成熟的主题乐园，进入辐射更广的旅游领域。2007 年，华强方特推出了文化旅游领域的第一个产品——芜湖方特欢乐世界，利用自身的技术优势完美地实现了“文化 + 旅游”的融合，打造了属于集团的第一个真正意义上的文化旅游产品，标志着华强方特文旅 IP 的正式诞生。

（二）华强方特 IP 的发展

在芜湖方特欢乐世界取得不错的反响以后，为不断巩固自身的主题乐园业务，华强方特集团内部重新梳理总结了自身的优劣势和市场的发展需求，在充分吸收多方意见后，集团认为要在 IP 领域进一步深耕，打造更多能够为主题乐园服务的子 IP 及相关衍生品。2008 年，华强方特开始向动漫产业拓展，2012 年，《熊出没》一经推出，便迅速火爆全国，位列当年“中国动漫指数”榜单之首，后续《熊出没之夺宝雄兵》又刷新了当年的动画票房。《熊出没》动漫子 IP 的成功让华强方特集团更加认识到 IP 建设的重要性，华强方特 IP 的打造和衍生成为后来集团发展的核心战略。到目前为止，华强方特已经有八大子 IP，并且开始向海外进行延伸，未来华强方特集团还将继续深耕 IP，形成 IP 储备库，推进 IP 衍生品开发和授权业务的发展，提升华强方特 IP 的综合效益。

三、华强方特 IP 的开发应用

华强方特 IP 让文化插上科技的翅膀来到游客面前，让更多的人聆听中国故事，追溯中国的复兴之路，畅想中国的美好未来。秉承着“让世界更欢乐”的企业使命，围绕品牌理念和企业文化内核，华强方特跨领域、多区域应用，引领中国文旅行业的发展。

（一）华强方特 IP 的解码

“让世界聆听中国故事”是华强方特一直以来肩负的责任和使命。华强方特 IP 具有准确的主题定位、明确的开发建设目标和明晰的思路。在深入挖掘中国上下五千年的传统历史文化和地域文化精髓后，创新性地将中国传统文化的内涵、元素、神话、传说作为 IP 资源，通过精心的创意设计，以广大游客容易接受的形式向他们展现出华夏历史文明的灿烂画卷，并利用科技拓展文化的“活化”和体验形式，以独特的娱乐体验形式传播中国传统文化，极大地增加了文化的趣味性和可感知性。

（二）华强方特 IP 的传播

在短短的十几年时间内，华强方特凭借自身深厚的文化和技术优势，不仅成为国内文旅市场中的核心主体，更是在国际市场上建立了较高的品牌知名度。根据世界主题乐园研究机构国家主题娱乐协会（TEA）发布的《2019 年主题乐园和博物馆指数》报告显示，华强方特集团连续四年蝉联全球五强，年接待游客超过 5000 万人次。随着品牌的国际化输出，华强方特获得了“亚洲红珊瑚奖最佳文化旅游项目”“国际主题公园特殊贡献奖”“世界知识产权版权金奖”等众多国际大奖，华强方特 IP 在国际上的影响力日渐增强。

（三）华强方特 IP 的应用

华强方特已形成较为完整的应用体系，在主题乐园、商品、服务等领域都得到了较为广泛应用。华强方特在主题公园内建有完善的餐饮区，供游客用餐休息。在芜湖、沈阳、郑州、天津等地建有方特系列主题酒店，周边区域绿化及基础设施建设完善，是旅游、度假、商务、会议、休闲娱乐的理想之地。华强方特文化科技集团全力推动“美丽中国・文化产业示范园”项目，由“华夏历史文明传承主题园”“复兴之路爱国主义教育基地”以及“明日中国主题园”三大主题园区构成，把中国灿烂的传统文化、光辉的革命历程、伟大的改革成就和美好的未来发展，用全新的文化、科技、艺术手段展示，打造了一个主题鲜明、气势恢宏并为广大游客喜闻乐见的文化科技体验示范区。[①] 近些年，华强方特不断向更为广泛的文化领域拓展，推出包括《熊出没》和《俑之城》在内的众多动漫子 IP 及相应的衍生品，并通过科技的支撑推出更多依托于文化并创意性十足的旅游产品，通过旅游载体展现给游客形式更为丰富的文化内容。

华强方特主题乐园不仅在国内建成并投入运营，还出口到了乌克兰、尼日利亚、伊朗等国家。随着各主题乐园的兴建，华强方特 IP 在全世界不同地区得到推广，成功增加了我国文化输出的路径，塑造属于中国的文化企业品牌，

① 任海平 . 株洲方特公司营销策略研究［D］. 长沙：湖南大学，2019.

具有较强的辐射性。

四、华强方特 IP 的价值创造

华强方特以独特的娱乐体验形式向全世界讲述了中国故事，引领了社会时代潮流，带动了社会文明进步，在弘扬传承优秀文化、促进国际文化交流、创新文化载体、推进文旅产业的高质量发展等方面具有积极的影响，具有显著的社会和文化价值。同时，华强方特 IP 吸引了大量的游客，拉动了华强方特所在地的经济发展，创造了较大的经济价值。以芜湖方特欢乐世界为例，华强方特这块金字招牌给芜湖带来了较大的客流量，为芜湖交通运输业、餐饮酒店业等产业的发展带来了深远的影响。

五、华强方特 IP 发展启示

（一）找准定位，明确发展方向

华强方特从集团成立之初，它的定位一直是文化企业，打造由文化衍生出的娱乐性产品是方特当时的主要业务。随着发展集团开始进入旅游市场，集团发展目标变得更加广泛，但定位一直都未曾改变，文化仍旧是集团发展的核心。聚焦于“文化＋旅游”主要定位是华强方特在主题乐园领域能够塑造核心竞争力的重要依托，坚持“文化”的核心定位是华强方特塑造知名文旅 IP 的重要一步。

（二）科技助力，增强创意设计

华强方特企业的发展理念从最早的“文化＋科技”到现在的“文化＋科技＋旅游”，科技支撑在华强方特进行产品制造中发挥着重要作用，从单一的文化内容的制造和生产到文化、旅游的深度融合以及 IP 衍生品的创造，利用科技优势进行的创意设计让华强方特保持长久的市场竞争力。在华侨城率先占据国内市场的前提下，自身的创新是华强方特不断保持产品市场占有率的关键所在，也是华强方特打造主题乐园 IP、衍化 IP 产品的强大驱动力。

（三）分析市场，实现精准定位

在地理区位层面，目前华强方特已经在国内 20 多个城市进行了项目布局，在国内的分布整体上是以中东部为主，集中在部分新一线及二线城市，国际市场也在不断进行拓展。在客源特征层面，基本上覆盖了除老年人以外的所有客群，重点客源是亲子和青年群体。华强方特基于国内主题乐园的发展趋势以及自身产品特征，在国内的布局更多是放在消费能力潜力较大的城市，并有意地避开迪士尼、华侨城的同行竞争，并且随着集团发展以及消费市场的下沉，在二线城市的布局逐渐增多。避开上海、武汉、广州这类已有主题乐园的红海市场，选择具备消费潜力旅游客源数量庞大的蓝海市场是华强方特保持自身市场占有率的关键所在。

（四）注重延伸，强调自我更新

华强方特集团在打造自身 IP 的同时，也清晰认识到 IP 的生命周期问题，一个 IP 不可能永远保持旺盛的生命力，时刻有被同类 IP 所取代的风险。从 2007 年正式打造主题乐园文旅 IP 到现在发展成为国际前五的文旅企业，华强方特一直在不断地进行 IP 的延伸，通过拓展细分领域打造子 IP，推出系列产品，加强产品的升级和创造，时刻强调自我更新。从第一家方特欢乐世界推出到后续的方特梦幻王国、方特水上乐园、方特东方神画等众多细分主题乐园，并推出《熊出没》《俑之城》等几十部动漫，一直在追求大 IP 下的内容延伸。

（五）聚焦 IP，打造发展集群

目前，围绕 IP 的发展已经成为华强方特的重大战略，集团未来将会在现有发展基础上打造 IP 集群，通过业务拓展和产品研发，打造更多系列子 IP，主要在动漫和特种电影领域进行布局，不久还要推出新的中国风 IP，以此来建立庞大的 IP 体系，并围绕 IP 集群打造包括《熊出没》主题酒店在内的更多 IP 衍生品。

第二节　横店影视城 IP

一、横店影视城 IP 简介

横店影视城位于浙江省金华市东阳横店镇，距离东阳市中心 18 公里，距杭州、温州各 180 公里，处于江、浙、沪、闽、赣四小时交通旅游经济圈内，目前诸永高速在横店设有出口，横店通用机场已投入使用，高铁将于 2023 年建成并投入使用。[①] 横店影视城，总面积 30 多平方公里，其核心景区面积 20 多平方公里，是集影视制作和文化旅游为一体的大型影视综合体，被评为国家 5A 级旅游景区，先后建成广州街、明清宫苑、清明上河图、华夏文化园、明清民居博览城、屏岩洞府、大智禅寺、红军长征博览城等跨越几千年历史时空、汇聚南北地域特色的影视拍摄基地和超大型的现代化摄影棚。

据《横店新闻》报道，2019 年横店影视城共接待中外游客 1918 万人次，接待电影电视剧组 310 个。横店影视城已经历过初期阶段和发展阶段，现在正面临着升级阶段，要持续推动新兴产业和旅游业的平衡发展，完成横店向娱乐、度假、游览型的旅游目的地转型，应从旅游市场、影视产品、企业文化等方面入手。20 多年来，横店影视城 IP 一直在求变、求新、求突破。以影视为表、旅游为里、文化为魂为发展战略，打造"横店文旅发展新版本"，并深刻展示出"影视基因、娱乐精神"的文化特色，一边大力发挥横店影视城 IP 自带流量的长处，一边不断创造优势求得新突破，如售卖相关周边、打造网红酒店等，不断强化"影视泛娱乐"的品牌形象。[②]

二、横店影视城 IP 发展历程

横店影视城的初期阶段为 1996—1999 年。1996 年，广州街影视城开始建设，是浙江省影视基地的开端，著名导演谢晋在这拍摄了历史巨片《鸦片战争》。《鸦片战争》是为了纪念香港回归，作为一部献礼的影片，片中活灵活现地将历史人物重现，增强了观众观影体验。相较于之前的影片，该作品成功打破以往国产片面谱化的局限。1998 年，美国杂志《好莱坞报道》称横店影视城为"中国好莱坞"，对其进行深度的报道。自此，横店影视城就聚集了各个剧组，形成影视 IP+ 文旅小镇的模式，来此地旅游的游客也越来越多。

横店影视城的发展阶段为 2000—2003 年。横店影视城为了吸引前来拍摄的剧组，从 2000 年开始出台对拍摄场地免收租金的政策，还提供道具租用、搭建场地、提供食宿等服务。因此，越来越多的剧组蜂拥而至，横店影视城的名气也日益大增，与其他影视城的冷清形成强烈的对比。随着影视文化产业、影视文化旅游产品的不断升级，逐渐地从单一影视基地发展为影视旅游景区，

① 赵炜．横店影视城新媒体营销研究［D］．兰州：西北师范大学，2020.

② 张益晓，叶永永．"入戏"横店：文旅产业转型发展新版本［N］．金华日报，2020-07-01（A03）.

进一步实现横店影视城 IP 的升级转变。

横店影视城的产业升级阶段为 2004—2017 年。从 2004 年开始，横店影视城的经营规模不断扩大，开始向专业化、规模化、集约化方向发展，中国第一个影视产业试验区在此处落成。2011 年开始横店推出“泛影视娱乐”IP，逐渐地将文化 IP 应用于各种各样的产品，让影视文化和历史文化以新面貌融入人们的生活当中，走出一条新颖的国潮之路。在横店举办各类活动，如明星见面会、明星模仿赛等活动对 IP 形象进行宣传，并在景区附近开文创产品店，供游客们购买。

2018 年以后是横店影视城的快速升级阶段。横店影视城客流量取得新突破，连续两年全年接待游客量突破 1900 万人次，平均每分钟就有 36 位游客走进横店体验影视文化。国内首个《主题公园演艺服务规范》国家标准在横店影视城起草并实施，这彰显了横店旅游演艺秀品牌在国内的标杆级地位。自 1996 年建立以来，横店影视城 IP 一直在自我创新、自我改变，立志成为一个集影视旅游、观光度假为一体的综合创意旅游综合体。2021 年，横店影视城 IP 入选省文化和旅游厅公布的全省首批示范级文化和旅游 IP。

三、横店影视城 IP 的开发应用

横店影视城是国家 5A 级旅游景区，国内规模最大的影视旅游主题公园群和独树一帜的影视体验度假区。横店影视城开展多个业务领域，与新媒体平台合作，扩大影视城的传播范围，推动横店影视城 IP 的对外传播，从而吸引更多的游客。

（一）横店影视城 IP 的解码

横店影视城以实现中国的影视梦工厂为目的，打造全球最强的影视拍摄基地、全国最深的影视旅游体验目的地、全球最大的影视文化产业聚集地。将依托现有优势资源，坚持巩内拓外，打造若干个成熟产业子品牌，通过实现产品多样化、客源群体多元化、管理制度化、质量标准化，使横店影视城成为一个持续良性发展的国内知名旅游企业，把横店打造成具有国际影响力的“东方影视文化旅游名城，中国主题休闲梦幻之都”。

横店影视城 IP 的主题定位是打造集影视旅游、度假、休闲、观光为一体的大型综合文旅 IP。在 IP 的主题定位方面，以中国影视体验旅游的第一品牌作为市场定位，品牌调性以现代感、时尚感、活泼欢快、温暖为主；在 IP 的产品研发和创新方面，主要为游客提供建立在影视文化基础上的休闲、度假服务，并运用新技术、新手段，为游客提供影视文化的沉浸式深度体验。目前，横店影视城已经形成观光旅游、休闲度假、文化娱乐三大业务形态，实现了从影视主题观光型旅游目的地向观光、休闲、体验复合型度假目的地的华丽转身。

（二）横店影视城 IP 的传播

在传播手段方面，加强与各大媒体和机构合作，如今日头条、抖音、爱奇艺、欢娱影视、新浪微博等平台，在地方电视台上进行宣传与推广，强化宣传内容，制造亮点新闻，共同举办活动，不断提升横店影视城 IP 的品牌形象。

在传播效果方面，2018 年度荣获中国旅游口碑榜最佳战略合作伙伴、长三角主题公园卓越贡献奖、中国十大工匠品牌。横店影视城以举办明星见面会为契机，与美团进行合作，共同发起营销活动，邀请横店代言人许凯参与本次活动的营销，举办“许凯带你游横店”专场活动，吸引大批人流量。该活动以梦幻谷、清明上河图两大景区作为重点，线上直播 2.7 小时，横店影视城官博直播观看量达 150.3 万，抖音号直播观看量达 26.4 万。

（三）横店影视城 IP 的应用

打造“泛影视娱乐”IP，开发出依托于影视文化资源的“我们的片场”产品线和依托于历史文化资源的“穿越时空的礼物”产品线。“大咖”“剧小潮”“剧中人”“我们的片场”等系列文化 IP 与产品，让影视文化和历史文化以现代年轻人喜闻乐见的形式走进大众的日常生活，走出了一条与众不同的国潮新路。在各景区开设文创产品实体店，游客可随时购买喜爱的产品，同时在横店春节大庙会、剧组见面会及明星见面会等大型活动上展现 IP 形象进行宣传。横店影视城凭借影视文化和历史文化的融入，不但吸引了国内游客游玩，在国际上也初见成效，不断拓展与“一带一路”沿线国家影视机构的交流与合作，众多海外媒体也纷纷到横店采访报道，横店逐渐成为向全球展示中国影视文化、历史文化的一个窗口。[①] 在未来，横店影视城将持续实施“影视文化 +”的多元化平台发展战略，进一步做强影视产业，做深旅游产业，做大文旅产

① 横店影视城 . 推动影视文化和旅游融合的“横店探索”［N］. 中国旅游报，2020-05-07（008）.

业，致力于成为“中国影视梦工厂”，打造全球最强的影视拍摄基地、全国最好的影视体验度假目的地、全国最大的影视文化产业集聚地。

四、横店影视城 IP 的价值创造

（一）横店影视城 IP 的社会价值

打造多元业态整合的影视体验基地，不断推进“影视文旅综合体”建设计划，提升主题度假酒店群、博物馆、影视拍摄基地、特色商业区、主题文创空间等地，完善基础设施建设，将历史文化和影视文化融入影视综合体当中，让游客在游览参观时，有真实的体验感。横店影视城 IP 的发展，不仅是文化和旅游的融合发展，而且是城镇和区域经济文化融合发展，横店镇先后被评为“全国文明镇”“国家卫生镇”“国家 5A 级旅游景区”“全国小城镇综合配套改革试验区”“社会主义新农村建设示范镇”。横店影视城 IP 的发展与乡镇发展紧密相连，为区域发展带来持久且巨大的影响力。

（二）横店影视城 IP 的经济价值

横店影视城开发特色多种模式，如“影视文化 + 会务”“影视文化 + 体育”“影视文化 + 文创”“影视文化 + 研学”“影视文化 + 娱乐”“影视文化 + 微电影”“影视文化 + 美食”等新兴文旅业态，打造多方位、深度体验的消费场景。在“影视文化 + 会务”模式中，横店影视城打造各类特色主题宴会，如民国宴、清宫宴、宫廷宴等，依托特有的影视基地和相关的配套设施，让参与者感受一场穿越式的体验；在“影视文化 + 体育”模式中，横店影视城举办特色的马拉松比赛，把马拉松与影视文化相结合，形成独具特色的活动；在“影视文化 + 文创”模式中，横店影视城不断开发出影视文化和历史文化资源的文创产品，方便游客们在文创店里进行挑选和购买；在“影视文化 + 研学”模式中，横店影视城与多个中小学校合作，深度挖掘横店影视城的影视和历史文化资源，开发出传统文化研学、红色文化研学、影视文化研学等特色研学产品。

（三）横店影视城 IP 的文化价值

为打造横店影视城独特的文化旅游品牌，横店提出“影视泛娱乐”的文旅 IP 发展战略，将影视文化和历史文化巧妙地融合在一起，深度挖掘其文化内涵，在景区植入新型的业态，促进文化旅游产业的发展。例如，在新版的《梦幻太极》这部作品中，编剧以《易经》中的“和”文化内容为重点，与人们口口相传的中国上古时期的神话故事相结合，用夸父追日、后羿射日、女娲补天等神话故事来解读深奥的易经文化，这对我国传统文化的传承和发展起到了重要作用。

五、横店影视城 IP 发展启示

（一）升级影视旅游产业，完善影视地产业链

持续加大招商引资力度，在重大节庆活动和重点区域举办招商会，吸引知名的影视公司和旅游公司，完善各产业要素，如前期策划制作、拍摄上映、影视旅游等；注重培养相关人才，利用高科技技术，提高科技含量，将科学技术与影视旅游活动相结合，不断推进产业发展；拓宽产业链发展，加快大型影视基地建设，加大投资力度和影视资源整合力度，将其打造成集历史题材、高科技题材、现代题材等为一体的影视旅游基地。

（二）完善影视基地配套，打造特色影视城 IP

建设影视基地应注重培育影视道具、服装制作、影视娱乐等配套产业，设计统一的标识系统和统一的影视主题，影视基地建设中应融入影视元素，营造影视文化氛围，加强对影视作品的宣传力度，打造集游戏、影视动画、影音制作、传媒传播、出版、会展等新兴创意文化产业于一体的影视文化旅游基地。

（三）注重市场营销手段，提升影视城 IP 知名度

影视产业在今后发展过程中，要积极参与到各类特色旅游展会中去，吸引知名影视文化公司，推广宣传影视旅游产品，提高其知名度。利用各种营销措施，不仅要采用制作宣传册、粘贴户外广告等手段，还应积极与新兴产业的媒体合作，利用互联网、影视地图等，充分利用好影视文化 IP，坚持以政府为主导，市场运营和多方参与的形式共同做好营销模式，真正实施旅游目的地营销。另外，除利用市场营销手段，还可通过对影视旅游产品进行再开发、再设计等，利用线下门店和线上销售推广影视旅游产品，共同提升影视城的知名度。

第三节　大唐不夜城 IP

一、大唐不夜城 IP 简介

“一千年中国看北京，两千年中国看西安”是民间对西安历史文明的贴切评价。2002 年，大唐不夜城项目于西安曲江新区大雁塔脚下启动建设，属于西安曲江新区中的一部分，是陕西省、西安市重点建设项目，是曲江新区文化、旅游、商贸三位一体的重大项目集群。大唐不夜城以其投资规模大、带动效应强的鲜明特色，成为西安市践行陕西“文化强”战略的扛鼎之作。项目北起玄奘广场、南至唐城墙遗址公园，南北长 1500 米；东起慈恩东路、西至慈恩西路，东西宽 480 米，总占地面积 967 亩，总建筑面积 65 万平方米，总投资达 50 亿元。亚洲最大的雕塑景观大道——大唐不夜城唐风雕塑，是整个景观步行街的中轴线，贯穿玄奘广场、贞观文化广场、开元庆典广场三个主题广场。大唐不夜城建有大雁塔北广场、玄奘广场、贞观广场、创领新时代广场四大广场，按照产品功能划分为炫动演艺区、潮玩科技区、盛世华章区、民俗联欢区、唐风禅意区、万众祈福区六个仿唐街区。大唐不夜城 IP，以盛唐文化为背景，以唐风元素为主线，以体验消费为特征，着力打造集购物、餐饮、娱乐、休闲、旅游、商务为一体的一站式文旅 IP。① 大唐不夜城 IP 承载着西安商业街区发展的传奇光环，无论是文化挖掘、商业联动，抑或是营销推广，都时刻引领着创新，是其他商业街区学习的典范。

二、大唐不夜城 IP 发展历程

2002 年，西安市政府决定以“腾笼换鸟，八马拉车”的城市发展战略重新规划西安，而“八马拉车”是指用若干个产业引擎启动发展曲江新区，西安

① 盛世华章　大唐不夜城［J］. 诗选刊（下半月），2009（5）：132.

政府选择凭借曲江丰厚的历史文化资源和旅游资源，以大雁塔北广场、大唐芙蓉园等景点为依托，大力发展第三产业。在此背景下，作为曲江新区最重要的商业项目之一，大唐不夜城的规划与开发被寄予了非常高的期待。同年 8 月，大雁塔北广场正式开建，拉开了大唐不夜城建设的序幕。

2006 年，随着当地政府推动城市规划工作，大唐不夜城项目开始招标。西安市政府给出的项目目标是建设一个饱含盛唐风韵的 Mall，以唐文化作为引擎，撬动曲江旅游产业的杠杆，建设新的商业中心。项目团队在接手项目后，在实地深度考察后提出曲江项目不是只做零售商业，而是要打造一个泛商业圈，并建议将此片区更名为“曲江核心区——大唐不夜城”，大唐不夜城 IP 初步形成。

2010 年，大唐不夜城开元广场建成开放，同时落成《开元盛世》及《武后行从》两大主题雕塑，标志着景观步行街全线贯通。这个时期的大唐不夜城和同类仿古商业街区一样，不温不火并无过多特色，在西安的众多文旅 IP 中沉寂了较长时间。随着市场竞争越来越激烈，大唐不夜城 IP 以文化为抓手，把西安的传统文化挖掘出来，把国际性的现代文化融进项目，不断延展它的生命力，从而在众多文旅 IP 中突围。

2018 年，大唐不夜城对标 5A 级旅游景区标准，全面启动基础设施提升、建筑立面提升、街区亮化提升、街区氛围提升、商业业态调整等工程。2019 年，升级改造后焕然一新的大唐不夜城步行街与游客见面，整个街区风格为唐代式样，各类型演艺活动贯穿全年，实现了建筑空间与艺术活动的完美结合。2019 年，“西安年·最中国”活动在大唐不夜城共持续 66 天，近 1700 万游客涌入大唐不夜城步行街，元宵节当日客流量突破 80 万人次。依托大唐不夜城 IP 形成诸多子 IP，如“不倒翁小姐姐”“石头人”“敦煌飞天”等现象级文化 IP 实现 50 亿次以上视频播放量，一个唐文化旅游集群已经形成。

2020 年 7 月，大唐不夜城与南京夫子庙、杭州湖滨路、重庆解放碑、成都宽窄巷子共同入选为国家商务部公布的首批“全国示范步行街”。作为国内商业步行街的最高荣誉，西安是北方唯一入选城市。此次入选，让大唐不夜城 IP 被更多的人所熟知，吸引了更多游客前来参观，进一步增加了大唐不夜城的客流量。

2021 年，大唐不夜城全面完善步行街区域水、电、路、绿化、卫生间、城市家具等基础设施，重点加快步行街 5G 网络建设应用，搭建智慧街区大数据管理服务平台和智能街区经营管理平台，探索“人工智能化”管理新模式，使得大唐不夜城成为商业步行街精细化管理新典范，扩大了大唐不夜城 IP 的影响力。

三、大唐不夜城 IP 的开发应用

大唐不夜城 IP 以雄厚的盛唐文化为背景，依托声光电等高科技手段对场景渲染，通过高质量的演艺活动，还原了古时候长安“月色灯光满帝都，香车宝辇隘通衢”般繁花似锦、热闹非凡的景象，承担起展示西安城市精神和文化意象的使命。运用现代化新媒体的传播手段，激发观众的热情，让大唐不夜城走进游客视野。

（一）大唐不夜城 IP 的解码

西安市作为唐朝的都城，留存了大量的唐文化资源，其中最具代表性的包括唐代建筑资源、宗教寺庙、唐代诗歌等。大唐不夜城在保护唐文化资源的基础上，充分挖掘其文化内涵，以“大唐文化”为中心，从景区规划、商业建筑、景区雕塑群、演艺活动、灯光音效等多个方面共同营造大唐盛世，让游客在夜间出游的同时，身临其境地感受到盛唐文化，从而进一步促进其文娱消费，有效解决了早期文旅商业中存在的主题 IP 匮乏、人造景观同质化严重的问题。[①] 自 2007 年 10 月起，大唐不夜城的开发商西安曲江大唐不夜城文化商业（集团）有限公司先后注册 200 多个大唐不夜城系列商标，其中包含注册图形商标和文字商标。

（二）大唐不夜城 IP 的传播

短视频、微博、公众号等新媒体平台，是当下最热门的互联网内容传播方式、社交平台，其具有传播速度快、范围广、成本低、内容丰富多元等特点。大唐不夜城 IP 拥有雄厚的历史文化背景，盛唐的景观设计、多元的文化演艺项目、璀璨的灯光设计等成为独一无二的创作内容，用户以此为内容创作的源泉，形成线上线下并行的文旅 IP 传播路径，为景区带来可视化的游客流量。在线上，西安政府率先发布城市宣传片和文旅宣传片，将“花车巡游”“不倒

① 盛世华章　大唐不夜城［J］. 诗选刊（下半月），2009（5）：132.

翁小姐姐”“钢琴街”等标志性元素带进大众视野，运营公司通过运用官方微信、微博、抖音等新媒体平台更新景区实况、节庆和服务信息，并在抖音发布“大唐不夜城”“大唐不夜城不倒翁”等话题挑战，有力推动大唐不夜城文旅IP的强势“出圈”。在线下，大唐不夜城策划举办西安独立咖啡节、盛唐电音节、长安夜游嘉年华等活动，让观众身临其境，充分调动了公众的传播热情，新奇的观众体验产生一传十、十传百的传播影响力，使得传播效果以指数式增强。此外，不夜城频频亮相中国国际进口博览会、世界西商大会、丝绸之路国际电影节、西安国际时尚周等重要会议活动，为文旅品牌的国际化传播创造机遇。① 多渠道进行景区宣传，扩大传播范围，使景区成为真正的网红景区，多方联动共同打响了西安文化旅游名片。

（三）大唐不夜城 IP 的应用

为了避免商圈同质化，项目团队建议借助“光世界”主题，将大唐不夜城演绎为西安最具国际气质的标志性唐文化商业奇观。以夜经济潮流文化为导向，将“唐风”融合进各个产品和规划中来，丰富创新旅游产品，打造大唐不夜城全产业链文旅 IP 应用体系。

在布局方面，唐风建筑场景，打造立体式的体验空间。大唐不夜城以唐文化为建造背景，以唐元素为基调，包含四大广场、四大文化场所、五大文化雕塑组团。② 在这里的一草一木、一砖一瓦、一街一景皆是精品。大到开元盛世、小到大唐文化柱，上到飞檐斗拱、下到唐代名人像，所有的建筑、雕塑都古色古香、气势恢宏。在演绎体验方面，唐风演艺产品，营造沉浸化的体验氛围。各种类型的演艺产品是大唐不夜城精心打造的重点旅游产品，不仅给游客带来独特的体验感，也让景区成为网红打卡地，具有话题传播度。舞台表演融合声、光、电、水等科技手段，打造梦幻的大唐故事，现已成为西安的标志性旅游 IP。穿插于步行街中的表演点主要是盛世大巡游和固定的表演区，与主题舞台作为相互补充。在餐饮方面，唐风美食经济，打造品质化的味觉体验。引入了具有唐朝风格的“小店经济”，给游客还原最真实的大唐街市，这些小店大多集中

---

① 陈晖.文旅融合背景下大唐不夜城夜经济发展的经验与策略［J］.当代旅游，2021，19(4)：68-69.

② 徐磊.论文旅品牌传播策略的优化路径——以西安大唐不夜城为例［J］.人文天下，2020(22)：49-55.

在美食、非遗、唐服、文创等领域，不仅满足了游客的吃、穿、伴手礼等需求，并且给游客带来了“大唐烟火气”。共有华夏美食区、丝路美食区、长安美食区等几大特色小吃餐饮区，给游客提供饮糖等西安老字号特色美食，从饮食文化层面融合大唐风情，让游客吃到嘴里就能感受到独特的“大唐”味道。

在自媒体时代，游客已经不再满足于传统的观光游玩式体验，尤其是年轻游客。大唐不夜城依托 IP 产生新的 IP，不仅仅局限于对传统文化的挖掘，更是与现代的娱乐方式相结合，打造新的子 IP，如“不倒翁小姐姐”走红网络，大唐不夜城也在手办、电视节目表演、文艺演出等多领域开花。

四、大唐不夜城 IP 的价值创造

大唐不夜城 IP 的成功，传播了辉煌灿烂的盛唐文化，使世界各地的游客感受到“长安天街白如昼，璀璨星汉不夜城”的繁华景象，带动了西安文旅业的发展，同时为各行各业的带来了客流量，推动其经济发展。

（一）大唐不夜城 IP 的社会价值

近年来，大唐不夜城陆续开展有关盛唐的经济、文化、民族大融合等主题的大唐演艺沉浸式演出，街区过年期间被挤到限流，元宵佳节更是热闹非凡。2020 年，新华社的一篇文章 *History and Modernity Converge in the Ancient City of Xi'an*（《古城西安，历史与现代在这里交融》），以英语、日语、韩语、德语等多种语言在海外发布，大唐不夜城、不倒翁小姐姐及西安夜景的图片也出现在文章中，使大唐不夜城进入美国、加拿大、英国、德国、澳大利亚、日本、韩国等多国媒体视野。大唐不夜城的火爆，极大程度地带动了西安整体旅游。未来的大唐不夜城将紧跟文旅发展趋势，以更高品质、多业态、时尚化为定位，继续推动商业要素聚集和业态提升，为游客带来更升级化的沉浸式游览体验。

（二）大唐不夜城 IP 的经济价值

西安市文化和旅游局发布数据显示，2021 年清明小长假西安市共接待游客 433.45 万人次，旅游业总收入 20.18 亿元，西安大唐不夜城游客爆满，接待游客 43.2 万人次。大唐不夜城不仅在数据上有着傲人的成绩，它还和南京夫子庙步行街、杭州湖滨步行街、重庆解放碑步行街、成都宽窄巷子步行街 5 条步行街共同被确认为“全国示范步行街”，成为典型。大唐不夜城持续推动文商旅加速融合，通过连续举办众多的文化旅游活动，积攒了颇高的人气，商业品质明显提升，成功带动周边7个购物中心客流量，周边近40个酒店整体客流和2000多家餐饮营业收入提高，以及整个区域土地增值及地产溢价。众多的大型商业综合体和高品质的酒店，以及很多的中华百年老字号餐饮在大唐不夜城街区聚集，带动当地经济发展。

（三）大唐不夜城IP的文化价值

大唐不夜城街区在西商大会、丝绸之路国际电影节、国际模特大赛等众多时尚文化旅游活动中积累了极高的人气，让更多的游客认识并了解大唐不夜城IP。对于很多外地游客来说，大唐不夜城的印象始于不倒翁小姐姐，大唐不夜城巧妙地培育出“不倒翁小姐姐”行为艺术表演，再依托网络平台实现裂变传播，逐渐形成不倒翁系列文化IP，这一火爆全网的表演在2019年网络播放量达到23亿次。除此之外，其他网红项目也令游客瞩目，如“奋斗在路上”“敦煌壁画”悬浮表演等。通过对传统文化的创新挖掘，一批新的文旅IP也在大唐不夜城涌现，如再回长安、盛唐女神、敦煌飞天、诗仙李白、戏曲提线等，都在向公众展示着千年前唐朝的盛世景象与精神气质。

五、大唐不夜城IP发展启示

大唐不夜城IP是国内商业街区改造的经典案例，研究年轻人的生活方式，深耕盛唐文化，依托高科技手段进行景观节点和网红打卡点的布置，将传统文化用现代化的方式表达，增加互动环节，突出文旅IP定位、促进各产业深度融合、体现文化新消费理念。

（一）突出文旅IP定位

要实现文旅IP的价值创造和品牌传播，必须先深入挖掘文旅IP自身的内部特色资源，同时充分调研外部市场环境，在二者结合的基础上做出科学合理的市场研判，最终形成差异化品牌定位。在文旅IP定位进程中，大唐不夜城正是遵循了这一路径。① 项目团队灵活利用文旅优势资源，并细致调研市场发展环境，最后定位“大唐不夜城”文旅IP是依托灿烂的盛唐文化，既强调西安传统特色，又突出夜经济潮流文化，集休闲、娱乐、餐饮、住宿、商购和教

① 陈晖.文旅融合背景下大唐不夜城夜经济发展的经验与策略［J］.当代旅游，2021，19（4）：68–69.

育于一体的文旅 IP，打造沉浸式的消费观光体验。

（二）促进各产业深度融合

当前，我国文化旅游正进入以“IP”为核心的时代，这无疑给文旅行业注入了全新动能。在产业布局上，不仅要推动文化和旅游的双向融合，更要促进文化旅游与商贸服务、数字技术等融合发展。近几年，西安市委市政府一直致力于推动文化古迹、文化遗产、文化场馆、文化 IP、文化精品等文化资源同商业、旅游深度融合。这既是提振消费来推动文商旅供给侧结构性改革的要求，也是满足人民群众对美好生活需要的应有之举。① 大唐不夜城街区集文化、表演、餐饮、休闲、娱乐于一体，融合发展带来的是灯火辉煌、车水马龙，成为越来越多的人夜生活的场所。

（三）体现文化新消费理念

在新体验经济下的旅游消费不再满足于简单的打卡观光，而是在于当地文化和风俗是否能给消费者带来更深度的体验，景区或消费背后的风情、IP 和文化才是使消费者长途跋涉的动因。“唐文化”和“夜游文化”是大唐不夜城商业模式贯彻始终的主线，大唐不夜城不倒翁小姐姐的走红，正是源于旅游过程中文化附加值对游客的吸引力。在国内，文化历史题材融合商业的模式并不多见，以盛唐文化为背景，以唐风元素为主线，以体验消费为特征，这是大唐不夜城进一步吸引更多客流的积淀，也促进了大唐不夜城口碑的提升。

第四节　良渚文化 IP

一、良渚文化 IP 简介

良渚文化是一支分布于长江下游环太湖流域的考古学文化，距今 4300~5300 年，因这支文化首先发现于良渚而得名。良渚文化展现了一个以稻作农业为经济支撑并存在社会分化和统一信仰体系的早期国家形态，代表了长

① 徐磊.论文旅品牌传播策略的优化路径——以西安大唐不夜城为例［J］.人文天下，2020（22）：49-55.

江流域对中国文明起源的杰出贡献。良渚古城遗址由瑶山遗址区、谷口高坝区、平原低坝—山前长堤区和城址区块组成，是一项规模宏大的新石器时代遗址类型世界文化遗产，构成要素包括公元前 3300—前 2300 年的城址、功能复杂的外围水利工程和分等级同时期的墓地（含祭坛）等。

良渚古城遗址是实证中华五千多年文明史的圣地，成为我国第 55 处世界遗产，标志着中华五千年文明史的实证已经被国际社会所公认。杭州良渚遗址管理区管理委员会借助“良渚古城遗址”这个世界级文化 IP，不断推进遗址区文旅发展，守护国之宝藏，传承中华文脉，传播良渚声音，着力建设长三角大良渚文化圈核心地，全面打造中华文明“朝圣地”和中国文化“展示地”，持续擦亮良渚古城遗址这张世界级文化金名片。

二、良渚文化 IP 发展历程

良渚文化 IP 的发展大致经过了以下三个阶段：

第一阶段为起始阶段（1936—1985 年）：从 1936 年 12 月至 1937 年 3 月，三次考古发掘，获得了大量的石器、陶器等实物资料，同时调查发现了十余处以良渚镇为中心的遗址，从科学发掘的角度确认了良渚一带存在着远古文化遗存。1959 年，“良渚文化”的名称由夏鼐先生正式提出。1973 年，江苏吴县草鞋山遗址的发掘，使人们对良渚文化的认识取得了重大突破，第一次在典型的良渚文化墓葬中出土了玉琮、玉璧等玉礼器，将长期被视为“周汉古玉”的良渚玉器放回新石器时代良渚文化的年代坐标。这一时期，考古工作者共发现良渚文化遗址点 30 余处，对遗址的分布情况有了初步了解，但良渚遗址的特殊性和重要性还尚未被认识。①

第二阶段为探索阶段（1986—2006 年）：这一时期，被发现良渚遗址的数量增至 130 多处，同时浙江省文物考古研究所先后发掘了反山、瑶山、莫角山等重要遗址，考古发掘使学术界对良渚文化遗址有了新的认识，从而确定了良渚文化的中心——良渚遗址。

第三阶段为深化阶段（2007 年至今）：2007 年，考古学家又发现以莫角山宫殿为中心的四周还有一圈环绕的城墙，这标志着在 70 年的考古历程中，

① 关月 . 良渚:“美丽的水中陆地”［J］. 艺术品鉴，2019（22）：86-91.

继发现良渚遗址、命名良渚文化后的又一个重要的阶段，进而确立了良渚文明，从而将以往发现的 130 多处遗址点有机地组合为一个整体，丰富了良渚文化 IP。[②]2013 年，良渚遗址被国际考古界选入“2011—2012 世界 10 项考古新发现”。2019 年 7 月 6 日，中国良渚古城遗址获准列入《世界遗产名录》，标志着中华五千年文明史得到国际社会认可，这也意味着良渚文化 IP 这一文旅 IP 得到国际社会的认同，成为我国文旅业的代表性 IP。2020 年起，7 月 6 日被设立为“杭州良渚日”。“杭州良渚日”的成功设立，意味着良渚古城遗址所拥有的深厚的价值内涵得到了广泛的社会认同，良渚文化 IP 成为杭州的一张代表性名片。

三、良渚文化 IP 的开发应用

良渚文化 IP 是对良渚文化的活化传承，通过不断地对良渚文化的探索挖掘及开发应用，运用多样的传播方式，使良渚文化成为中国特色旅游地。良渚文化的跨场景、跨产业及溯源地的应用，不断丰富良渚文化在文化消费和文化制造领域的产品供给，培育形成体现良渚文化特色的 IP 文化系列产品。

（一）良渚文化 IP 的解码

1. 文化基因

良渚文化在中国众多远古文化中占有重要地位，它以发达的稻作农业、大量精美的玉器、陶器符号文字资料以及由墓葬和大型土建工程所反映出的不平等和社会分层等文化现象，使研究者们更加深刻理解中华文明。在良渚文化中，特点之一是其出色的玉器，据统计已有上千件出土或传世的大件琮、璧玉器，近万件良渚文化各类玉器。良渚文化玉器的精美，制作技艺的精湛，无不令人叹为观止。良渚文化玉器上雕刻的兽面纹和人兽结合的所谓“神徽”等纹样，表现出的统一而强烈的宗教崇拜的意识形态，更是震撼人心、耐人寻味。良渚文化呈现了一个文明古国的物质文明和精神世界，实证了中华五千年文明史，具有独特的意义。

2. 符号性

坚持“可持续发展”的理念，以良渚遗址和良渚文化为核心，根据知识产权保护制度，以“良渚文化 +”的模式，创造良渚文化独特的 IP 符号，即神人兽面纹图徽。同时，持续开展良渚文化品牌授权合作，加深与旅游、科技、金融等产业融合发展，持续扩大良渚文化影响力。

3. 创新性

良渚从 2003 年起就已先后注册 84 个良渚文化系列商标，后续又申请注册图形商标 45 件，文字商标 178 件。并以神人兽面纹图徽为符号，创造了一系列文创产品。此外，余杭区充分利用数字技术发展的优势，充分利用 AR、VR、AI、5G 等现代科技手段全景式展现良渚文化遗产，通过 5G+AR 试衣镜、5G+MR 全息文物、5G+MR 沙盘、5G+MR 眼镜、5G+VR 博物馆等全新应用，打造了全球首个 5G 全覆盖的国家遗址公园。① 形成独一无二的良渚文化 IP，让游客感受到活着的良渚文化，让游客更深入地理解良渚文化，从而全方位地提升良渚文化 IP 的吸引力。

（二）良渚文化 IP 的传播

1. 传播手段

搭建良渚文化 IP 品牌化体系，逐步打造“良渚讲堂”文化品牌、良渚研学品牌、“文明朝圣”旅游品牌、四季活动品牌、良渚文创品牌；全面开展良渚文化 IP 推广，通过深耕宣传主阵地、突出事件营销、聚焦文旅产品营销，不断提升良渚文化 IP 市场知名度和影响力；持续化良渚 IP 社会效益，充分利用“杭州良渚日”开展活动宣传，注重媒体宣传报道，加强对外交流推介。例如，以良渚古城遗址公园、良渚博物院为载体，建立了网站、微信、微博、抖音等媒体平台，与中央电视台等央媒进行合作推广，在新闻联播、国家宝藏、学习强国等平台进行宣传报道。

2. 传播力度

良渚文化 IP 有专门的营销策划预算资金，积极利用微博、抖音、淘宝直播、新浪直播、天目新闻等直播平台，举办云游活动，吸引观众参与观看，利用微信公众号进行内容的运营，粉丝达 50 万人。成立杭州良渚古城旅游发展有限公司，专门负责良渚古城遗址公园运营管理；成立杭州良渚玉文化创意产业有限公司，负责良渚文化 IP 管理和文创开发。

3. 传播效果

良渚文化标识“神人”获得德国红点设计奖，入围年度德国设计大奖，同

① 聚焦：探秘良渚文化的“前世今生”[EB/OL].（2019-7-9）[2021-5-28].http://cul.jiaodong.net/system/2019/07/09/013897044.shtml.

时良渚古城遗址公园获得 2019 年中国特色研学旅游目的地。

（三）良渚文化 IP 的应用

1. 良渚文化 IP 的跨场景应用

首先，以良渚“玉琮”“玉鸟”为原型，创造设计“琮琮”“飞飞”作为第 19 届亚运会吉祥物；交响乐《良渚》在葡萄牙、西班牙等国家巡演，取得良好反响；成立“良渚文化全国研学联盟”，将良渚古城 STEM 课程推广全国。除此之外，良渚文化注重与西湖、大运河世界遗产联动，主动加入杭州世界遗产联盟，发挥杭州世界遗产联动效应，打造世界遗产群落，彰显文化名城魅力。杭州政府不断推动良渚遗址区域联动，整合遗址区文旅资源，形成区域合力，促进环良渚遗址文旅产业发展。

2. 良渚文化 IP 的跨产业运用

加强与北京大学、浙江大学、复旦大学等多所知名高校开展战略合作，推动良渚文化研究和文旅融合发展。针对遗产地居民进行就业政策倾斜，对企业发展和转型升级开展产业培训、旅游业态考察、产业引导等，以良渚古城遗址公园为核心整合周边文旅资源，形成产业聚合效应，推动周边社区产业发展，提升地区发展水平。

3. 良渚文化 IP 的溯源地应用

目前良渚古城遗址已经成为世界文化遗产，代表着良渚古城的历史文化价值得到了世界的认可。良渚文化已经成为杭州对外展示的重要窗口，目前有良渚博物馆和良渚古城遗址可供参观。杭州也不断对良渚文化 IP 的价值进行深层挖掘，如设立“杭州良渚日”，举办良渚文化艺术节、活动周、丰收节活动，还研发工艺品、服饰、箱包、首饰、文具等 460 余款衍生文创产品，使得良渚文化 IP 焕发新的生机。

四、良渚文化 IP 的价值创造

（一）良渚文化 IP 的社会价值

出版《良渚文明丛书》《五千年良渚王国》《良良的古城世界》等科普读本，增强文化知识的普及性；制作良渚古城遗址沙画、宣传片、纪录片等影像制品，进行文化遗产宣传；成立良渚文化宣讲团，组织相关以良渚文化为主题的宣讲活动；学校日常授课表加入良渚文化相关课程，将良渚文化列为学生的日常学习内容；在村社开设良渚文化讲座和公益课程，通过送学上门的方式开展良渚文化推广普及；成立良渚文化志愿服务总队，积极开展各项志愿服务，弘扬志愿服务精神；自发组建公益跑团、社区公益基金会等各类社团组织，多种形式助力遗产保护传承；与故宫博物院互办展览，故宫特展累计接待观众近50万人次，取得良好社会反响。在2020年11月第二届国家考古遗址公园文化艺术周上，良渚古城遗址喜获“公益惠民奖”等奖项，亮相第二届中国国际进口博览会，获得习近平总书记和其他国家元首的高度评价。

（二）良渚文化 IP 的经济价值

一方面，与中国移动、南京大学合作，借助5G、AR、VR等数智技术，打造良渚古城数智体验馆，推动良渚文化IP的数字化应用。开发良渚古城研学课程，打造良渚文明探索营地，为青少年提供考古体验、春秋游、冬夏令营等研学产品。合作开发的《一梦江湖》网易游戏也已经正式上线。另一方面，推出稻米、菜籽油、茶叶等食品类系列产品，与翡拉拉等合作开发良渚系列珠宝，与中国工商银行开发良渚古城金银币等金融产品。这些良渚文化IP的衍生品同时也给良渚带来了一定的经济效益，实现了IP的经济价值。

（三）良渚文化 IP 的文化价值

以良渚文化为核心，用文旅串联起“五千年良渚”与新时代生活，延续良渚千年文脉，展现良渚文化所体现的核心价值与社会、经济、文化、历史的关系，以文创与旅游等相关产业相结合的发展模式推动经济社会发展。与浙江省文化产业投资集团公司签署战略合作框架协议，围绕良渚文化大IP开发达成多项合作内容，与中国工商银行签署战略合作协议，双方在品牌文化、商业产品、主题网点、客户引流等方面进行多方位深层次合作。利用5G、VR、AR、AI等先进技术手段，推动良渚文化的科技应用，更好地呈现良渚文化的魅力。创新展示形式，通过“文化+”，拓展文创、旅游、影视、文学等产业领域合作发展，推动良渚文化更好地发展。

五、良渚文化 IP 发展启示

通过以上对良渚文化IP的回顾，可以发现其文化旅游IP建设的过程中有如下发展路径可供借鉴。

（一）深挖品牌故事，打造良渚品牌大 IP

近年来，为打造良渚品牌大 IP，良渚文化品牌专业运营团队全力推广良渚故事，着力打造《良渚三部曲》，开发文创新品。致力于资源整合，达到强强联手的效果，助力良渚文化高地建设，促进良渚文化的保护传承和良渚文创 IP 的品牌孵化，推进良渚文化创造性转化。2019 年，是良渚文化发展的重要转折点，这一年良渚文化成功入选世界非物质文化遗产，良渚文化的品牌效应进一步凸显，2021 年良渚文化成功入选省首批示范级文旅 IP 名单。

（二）坚持融合创新，促进遗产活化利用

良渚文化 IP 的发展过程中，不仅注重对于良渚文化内涵的挖掘，同时注重融合创新发展。良渚新城近年以发展创新型经济为定位，重点聚焦数字、健康、文化三大产业，形成了丰富的产业资源。良渚拥有高新技术产业园、跨境电子商务产业园、良渚大学科技园、梦栖小镇、良渚文化村、国际生命科技小镇、中国美院良渚校区，还分别与阿里巴巴、浙江大学展开深度合作。同时，良渚的产业优势，也吸引了世界工业设计大会永久落户。在对良渚文化 IP 进行内容创作时，可以融合这些特色产业的专业优势。吸纳各领域的专业人才，从文化创意、数字技术、旅游开发等视角，全方位挖掘良渚文化 IP 的内涵，赋予 IP 丰富的媒介形式，创新良渚 IP 的产品样式。①

（三）加强科技赋能，提升良渚品牌形象

良渚文化品牌建立发展的过程中，注重引入新科技，其中良渚国家文化公园是唯一一家 5G 全覆盖的国家公园。良渚博物院运用新媒体技术，开展线上直播 20 余场，联动央视新闻、新华社、新浪微博、淘宝、抖音等平台，推出以良渚文化为主题的线上线下活动，如“云直播”“夜游博物院”等，累计吸引观众在线观看达上亿人次。

（四）坚持专业运营，做好品牌宣传推广

良渚文化 IP 发展的过程中，坚持专业运营，扩大品牌营销推广。通过引进专业运营团队，提升良渚国家文化公园、良渚博物院运营效率，积极打造省级研学基地、拓展良渚研学产业。通过引进专业的文化创意公司，对良渚文化 IP 进行创新创意，在内容创造上赋予 IP 丰富的展现形式，进而充分体现良渚

① 刘芳，吕昂．依托良渚 IP 助推文旅融合大发展［J］．金融世界，2020（9）：100-101.

文化 IP 的内涵和精神。

第五节　日本马里奥主题乐园 IP

一、日本马里奥主题乐园 IP 简介

日本任天堂旗下马里奥 IP 至今已经有 40 年的历史了，但是它在人们心中的热度一直不减。任天堂公司依托马里奥这个大 IP，不断升级改造，开发出了许多周边产品，使得这一历史悠久的形象仍在游戏界、动漫界等领域占有一席之地。近年，马里奥 IP 开始涉足旅游行业，2015 年 11 月，任天堂决定联合环球影城将共同打造一个线下任天堂主题乐园。2017—2021 年，共计耗资 600 亿日元的日本超级马里奥世界主题乐园（亦称超级任天堂世界）终于完成了从开始动工到揭幕开园。从乐园规划到正式开园，超级马里奥世界主题乐园一直吸引着大量游客的关注。马里奥主题乐园 IP 将马里奥 IP 与旅游相融合，将无形的虚拟人物化作有形的主题乐园，既满足了游戏迷的愿望，又吸引了大批游客，实现了巨大的经济价值。

二、日本马里奥主题乐园 IP 发展历程

马里奥主题乐园 IP 与马里奥 IP 密不可分，马里奥 IP 诞生于 20 世纪 80 年代。1981 年，任天堂在华盛顿州从房东 Mario Segale 那里租了一栋仓库进行办公。彼时，传奇游戏制作人宫本茂刚刚完成街机游戏《大金刚》的开发，并且正准备向美国地区发售，为了让游戏中的角色更契合当地文化、更容易被人们接受，任天堂决定为游戏中的角色取一个本地化的名字。其中有这样一个角色，它是一个长着胡子的意大利水管工，当时在日本被临时取名为“跳跃侠”（Jumpman），但是任天堂美国的员工绞尽脑汁也无法定夺适合美国的名字。正在此时他们的房东，也就是 Mario Segale 走了进来，向他们催缴房租，他吹胡子、瞪眼、跳脚的形象瞬间给了任天堂的美国员工巨大灵感，马里奥这

一家喻户晓的名字由此而来。[①]

虽然马里奥的命名来源于一场巧合，但是马里奥 IP 的成功却是有迹可循的。可以说，是马里奥游戏的核心玩法——“跳跃”成就了马里奥 IP。在 20 世纪 80 年代初，为了配合首次在游戏《大金刚》中出现的马里奥角色（起初称“跳跃侠”）的玩法，任天堂公司创造性地将“跳跃键”做成了一个专属物理按键。随后新开发了以马里奥为主角的《马里奥兄弟》游戏，并把“跳跃”作为核心玩法引入了电子游戏市场。玩法的创新使得任天堂游戏机的设计也发生了改变。自 1981 年“跳跃键”问世，任天堂公司在 1983 年的红白游戏机上设计了“十字键＋按键”的经典组合。核心玩法与游戏机的创新引导了游戏关卡设计、操作性、隐藏要素、BOSS 攻击机制、难度控制、音乐等所有游戏要素的更新。马里奥系列游戏作为新玩法的首创游戏取得了巨大成功，马里奥也成为家喻户晓的 IP，直至今日，马里奥的形象依然是任天堂公司最重要的 IP 资产。

对于大部分的游戏公司而言，一旦打造了一个具体 IP，公司就会筹划开发相关大电影、动漫等一系列影视类 IP 作品，以此对 IP 形象进行推广，获取热度。其中，任天堂也不可避免。1989 年至 1993 年期间，任天堂在美国投资了一部马里奥电影《超级马里奥兄弟》和一部马里奥动画《超级马里奥兄弟的超级秀》，然而票房惨淡，电影的制作花费了 4800 万美元，却只收回了 2000 多万美元的票房，远远偏离了预期。自此以后，马里奥的 IP 就很少再出现在影视作品中了。之后，任天堂也在漫画、儿童读物等领域为马里奥 IP 的推广做出了努力，但是效果却是差强人意。

直到 2014 年，任天堂回归到了游戏公司的本质，针对游戏市场开始推广马里奥 IP。同年 11 月，任天堂推出了 Amiibo 系列，被誉为任天堂最成功的 IP 开发尝试。它是一个储存特定芯片的任天堂经典人物手办，在靠近任天堂主机时会被识别，玩家可以用它在不同游戏中，获得不同的道具奖励，甚至有机会获得某些罕见的皮肤。作为任天堂家族的明星人物，每一批次实体 Amiibo 的发售中必然都有马里奥。同时马里奥 Amiibo 的造型设计结合了具体游戏场景，紧跟一线热门游戏，如针对《超级马里奥：奥德赛》，设计了一批

① Mario 和马里奥，命名者的离去与传奇 IP 的过往［EB/OL］.（2018-11-6）［2021-6-3］.https://www.gamersky.com/zl/201811/1119864.shtml.

专属的白色礼服系列 Amiibo。马里奥 Amiibo 不仅可以应用在马里奥系列游戏中，还可以与其他游戏产生互动。例如，玩家可以拿着马里奥的 Amiibo 在《塞尔达·旷野之息》中兑换宝箱，却没有任何的违和感，这么做最大限度地在游戏领域里推广了马里奥 IP。

家用游戏机的软硬件开发与发行一直以来都是任天堂公司的核心业务，但是据任天堂首席执行官古川俊太郎表示，为了避免公司业绩的剧烈波动，未来任天堂在专注于原有业务的同时，将扩大可持续收入的业务，同时为了让消费者在日常生活中更多地接触游戏和游戏角色，任天堂开始涉足了主题公园和电影等业务。伴随着马里奥在电子游戏领域不停升级并取得的巨大成功，建设线下主题乐园一直以来都是众多游戏爱好者的强烈愿望。直至 2015 年，任天堂与环球影城构建了深度合作关系，两家公司计划在日本大阪投资 600 亿日元（约 37.5 亿元人民币）兴建超级马里奥世界主题乐园，成为日本环球影城内投资成本最高的项目。乐园由任天堂的王牌游戏设计师宫本茂亲自打造，以任天堂旗下的明星 IP“超级马里奥”为主角，一比一超真实还原了游戏中的库巴城堡、碧姬公主城堡以及蘑菇王国，同时结合 AR 科技、光雕投影、烟雾等技术增加游客的互动体验感。在 2021 年 3 月 18 日，超级马里奥世界主题乐园顺利开幕，开幕当日获得了各界的瞩目。

三、日本马里奥主题乐园 IP 的开发应用

（一）日本马里奥主题乐园 IP 的解码

日本马里奥主题乐园 IP 背靠马里奥 IP，通过精心的创意设计，高比例还原游戏场景，满足游戏迷的强烈愿望，打造全新的文旅 IP。为了契合“跳跃”这个核心玩法，与线上马里奥“顶砖块、赚金币”的游戏精髓相呼应，主题乐园通过科技手段实现了这一游戏功能。在进入园区时，游客可以购买全新的 Power Up Band 智能手环，并在手机上下载环球影城官方 App。当游客戴上手环后触碰带着问号的箱子或者砖块，手机 App 就会同步增加相对应的金币数量，还可以利用手环解锁关卡、获取钥匙、显示最终 BOSS 等，同时还可以在 App 中查看地图、实时排名以及相关信息。在马里奥卡丁车的世界主题中，结合了 AR 扩增实境和投影技术，让游客可以在体验不同赛道的同时投掷龟壳、击退敌人，增加赛车体验感。新型科技的发展为 IP 的展示与运用提供了巨大

的帮助，为显示与游戏玩法无缝连接的理念提供了保障支持。

尽管乐园面积较大，但设计师在乐园内容设置中仍然不忘细节，做到了精巧设计、环环相扣。首先在乐园的整体设计上注重故事情节的连贯性，根据 App 中奇诺比奥队长的地图，游客需要找出隐藏在所有场景的 3 个鸡蛋以展开宝物冒险之旅。此外，园区还设置了互动装置，游客不仅可以体验单人游玩模式，而且可以体验多人组队模式。例如，食人花 BOSS 环节，需要多位游客共同触发机关实现通关。另外，设计师还设计了与电子游戏的联动，游客可以将 Power Up Band 智能手环当作 Amiibo 使用，在电子游戏中获取宝物。这些巧妙的设计极大地提升了游客的体验品质。

（二）日本马里奥主题乐园 IP 的传播

马里奥系列游戏的成功开发、周边产品的发行以及与其他游戏的互动成功地扩大了马里奥 IP 的名气。2016 年，马里奥在里约奥运会闭幕式的亮相，这更是将马里奥 IP 的知名度推向了巅峰。在设计之初，马里奥并非是日本人形象，而是一个被定义为“世界公民”的形象，它是一个由“日本人设计的、有着墨西哥人胡子、说着意大利口音英语的美国水管工”。2016 年，在里约奥运会闭幕式最引人瞩目的环节“东京八分钟”中，日本首相化身超级马里奥，头戴标志性的红色帽子，伴随着标志性的水管背景音乐，从马拉卡纳球场中央设置的“绿色管道”中升出，寓意着“Mario”（马里奥）穿越地球、打通东西和南北，直抵“Rio”（里约）。日本首相化身马里奥现身里约奥运会的事件在世界范围内进一步提升了马里奥 IP 的知名度。它让马里奥上升为日本二次元“国宝”，甚至打破了次元壁，成为日本国家形象的重要符号构成之一，同时也意味着超级马里奥已经从游戏 IP 转变为标志性的象征，并获得了全球范围内的传播和认同。

（三）日本马里奥主题乐园 IP 的应用

超级马里奥世界主题乐园建造的素材，包括乐园场景、活动体验、乐园人物等内容都源于任天堂旗下的马里奥系列游戏。在乐园的场景布置上，做到了与游戏场景的 1∶1 真实还原。园区的入口是一条长长的绿色水管，游客需要穿过这条管道才能正式进入乐园，这极大程度地契合了马里奥游戏的精髓。穿过管道游客可以陆续看到碧姬公主城堡、蘑菇王国和库巴城堡。在园区内到处分布着问号砖块、金币、蘑菇等经典道具与设施，同时为了增加游客的体验感，营造一种真实的游戏氛围。除了娱乐设施，美食和购物在主题乐园中也是必不可少的，乐园还建造了奇诺比奥咖啡厅、1UP 工厂纪念商店等配套设施。咖啡厅不仅拥有形似蘑菇的外观造型，内部的厨师也穿着奇诺比奥的服饰进行烹饪，游客可以透过窗口看到正在做饭的奇诺比奥们，高度还原游戏场景。餐厅在美食的造型设计上也融合了马里奥元素，游戏中的金币、会飞的七星瓢虫、戴帽子的马里奥汉堡、蘑菇披萨碗、问号砖块提拉米苏等，每一个细节都不禁让人惊叹。礼品商店（特产专营店）——1UP Factory 提供了马里奥世界的所有文创产品，如装扮类帽子、眼镜，毛绒玩具等，与其他地区的周边商店不同的是，在这里有很多园区独家限定版纪念商品，提高了商品的购买价值，让到访的游客都可以带回自己喜欢的纪念品。

四、日本马里奥主题乐园 IP 的价值创造

随着 IP 衍生价值不断被人们所挖掘，马里奥也开始了自己的跨界营销，实现了经济价值。例如，在快消、奢侈品、实体乐园等领域都作出了跨界合作。2017 年，超级马里奥与日本化妆品制造商植村秀联动推出了系列化妆品。植村秀将游戏和化妆品进行了充分融合，除了在包装上采用了超级马里奥中的经典元素以外，还将眼线笔、粉饼盒、化妆包在内的多个物品与这个 IP 进行结合，并采用《超级马里奥》独有的主题和色彩。同时，马里奥的形象也被广泛地运用到了各种商品中，形成了丰富多彩的文创产品。最值得令人注意的是，2015 年 11 月，任天堂宣布将携手环球影城在全球范围内打造一个超级马里奥世界主题乐园。尽管受全球新冠肺炎疫情影响，原本计划于 2020 年东京奥运会开幕前完成建设并向游客开放的超级马里奥世界主题乐园一直顺延到了 2021 年 3 月实现开园，但在开园当日获得了大量游客的关注。

任天堂和环球影城合作，融合打造超级马里奥世界主题乐园这一文旅 IP，这一举措相当于任天堂进入了一个新的领域空间——旅游地产行业。马里奥世界主题乐园的建立，不仅满足了游戏迷的情怀，而且增大了马里奥的受众范围，进一步推动了马里奥在国际社会的传播，一定程度上实现了其文化价值。

五、日本马里奥主题乐园 IP 发展启示

（一）明确 IP 定位，寻找合适的营销模式

马里奥 IP 乃至超级马里奥世界主题乐园 IP 在世界范围内取得巨大成功，其成功要素之一在于精确的 IP 定位以及准确的营销模式。马里奥这个角色在设计之初就被定位为“世界公民”，它利用各种“本土化”的文化意义和符号设计，将“世界性”和“本土性”进行了充分融合，成功地弱化了坚硬的东西方文化壁垒，也借此成为全球范围内共同的文化符号。同时在营销推广方面，进行了精准的市场定位，以游戏为核心培育了一批忠实客户群体。因此在文旅 IP 的开发设计之初，就需要明确 IP 的定位以及精准的市场群体。

（二）准确分析优劣势，搭建 IP 合作平台

在文旅 IP 寻找具体载体、开发相关产品时，开发商需要对自身目前所拥有的资源进行盘点与梳理，针对自身短板寻找合适的合作伙伴。在打造超级马里奥世界主题乐园时，任天堂充分认识到自身在主题乐园建设上的不足，因此选择了具有丰富的乐园建造与运营经验的环球影城达成战略合作伙伴关系以弥补不足，将马里奥 IP 与环球影城 IP 强强联手。可见文旅 IP 设计开发、产品落地、引流运营等内容并不一定需要一家公司进行全程运作，可以寻找合作伙伴共同经营，亦可以将个别部分外包，搭建合作平台以寻求效益最大化。

（三）结合前沿科技，助推 IP 展示与体验

5G 技术、AR、VR 虚拟实景技术、全息投影技术等新兴科技都是推动文旅 IP 全面展示、促进内容融合、提升活动体验的辅助帮手。在超级马里奥世界主题乐园中，大量地将这些科技应用到乐园游戏的设计中，将线下乐园与线上游戏做了充分的连接，极大帮助了马里奥 IP 与乐园的融合，增加了游客的体验感。因此，需要充分运用最前沿的科学技术，不断探索它们在文旅 IP 开发与应用中的作用。

（四）精巧融合 IP 设计，提升乐园内容价值

设计的创意与内容的充实是一个文旅产品或项目成功的重要因素，对于一个以 IP 为灵魂的主题乐园，IP 与乐园场景布置、游戏体验等恰当融合就显得至关重要。超级马里奥世界主题乐园汲取了马里奥系列游戏中的内容，真实还原游戏场景、将线上核心玩法无缝转换到线下，同时注重细节设计，极大地丰

富了游玩内容。因此在打造文旅 IP 项目时，需要在核心主题内容上寻找合适的方式凸显 IP，并把控微观细节，提升项目内容价值。

第六节 法国卢浮宫 IP

一、法国卢浮宫 IP 简介

卢浮宫位于法国巴黎市中心的塞纳河北岸，占地约 24 公顷。它的整体建筑呈“U”形，现为卢浮宫博物馆，共分为希腊罗马艺术馆、埃及艺术馆、东方艺术馆、绘画馆、雕刻馆和装饰艺术馆六个部分。它是世界上最古老、最大、最著名的博物馆，同时也是世界四大博物馆之首，世界著名的艺术殿堂，举世瞩目的万宝之宫。法国卢浮宫 IP 是历史发展的产物，具有雄厚的文化底蕴，是法国文旅业的代表性 IP。据统计，卢浮宫宫殿共收藏有 40 多万件来自世界各国的艺术珍品，身处宫殿之中，游客面对种类繁多的艺术珍品难免会被其背后的历史情绪所感染，从而浮想联翩，这正是卢浮宫的魅力。

二、法国卢浮宫 IP 发展历程

卢浮宫始建于 1204 年，当时只是菲利普・奥古斯特二世皇宫的城堡。在十字军东征时期，菲利普二世修建了一座通向塞纳河的城堡，保卫北岸的巴黎地区，彼时的城堡用于存放王室的档案和珍宝，同时也存放他的狗和战俘，当时就称为卢浮宫。[①] 关于“卢浮宫”名字的由来目前主要有两种说法，一是认为该建筑曾经住过传说中的捕狼猎手，另一种说法是不仅捕狼猎手在这里生活，还训练过捕狼猎狗，而“卢浮”一词与“母狼”一词发音相近，故取名为“卢浮宫”。所以，卢浮宫最早建设的目的只是用于应对战争，让档案和珍宝规避于战争的迫害，得到更好的保存。

从查理五世开始，卢浮宫用途开始有了根本性转变，卢浮宫正式成为皇

① 赵萱. 艺术宝库卢浮宫［J］. 科学大观园，2009（14）：32-34.

宫，这一转变标志着卢浮宫的历史地位得到了明显的提升，开始为皇室所专用。在以后的 350 年间，法国皇室们有了更高的寻欢作乐要求，为了满足这种要求，开始对卢浮宫进行扩建和改建过程，不断增建华丽的楼塔和别致的房间。自此，卢浮宫成为皇室的象征，距离普通公民越来越远。然而，在此后的 150 年间，卢浮宫却没有国王入住，甚至面临着拆除的风险。

到了 16 世纪中叶，弗朗西斯一世继承王位以后，把这座皇家宫殿拆掉了，并在原来的基础上重新建设了一个新的宫殿，并要求知名画家为其画像，同时购买了众多当时知名的绘画作品放在宫殿中，其中就包括举世闻名的《蒙娜丽莎》。后续，亨利四世对卢浮宫进行了大规模的建设，花费了 13 年时间，建设了最壮观的大画廊，他购买了当时欧洲著名的画作包括卡夫卡、伦勃朗等人的作品用于宫殿的装饰。路易十四上台后，把卢浮宫建成了方形的庭院，并在庭院外面修建了富丽堂皇的画廊。因此，卢浮宫就得到了一次重生，规模更大、内容更加丰富、变成一座更富丽堂皇的宫殿。

1792 年法国国会经过讨论决定对卢浮宫的归属进行二次转变，卢浮宫以后不再属于皇室独有，而是归属于法国民众。1793 年 8 月 10 日，卢浮宫艺术馆正式对外开放，成为公共博物馆。这种状况一直延续了 6 年，直到拿破仑一世搬进了卢浮宫。①

卢浮宫的建筑群整个建设过程中持续 600 多年，到了拿破仑三世方才建设完毕，卢浮宫宏大的建筑规模正式形成。由于拿破仑执政期间，不断进行掠夺和殖民，当时卢浮宫的展品规模不断壮大，直到拿破仑战败前达到了巅峰。拿破仑三世为卢浮宫最后的建设做出了最后的贡献，是卢浮宫整个建设过程中投入最多的帝王，富丽堂皇的卢浮宫到此时便正式形成。

1981 年，法兰西总统在一次记者会上承诺“让卢浮宫恢复原来的用途”，全部的政府力量从卢浮宫撤出，卢浮宫开始独立，成为真正的卢浮宫博物馆。进入 21 世纪以后，随着全球大众旅游时代的到来，文旅产业开始从第三产业中迅速崛起，卢浮宫凭借深厚的文化底蕴在文化旅游业中不断创新，得到了更进一步的发展，成为法国的文化旅游业的一张“金名片”，并最终形成卢浮宫这一文化和旅游 IP。卢浮宫这一文旅 IP 以法国历史文化为背景，体现了不同

① 雨妮．感受欧洲（五）——卢浮宫·建筑［J］．中外建筑，2014（2）：25-29+24.

阶段法国不同的文化特征，从路易十八、查理十世到路易菲利普，从第二共和国、拿破仑三世的第二帝国到第三帝国，再到21世纪，体现了法国的辉煌与沧桑，是法国文化传承的重要载体。

三、法国卢浮宫IP的开发应用

卢浮宫位居世界四大博物馆之首，卢浮宫已有800年的建设和运营历史，是世界上历史悠久、藏品最丰富的大型博物馆，其发展历史也是法国的发展历史。卢浮宫的开放不仅是法国旅游业的“金名片”，同时也是法国文化走向国际的重要窗口。目前，卢浮宫IP已经在多个领域应用，如服装、文创产品，给法国带来不小的收益。

（一）法国卢浮宫IP的解码

1204年，作为法国王宫的卢浮宫正式建立，50位法国国王和王后曾在此居住，是法国古典主义时期最珍贵的建筑物之一，以收藏丰富的古典绘画和雕刻而闻名于世。1793年8月10日，卢浮宫艺术馆成为一个博物馆，正式对外开放。在经过几百年的时间洗礼后，卢浮宫IP更具有文化历史的独特性。现在，卢浮宫IP已经成为法国著名的金名片，具有丰富历史内涵的卢浮宫，每年接待来自世界各地的游客近千万人次，是举世瞩目的文化和旅游胜地。作为世界四大博物馆之首，卢浮宫具有极强的艺术性，是世界上拥有最多藏品的博物馆。而从卢浮宫的建筑本身来说，它承载了法国800多年的历史，是法国独有的古典主义风格和巴洛克风格的代表。

在卢浮宫的广场上，有一座巨大的玻璃金字塔，那是由世界著名建筑师贝聿铭先生设计完成的。通过玻璃金字塔，连接起历史与现代、过去与未来，同时也连接起传统美学与现代美学，赋予了卢浮宫IP在历史文化之外另一独特的魅力。私人捐赠和对外殖民等历史原因使得卢浮宫藏品不断增加，如今，有40万件艺术藏品登记在册，包括古代埃及、希腊、埃特鲁里亚、罗马及东方国家的艺术品，从中世纪到现代的雕塑作品，以及数量惊人的王室珍玩和绘画精品等。[①]

① 爱上博物馆法国印象［J］. 青年与社会，2007（3）：26–35.

（二）法国卢浮宫 IP 的传播

卢浮宫博物馆正式对外开放以后，凭借其强大的展出迅速成为欧洲的顶尖博物馆，后续一度跻身于世界四大博物馆之首。为了扩大卢浮宫 IP 的传播范围，增强卢浮宫 IP 在世界文旅 IP 的市场占有率，卢浮宫通过建设网站、“世界上的卢浮宫计划”以及借助优质的服务形成良好口碑等进行市场拓展，加大文创产品的开发，通过“电影典藏计划”发展电影产业，通过周边及文创增加博物馆的衍生品创造。让更多的游客认识并了解卢浮宫 IP，从而吸引其前来参观。

卢浮宫 IP 不仅在文化旅游业发挥重要作用，成为法国文旅业核心吸引物，进一步增强法国文旅业的核心竞争力，更是对整个国家具有重大意义。卢浮宫同凯旋门、埃菲尔铁塔、巴黎圣母院、香榭丽舍大街等众多世界知名建筑共同构成了法国对外的国家形象名片，对增加法国的国际地位、增强国家影响力、对外展示法国文化内涵和完成文化输出方面起到了至关重要的作用。卢浮宫在法国人心中就像是一件国宝一样，成为法国民众心中的骄傲与自豪。

（三）法国卢浮宫 IP 的应用

卢浮宫在商业板块的应用主要有以下四个板块：藏品复制品和仿制品、出版物、音像产品以及文创产品。通过构建 IP 体系，加以 IP 运营，能够对卢浮宫的现有藏品以及博物馆本身进行有条理、有机制的合理运营。

卢浮宫作为西方古典艺术的经典代表建筑，并且是拥有全球最多收藏品的博物馆，是一个大 IP，吸引着来自不同行业诸多企业的争相合作。2019 年，为纪念达·芬奇逝世 500 周年，卢浮宫与来自美国的国际潮流品牌 Off-White 联名合作推出了以达·芬奇为主题的限定系列服装。将在卢浮宫展出的达·芬奇作品进行授权使用，再加上 off-white 本身标志性的 logo，在时尚潮流圈引起不小轰动，联名商品也一抢而空。除了 off-white 这种高端潮流品牌外，2021 年，卢浮宫还与来自日本的平民品牌优衣库签订了四年的战略合作协议，相继推出了卢浮宫展品的印花联名款服装。

除了在服装领域的应用外，卢浮宫与故宫文创一样，与一些突破群众认知的行业进行大胆尝试。比如，2020 年卢浮宫与国产美妆品牌玛丽黛佳联名推出卢浮宫艺术限定系列产品组合，内含有一支以卢浮宫三大镇馆之宝之一的“胜利女神”为灵感的口红，以及粉底与眼影盘。除此之外，由于 2020 年的新冠肺炎疫情，卢浮宫在长期内无法对外开放，但是它与日本的著名游戏厂商任天堂于 2013 年共同推出了卢浮宫电子导览再度火热。玩家可以通过游戏的同时，跟随电子导览游览卢浮宫。

卢浮宫现在作为一个世界级的大 IP，不同于很多商品或者可消费的 IP，它所拥有的艺术品具有不可复制性和极强的艺术性。通过 IP 授权的方式，跨领域多产业融合，跨区域进行应用，扩大卢浮宫对外传播范围的同时，也能够让卢浮宫在除了一些固定的门票收入外继续实现创收，同时有助于对卢浮宫的艺术品的知识产权进行有效保护。

四、法国卢浮宫 IP 的价值创造

进入 21 世纪，随着卢浮宫成为法国文化旅游业的知名 IP，为法国文旅产业的发展带来了巨大的变化。卢浮宫 IP 为法国的文化旅游业做出了突出贡献，根据法国官方统计显示，卢浮宫的旅游接接待人数逐年上升。2018 年卢浮宫的旅游接待人数就已经达到了惊人的 1000 多万人次，2020 年因为受到新冠肺炎疫情影响，有所下滑，但整体上仍表现出向上增加的趋势。根据数据统计，卢浮宫的年接待游客中有超过 75% 的比例是国外游客，客源国前两名并非都来自欧洲周边国家，其中美国、中国和欧盟成员位居前三，这足以证明卢浮宫在国际上的影响力非常深远，覆盖到亚洲、美洲等其他大洲。卢浮宫 IP 的成功，一方面带动了法国文旅业的发展，实现了社会价值；另一方面其背后的文化背景也被更多人所熟知，扩大文化的传播范围，实现了文化价值。卢浮宫每年的经费预算大概在 2 亿欧元左右，其中大概一半需要靠博物馆自行创收，它的收入主要来源于门票收入以及商业活动两个板块。虽然每年卢浮宫的游客数保持了一个持续增长的趋势，但 2020 年由于新冠肺炎疫情，卢浮宫无法开门迎客，这就让卢浮宫的商业活动在收入中的比例显得格外重要。将卢浮宫打造成为一个 IP，能够更好地拓展它的经济价值，并能够更好地保护卢浮宫藏品的知识产权。

五、法国卢浮宫 IP 发展启示

卢浮宫作为法国历史遗留下来的建筑，由于多年的建设和积累，其文化底蕴非常深厚，发展文化旅游业拥有先天性的基础优势。但使卢浮宫真正成为世界知名文化和旅游 IP 的原因除了基础优势以外，更离不开其在运营管理、服务品质和产品研发方面付出的努力。

（一）IP 运营管理更加专业

在博物馆的管理层面，法国对卢浮宫的管理采取的是“政府干预 + 自主治理”的模式，政府在宏观层面对博物馆的整体进行把控，在各项政策上给予发展助力。一方面，会给博物馆一定的自主权，让其发挥自身优势，寻找更加适合自身的发展方向。另一方面，政府会限制博物馆的自主权，不能任其过度发展，博物馆自治性问题是如今法国博物馆发展的中心问题，特别是自治程度高低的问题，自主权过大或过小都不利于博物馆的可持续发展。

（二）IP 服务品质更加优质

在博物馆的服务层面，展览展示只是博物馆发展文化旅游业的基础，如何提供更加多元、优质的深度服务是博物馆 IP 要进一步拓展的核心内容。对于卢浮宫而言，除了藏品展示以外，还致力于在其餐饮、奢侈品销售、住宿等方面来吸引游客，增强整个博物馆的核心吸引力。要实现博物馆的转型升级，增加博物馆 IP 的核心竞争力，就要抛弃藏品博物馆的概念，意识到博物馆是以为公众服务为目的。卢浮宫就是坚持这个原则，承担的作用是连接法国社会和生活功能的重要场所，也是公益事业的积极参与者，最大限度地发挥出了博物馆的文化价值和教育价值，真正地做到服务民众、服务社会、促进交流的目的。

（三）IP 产品研发更具创意

博物馆的产品研发，最大的弱点在于同质化严重，开发利用率低。卢浮宫的创意性产品研发历史已经接近百年，已经形成了较为成熟的产品研发体系。除了普通的明信片、文具等纪念品，法国的国家博物馆联合会还经常会开发一些限量版的纪念品，游客在博物馆内的实体商店才可以买到。尽管卢浮宫产品的购买渠道较少、定价高、数量也少，但是这些创意性产品依然热销。[①] 卢浮宫创意产品不单单聚焦于历史和现代，更强调两者的融合，一般是对古典文化进行时尚化的提升，增加卢浮宫 IP 衍生品的附加值。

---

① 李大伟，柴婷 . 卢浮宫的运营特色及其借鉴意义［J］. 江南论坛，2020（11）：38-40.

第十三章　商品节庆类文化和旅游 IP

第一节　故宫文创 IP

一、故宫文创 IP 简介

作为唯一保存的古代皇宫和中国文化艺术珍贵文物的集聚地，故宫能满足每一个希望探寻中华文明的人的情感需求。人们可以在这里触摸代表至高无上的帝王宫殿，也可以感受延续了几千年的皇帝制度。故宫文创 IP 所涉及的范围比较广泛、全面，从生活用品、文物馆藏、创意家居、创意文具和创意出版物，其形成主要依赖于故宫背后所代表的独一无二的历史地位和文化价值。故宫博物院作为我国博物馆的代表，近几年来全力开拓文创事业，通过多种方式不断创新文创产品，拓宽产品领域，逐步走出了一条符合自身特点的文创产品开发之路，形成了具有自身特色文创 IP 形象。根据故宫学院院长、故宫博物院原院长单霁翔的观点，故宫文创的开发历程，是故宫文创 IP 成功的最好见证。故宫文创的创意来源于故宫深厚的历史文化背景，文创产品的设计也融入了故宫的皇家元素、馆藏品元素等，使其在当前的文创产品市场上别具一格。故宫文创的背后不仅是故宫文化，其产生和发展离不开当代的市场需求。面对日益多元化的市场需求，故宫另辟蹊径，凭借“卖萌 + 搞笑”的高超技艺，600 岁的故宫成为当代的文创网红，带来了传统文化的热潮。“朕知道了”“爱是一道光”“这是朕为你打下的江山”等系列经典金句收获了大批消费者。随着《我在故宫修文物》《如果国宝会说话》《上新了 · 故宫》等爆款纪录片的热播，让有着 600 年的故宫更加接地气。截至 2020 年年底，故宫文创产品种类已超过 1 万种，成为国内博物馆文创的领先者，各式各样的产品也常常因为创新的设计爆红网络。从设计到生产再到销售，故宫的文创产品都是建立在深度挖掘故宫文化内涵的基础上的，每个流程都渗透了故宫博物院先进的理念和辛勤的付出，生动体现故宫文创 IP，丰富发展了故宫文创 IP 的形象。

二、故宫文创 IP 发展历程

（一）IP 摸索发展期

故宫文创作为文旅 IP 其发展不是一蹴而就的，近些年，故宫博物院一直在探索故宫文创 IP 的发展路径。自故宫文化服务中心成立以来，故宫产出了一系列文化产品，如书画、瓷器、铜器等，其样式都基本遵循了馆藏文物的原貌，虽然做工精美细致，却缺乏创新，难以引起大批消费者的购买欲望，这使得故宫文创产品的销售陷入了困境。2008 年 12 月，为了销售故宫周边原创产品，故宫博物院网店・原创设计店铺上线，故宫开始网上售卖产品。2010 年 3 月，名为“故宫博物院”的微博账号上线，这也是故宫博物院在网络社交平台上的第一个官方账号，建立了故宫博物院与大众直接交流的线上渠道。2010 年 10 月，故宫淘宝正式上线，这也是名胜古迹中特地开通线上淘宝来售卖相关 IP 文创产品的先例。2010 年 11 月，“故宫淘宝”微博开通，故宫开始有针对性地利用微博来宣传网店和原创产品。从“故宫淘宝”的早期微博可以看出，刚开始的微博推文比较中规中矩，后因品牌转型开始变得具有趣味性，但或许是因为刚成立，粉丝基础不够庞大，“故宫淘宝”的微博开通了几年也没有在网上激起大的水花。

（二）IP 飞速成长期

故宫文创 IP 发展的转折点出现在 2012 年。2012 年 1 月，单霁翔任故宫博物院院长。上任后，单霁翔开始了故宫文创 IP 的转型和打造。他不仅走遍了故宫 9371 间房子，争取到了 4 亿元的文物保管预算，更看到了 1700 多公里外点亮台北“故宫博物院”的那道火光，并大受启发。2013 年，台北“故宫博物院”推出的“朕知道了”创意纸胶带随着清宫剧的热映受到市场追捧，也爆红于国内社交媒体网络。单霁翔看到了故宫在文创上的巨大潜力，决定以大众需求为导向，开始故宫文创 IP 打造计划。

2013 年 9 月，“故宫淘宝”微信公众号上线。公众号早期的文章风格集科普和趣味于一体，没有人设定位，阅读量也不温不火。直到2014年画风突变，2014年8月，公众号发布的一篇名为《雍正：感觉自己萌萌哒》的文章引起广泛关注，文章一经发出后阅读量迅速突破了10万。文章里的雍正一改往日在大众心目中庄严严肃的古代皇帝形象，通过反差萌成为故宫文创品牌下第一个IP代言人。在这之后各种可爱搞笑画风的文章层出不穷，粉丝数量也不断增长。同年10月，故宫推出印有“朕就是这样汉子”的折扇等一系列文创产品深受大众喜爱，让故宫文创IP再度得到延展。2015年，Emoji开始盛行，故宫紧跟潮流，发布了一系列独特的表情包，如比剪刀手的雍正帝、呆萌的小侍卫等，极大地宣传了故宫品牌文化。此外，自2013年故宫首次开发“胤禛美人图”App以来，此后陆续上线了“紫禁城祥瑞”“皇帝的一天”“韩熙载夜宴图”“每日故宫”“清代皇帝服饰”“故宫陶瓷馆”“掌上故宫”等多款制作精良的App。其中“韩熙载夜宴图”被评价为“融汇学术、艺术、科技，贯通视觉、听觉、触觉，动态重现的华美夜宴”。[①]通过App，故宫向大众展示了故宫文化以及背后的故事，收获不少好评，故宫也自此走上了“炒作”历史人物的趣味路线，通过对自身IP的挖掘，故宫文创也逐渐走入了大众视野，在网络上开始了爆炸式发展。

（三）IP持续爆发期

2016年1月，以讲述故宫修复师修缮文物的故事为主题的三集文物修复类纪录片《我在故宫修文物》在CCTV-9播出。片子播出后迅速走红，掀起了一阵复古热潮。同年，故宫与腾讯NEXT IDEA跨界合作的一套《穿越故宫来看你》H5刷爆了朋友圈，打开了故宫跨界合作的序幕。故宫也通过这套H5，让IP形象真正意义上走入了大众视野。此后，卡地亚、抖音、小米、百雀羚、QQ音乐等众多品牌向故宫抛出合作的橄榄枝。不同品牌的合作，让故宫的产品几乎覆盖了全年龄段受众，故宫也借此成功向大众展现了一个具有悠久历史又活力四射的IP形象。2017年，由故宫牵头的《国家宝藏第一季》成为大型“现象级”文博探索节目，带动了全国的“博物馆热”，故宫文创IP的受众也更加趋于年轻化。2018年11月，故宫博物院推出首档文化季播节目《上新了·故宫》，首次将故宫博物院未开放区域呈现在大众面前，打破了

① 穆筱蝶．“互联网+”背景下博物馆文创开发策略研究——以北京故宫博物院为例［J］．新闻研究导刊，2017，8（21）：251–252.

大众对故宫的刻板印象，并打造了承载故宫故事的文创产品，引流与带货两不误。[①]同年 12 月，故宫博物院推出了《国家宝藏第二季》，成功挖掘了故宫旗下更多具有潜力的子 IP。此外，“故宫文创”和“故宫淘宝”两家官方机构在 2018 年年末推出了口红彩妆，成为“国潮”品牌的最新代表。2019 年的元宵节前夕，故宫博物院推出了“紫禁城上元之夜”活动。作为故宫首次举办的灯会活动和首次夜间接受公众预约，消息一经公布就瞬间点燃了大众的赏月热情，故宫也成功刷屏了一波节日事件营销。

接下来，故宫将继续挖掘更多动人 IP 故事，提升故宫文创 IP 价值，开发更多文创产品，输出更多文化内容，将故宫文创 IP 不断壮大。

三、故宫文创 IP 的开发应用

（一）故宫文创 IP 的解码

故宫文创 IP 的背后是故宫深厚的历史文化。作为唯一保存的古代皇宫宫殿，故宫深厚的历史文化蕴藏使其成为中华民族的一个重要代表，也是我国历史文化的一个标志性符号。故宫文化包含了宫廷文化、博物馆文化、中国传统文化等，故宫的文创产品也融合了宫廷文化、博物馆文化等多个文化元素，使其在众多文创产品中独树一帜。

1. 文化解码

故宫文化在一定程度上指宫廷文化。[②]在宫廷文化中，建筑是重要的组成部分之一，而故宫的建筑技艺在世界上可以说是首屈一指的。故宫建筑不论是在布局上，还是在设计上，都蕴含了深刻的政治和历史意义。整座故宫沿着一条南北向的中轴线排列坐落而成，故宫最重要的三个大殿就位于此线上，其余建筑以此线对称分布。故宫建筑的建筑体系体现了皇家和权力的思想，主要通过建筑花纹、颜色等装饰来体现，如建筑的飞檐屋角、龙凤纹和云龙图案，色泽上大面积的红绿相接等。除了建筑，服饰也是宫廷文化的重要组成部分。皇家服饰多绣以一些代表身份地位或祥瑞的图案，象征着皇帝独尊、君权神授的思想，也代表祈福纳祥的思想，皇帝服饰上使用最多的明黄色也是皇帝独有的颜色象征。

---

① 郑钰潇，张广源 . 后 IP 时代的故宫文创［J］. 中华手工，2019（2）：66-69.

② 周沛霖 . 故宫文创品牌“超级 IP”塑造策略研究［D］. 湘潭：湘潭大学，2020.

2. 文化创新

故宫文创产品之所以如此知名，重要的原因之一就是文化创意的创新。故宫博物院开发的文创产品有两大类：实体文创产品和虚拟文创产品。

实体文创产品的开发方向可分为四类：表象元素的转化、内涵寓意的应用、产品设计的萌化以及特色产品的呈现。① 表象元素的转化主要是提取故宫博物院馆藏文物的形状和图案等外在元素，并通过设计将其巧妙应用在实体文创产品中。比如，暗香盈袖花囊手镯就是以雍正皇帝喜爱的金累丝花囊为设计灵感，手镯上的花囊形状十分接近金累丝花囊。再比如清明上河图·纸雕灯运用激光纸雕工艺，将《清明上河图》的平面画卷转化成立体生动的文创产品，实现了以立体影像呈现汴河两岸的热闹景象。内涵寓意的应用是通过挖掘更深层次的文化内涵，将其以文创产品的形式来呈现，使其既能满足受众对产品的功能性需求，又具有深层文化含义。如紫禁城福禄寿吉祥杯垫就蕴含了馆藏文物中蝠、鹿、鹤三种吉祥动物形象，使产品具有“福”“禄”“寿”的美好寓意。产品设计的萌化就是将产品的外形、动作等进行萌化设计，带给受众轻松、愉悦之感。“故宫猫”系列文创产品将萌化设计运用到了极致，通过“故宫猫”卡通形象设计出来的故宫猫钥匙扣、故宫猫橡皮泥等文创产品深受大众喜爱。特色产品的呈现就是将故宫某一类蕴含深厚文化资源的藏品进行开发，并进行系列化产品设计和呈现。例如，岁朝、冰嬉、婴戏系列文创产品，此产品的创作灵感源于三幅与“岁朝”相关的古画，据此设计了故宫·冰嬉图手账、婴戏图·书签套装和岁朝行乐图·纸雕灯三种具有不同功能但整体风格一致的文创产品。

虚拟文创产品的开发有场景还原和感官体验两个开发方向，重点体现了身临其境的代入感和寓教于乐的参与感。以纪录片《我在故宫修文物》为例，影片用一种年轻的视角望进古老故宫深处，通过文物修复的历史源流、“庙堂”与“江湖”的互动，近距离展示了稀世珍宝的“复活”技术、文物修复师的日常生活与修身哲学。② 这种贴近日常的讲述方式，容易让观众联想到自身从而产生共鸣。再比如故宫博物院制作的《皇帝的一天》，受众可以通过手绘场景和人物来了解清代皇帝的日常生活，也可以通过交互游戏来体验清代宫廷文

① 赵彤彤．北京故宫文创产品的开发与运营策略研究［D］．烟台：烟台大学，2019.

② 我在故宫修文物［EB/OL］.（2016-12-16）［2021-4-13］.https://movie.douban.com/subject/26910059/.

化，既获得有趣的参与感，又受到了文化熏陶。

（二）故宫文创 IP 的传播

在故宫文创 IP 众多运营策略中，新媒体运营的成功可以说是故宫文创 IP 火起来的一大关键。故宫博物院在传播文创产品时，灵活运用微博、微信、电商等线上渠道和展览、实体店等线下渠道，并根据不同渠道的传播特点，选择与之相匹配的文创产品，通过定制化对产品内容进行传播，形成线上线下联动的产品运营模式，发挥了运营的最佳效果。比如，“故宫淘宝”通过“文字 + 产品图片”和转发网上故宫文创产品的相关微博等方式来宣传故宫文创，刺激受众的消费心理。“故宫淘宝”的微信推文如今也已经是篇篇几万的阅读量，多的甚至 10 万 +，通过诙谐幽默的语言来科普故宫传统文化。

多重合作也是故宫文创 IP 运营的重要策略之一。故宫博物院在推广故宫文创 IP 时主要采用了联名合作和跨界合作两种合作方式。比如，故宫博物院与网易手游携手打造的手机游戏《绘真·妙笔千山》就是以馆藏山水画《千里江山图》为创作蓝本的，目的是通过游戏将中国优秀的传统文化传播至世界各地。再如故宫文创主题的信用卡，就是故宫文化与金融业进行跨界合作得很好的一个案例，该合作也实现了日常生活和故宫文化的连接。

除了新媒体运营和多重合作，故宫还通过诸如使用当下流行的网络用语进行卖萌、与拥有高度关注度的艺人合作、面向公众征集文化产品创意等方式制造话题，以此提高故宫文创 IP 的舆论热度，提升 IP 知名度。

（三）故宫文创 IP 的应用

为了满足游客更多的文化需求和消费需求，故宫博物院在故宫展区内开设了故宫文化创意馆，内设了丝绸馆、影像馆、铜艺馆、木艺馆、陶艺馆、御窑馆、服饰馆、紫禁书院八个展厅，用来集中展示各类文创产品。除了文创产品体验店外，故宫博物院还会举办一些线下的创意活动，让故宫文化走进人们生活。2018 年，故宫在北京三里屯开了首家名为“朕的心意”的快闪店，同年分别在厦门、济南等地方开了“故宫快闪店”，进一步让人们感受到了故宫文化的魅力。此外，故宫博物院借助其他平台、品牌的影响力，选择与其进行合作和联名来实现产品的跨界传播。奢侈品方面，2014 年起，故宫和知名珠宝品牌周大福达成战略协议，联手打造了“故宫文化珠宝”品牌，并借助新媒体平台微信公众号对产品进行推广，建立专门的微店进行销售；在产品开发方面推陈出新，2016 年又推出了周大福“故宫系列”首饰；2017 年推出了“故宫百宝阁系列”首饰。[①] 除了同高端品牌联名合作以外，故宫也会借助各大社交媒体平台来扩大产品的传播范围。2016 年起，故宫和时尚领域自媒体“黎贝卡的异想世界”合作，接连推出了“故宫・猫之异想”首饰和“异想系列”手账。游戏 IP 方面，故宫与《王者荣耀》合作开发角色甄姬新款皮肤“游园惊梦”；与《奇迹暖暖》开展形象授权合作，设有故宫传统服饰专区。故宫还同腾讯保持着长期战略合作关系，每年都会以腾讯创意大赛的形式向社会征集表情包、动漫等故宫文创 IP 创意，不断拓展文创产品新领域。

四、故宫文创 IP 的价值创造

（一）故宫文创 IP 的经济价值

故宫文创产品的销售是故宫博物院重要的收益来源，2017 年文创产品的销售额就达到了 15 亿元。根据清华大学文化经济研究院和天猫联合发布的《2019 博物馆文创产品市场数据报告》显示，2019 年博物馆文创市场呈现出高速增长态势，博物馆网络成交规模较 2017 年扩大了 3 倍，仅故宫就在天猫拥有 6 家店铺。[②]2008 年故宫博物院成立了文化创意中心，同年在淘宝上开设了店铺——“来自故宫的礼物”，截至 2021 年 6 月淘宝粉丝数量，高达 746 万。2016 年故宫博物院文创旗舰店正式上线，截至 2021 年 6 月粉丝数量达到了 443 万，较 2019 年 12 月增长了 103 万。兼具文化、功能与审美价值的故宫文创，吸引了广大消费群体，为故宫博物院带来了可观的收益。

（二）故宫文创 IP 的文化价值

随着故宫文创产品的不断创新，这些产品逐渐被赋予了新的生命，其背后所代表的故宫文化经过历史沉淀后，成为新时代文化的重要组成部分。一个经典 IP 产生的影响是广泛并且深远的，不断融入时代思想的故宫文创 IP，也逐渐成为一个优质的文旅 IP。故宫文创 IP 蕴含了深厚的故宫文化，是民族文化的重要部分，具有民族深厚的历史文化底蕴。故宫文创 IP 的持续开发能不断提高 IP 的文化水平，拓展 IP 文化价值链，助力故宫文化的可持续发展。

---

① 张倩．故宫 IP 产品的整合营销传播研究［D］．济南：山东师范大学，2020.

② 2019 博物馆文创产品市场数据报告［J］．公关世界，2019（22）：19-22.

五、故宫文创 IP 发展启示

（一）以文化传承为核心竞争力

故宫文创 IP 能在众多文旅 IP 中脱颖而出，并在文创产品市场中占据一定份额，核心就是坚持对故宫文化的保护和传承。故宫文创产品在设计和开发的过程中，不仅将故宫博物院的馆藏文物作为主要的灵感来源，也将故宫自身所蕴含的宫廷文化作为主要的呈现对象。比如“太平有象”书签的灵感来源就来自紫禁城的吉祥物“太平有象”，寓意了天下太平、五谷丰登。网易和故宫联手开发的手游《千里江山图》里的颜色就主要从馆藏山水画《千里江山图》里提炼而来，这不仅是对《千里江山图》里的颜色的传承，也是对文物背后“工匠精神”的传承。[①]

从故宫文创 IP 的成功可以看出，一个文旅 IP 要想获得成功，要做到传承文化、活用文化，并且将文化“活化”。这给予了其他博物馆非常重要的启示。对于故宫文创 IP 这一类以博物馆文化为基础的文旅 IP，要深入挖掘博物馆背后的历史文化，传承和发扬优秀传统文化，打造优质的文创产品，塑造博物馆自己的文化品牌。

（二）以产品质量为市场保障力

故宫文创产品可以说是故宫文创 IP 取得现有成就的一大推动力。从一开始的手机壳、扇子等生活中常见的文创产品，到“日晷计时器”、故宫旅行箱等富含文化创意的产品，故宫在深入挖掘馆藏文物文化内涵的同时，将历史性、观赏性、艺术性、科学性等充分融入文创产品，不断拓展文创产品体系。截至2020年年底，故宫累计研发了陶瓷、书画、服饰、食品等28个系列产品，共计 14328 件套，其中包括 2020 年新推出的故宫猫盲盒、荷包口红、故宫月饼等。故宫博物院在文创产品上不断创新，将故宫传统文化和现代流行文化相结合，满足受众需求的同时提升文创产品文化内涵和品牌价值。此外，故宫还与专业电视媒体合作，共同制作推出了《国家宝藏》《上新了 · 故宫》《我在故宫 600 年》等优质纪录片和综艺节目，将传统文化通过网络媒体呈现给观众，在社会中引起了良好的反响。故宫各类产品获得成功的原因不仅在于懂得抓住市场时机，还在于不断创新，这也是其他博物馆需要借鉴的地方。只有根据市

① 周沛霖 . 故宫文创品牌“超级 IP”塑造策略研究［D］. 湘潭：湘潭大学，2020.

场需求不断创新产品，与时俱进，才能一直获得大众的认可，同时在市场上不断扩大 IP 影响力，提升 IP 形象。

（三）多种渠道扩大品牌影响力

故宫旗下有多家店铺，如“朕的心意”故宫食品店、故宫文创天猫旗舰店等，这些店铺都有专门的定位，可以更准确地瞄准目标人群；除了专门的店铺，故宫还联合综艺节目《上新了·故宫》销售文创产品，通过不同的细分市场更广泛地满足了大众需求，扩大了故宫文创 IP 影响力。故宫还开展了“门票＋文创”双盈利模式，通过故宫这一文化类旅游景点的开发以及故宫文创产品的销售，逐步增强故宫文创 IP 的经济价值。在传播渠道和方式上，故宫通过各类新媒体融入大众的日常生活，增强和大众的互动。故宫这种逐步拓展 IP 知名度的成功模式也为其他博物馆提供了新思路。在新媒体快速发展的时代，要通过不断扩展营销渠道来提升 IP 影响力，增强粉丝黏度。对于其他博物馆来说，一方面要在销售上开拓电商平台，通过电商平台细分市场来扩大受众群体，并打通线下市场，拓宽 IP 的影响力。另一方面要开展多层次的传播，除了电商平台，还可以通过社交媒体、地铁、公交等传播方式来扩大 IP 的传播范围，进而提升 IP 知名度。

第二节 缙云烧饼 IP

一、缙云烧饼 IP 简介

缙云是我国“南方黄帝祭祀中心”和“南方黄帝文化辐射中心”。缙云烧饼也称“黄帝饼”“轩辕饼”，历史悠久，工艺精细，世代传承，是缙云最著名的传统美食，也是缙云农民创业就业的传统方式。缙云烧饼 IP 的打造最初依赖的是其背后独特有趣的传说。缙云烧饼距今已经 600 多年，相传轩辕黄帝在缙云仙都的石笋上用仙鼎炼丹，肚子饿了就用山泉和面，把面团贴在炼丹炉内壁烤熟后充饥，此饼色泽金黄，酥糯可口，香飘四野。之后缙云百姓就用陶土模仿黄帝的丹炉来制造陶炉，烧烤面团食用，希望也能升仙。经过不断改进，缙云百姓终于创造出了自己独特的烧饼桶和闻名于世的缙云烧饼。充满神秘色彩及美好寓意的故事总能引起游客的好奇心，借助此亮点并结合当地特色旅游而产生的缙云烧饼 IP 成为拉动当地相关产业的主力。缙云烧饼 IP 不仅包含烧饼本身的特色，而且包括与烧饼相关的旅游文化特色，如仙都景区、黄帝文化等，缙云烧饼在缙云烧饼 IP 中是重要的媒介。

二、缙云烧饼 IP 发展历程

“炉传三百世，饼香五千年”的缙云烧饼，用了 6 年时间从一个路边摊成为一个大产业。2013 年，在充分调研的基础上，缙云县委，县政府正式启动缙云烧饼 IP 的设计与建设。2014 年，缙云成立烧饼办，在政府的引导和支持下，规划烧饼品牌建设和发展路径。通过注册统一商标、设计品牌形象、市场运营推广等，缙云烧饼 IP 初具雏形。[①] 在发展中不断摸索完善，缙云县政府举办和出台了一系列活动和政策来强化缙云烧饼 IP 概念，促进缙云烧饼 IP 的发展。通过打造缙云烧饼品牌，运用现代产业经营模式来培育发展缙云烧饼产业，并和缙云仙都文化旅游结合起来，实现一条龙产业化，把以缙云烧饼为龙头的缙云小吃产业打造成了缙云县对外 IP 形象的“新名片”和富民增收的“新产业”。

截至 2020 年年底，全国有缙云烧饼门店 7000 余家，带动 4 万多农民致富。从 50 多所高校食堂、各大政府机关食堂，到 80 多个高速公路服务区，缙云烧饼示范店遍布全国 20 多个省、市、区。“缙云烧饼”不但在国内深受欢迎，在国外也大受喜爱，店铺扩展到了西班牙、美国等几十个国家，年产值达 24 亿元，缙云这个地方也随着缙云烧饼走向全国、走向世界。依据 2019 年缙云烧饼的门店总产值计算，全年产值达到 22 亿元，同比增长 22%，从业人员达到 1.9 万人。缙云每年还会开展缙云烧饼节活动，壶镇镇北山村、东方镇岱石村连续举办村级烧饼节，仅 2019 年一年缙云烧饼的销售额就达 680 万元，此外还带动了烧饼桶、馅料菜干的销售量。缙云烧饼的品牌建设也带动了缙云仙都旅游的发展，仙都缙云烧饼总部和文化展厅每年接受游客达 100 万人次。除了 IP 本身、品牌营销等，缙云对制作缙云烧饼的师傅也进行了基础技能培训和

① 中国网．“致富烧饼”做出大民生［EB/OL］．（2018-10-11）［2021-5-1］．http://zjnews.china.com.cn/jrzj/2018-10-11/149825.html.

能力提升培训，截至 2019 年年底，累计培训缙云烧饼师傅 10757 人。通过开展烧饼培训班，帮助了当地百姓脱贫致富。

三、缙云烧饼 IP 的开发应用

（一）缙云烧饼 IP 的解码

深入挖掘缙云烧饼的黄帝文化、饮食文化、商贸文化，讲好“文化饼”“养生饼”“致富饼”等故事，形成了《缙云烧饼与黄帝文化的渊源》《缙云烧饼源流考》《漫谈缙云烧饼的来源》《缙云烧饼——乡愁的记忆》等研究成果。“缙云烧饼”也被列入浙江省第五批非物质文化遗产名录。

结合当地的黄帝文化，设计的象征着轩辕黄帝乘龙飞升的缙云烧饼标识被应用于每一家烧饼示范店的店牌、室内布置和食品外包装袋上，强化缙云烧饼和黄帝文化的关联。创新的文化符号和品牌形象，着眼于市场新需求，依靠新技术，创新新形式，使缙云烧饼的 IP 形象迅速抓住了人们的眼球，提升了缙云烧饼相关产品的附加值，为缙云烧饼带来了可观的收益。

2014 年，缙云烧饼办在调查了缙云烧饼产业现状后制定了缙云烧饼产业发展初步规划，确定了缙云烧饼 logo 和品牌 VI 整体形象。同年，丽水市首个特色小吃类市级地方标准《缙云烧饼制作规程》也通过专家评审。该规程对缙云烧饼形成了“六统一”，即注册商标、门店标准、制作工艺、原料标准、经营标准、培训内容规范标准，对规范缙云烧饼制作行为和传承缙云烧饼传统风味具有指导意义。每一家缙云烧饼门店内都弥漫着浓厚的烧饼历史文化气息，古色古香的装修，丰富传统的菜单，有主打小吃“缙云烧饼”，还有一些缙云的传统小吃，如敲肉羹、缙云土面、山粉饺、豆腐丸等。通过注册统一商标、设计统一门店形象等方式打造并宣传了缙云烧饼这一 IP 形象。

（二）缙云烧饼 IP 的传播

缙云每年安排 500 万元专项资金支持缙云烧饼品牌建设。为鼓励创业，县财政对开设示范店给予 1 万 ~3 万元补助以及 50% 贷款贴息。截至 2021 年 6 月，424 家示范店获得 693 万元补助，47 家示范店业主获贴息近 13 万元。缙云还建立了“缙云烧饼”品牌建设领导小组，下设办公室，负责“缙云烧饼”品牌建设重大事项的组织协调工作，落实成员单位工作职责，并成立缙云县缙云烧饼协会，安排专人负责。同时聚焦特色活动，打响品牌，迭代升级“缙云特色小吃节”会聚老客、留住熟客、吸引新客，以人气持续叠加助推品牌形象力不断升级。烧饼节成为省内外知名的特色节庆活动。此外，聚焦知名展会，扩大影响。通过各种渠道参加中国—意大利文化节，每年参加浙江省农博会、上海农博会等知名展会，先后获得浙江厨师节金奖、浙江省农博会金奖、金牌旅游小吃的荣誉，并参加 2018 年、2019 年香港美食节，品牌知名度得到极大提升。缙云烧饼成为缙云最吸引游客的特色小吃，也成为吸引游客到仙都旅游的“金名片”。

（三）缙云烧饼 IP 的应用

艺术领域方面，由缙云烧饼文化历史发展编成的婺剧《烧饼缘》在全市品牌故事演绎并获得第一名；后期合作戏剧《缙云烧饼》进行巡演；缙云籍歌手基地小虎《缙云烧饼》歌曲唱响大江南北。文化领域方面，建立缙云烧饼博物馆，向游客全面展示缙云烧饼的历史传说、发展历程、老物件、烧饼歌、荣誉等内容。业态创新方面，缙云烧饼总部永久落户仙都，并把它作为一个新景点来打造。总部在主推传统烧饼和地方特色美食的同时，结合时下流行的饮食文化新元素，推出了榴莲、牛油果、杧果、芝士、香蕉等多种口味的创意烧饼。①

节事营销方面，利用“缙云烧饼文化节”和浙江省农博会等载体进行宣传；仙都缙云烧饼总部、缙云烧饼一均店等大部分缙云烧饼示范店已实现线上线下互动营销；参与各类直播活动，如“花好月圆迎中秋大型直播活动”；结合网红宣传，2020 年网红李子柒专门开了一期缙云烧饼制作宣传，引发广大网友点赞。缙云烧饼一直以非遗形式存在，从业者通过对市场的研究，有机地将烧饼和背景渊源结合，提高并统一品质，运用系统化的手段树立起缙云烧饼 IP 的形象，使整个产业发展一片向好。

四、缙云烧饼 IP 的价值创造

（一）缙云烧饼 IP 的社会价值

缙云烧饼本身代表了“蚂蚁雄兵”的艰苦奋斗精神，缙云烧饼 IP 建设发展故事也代表了通过自身努力实现致富的精神。公益事业方面，缙云烧饼师傅

① 王诗培．缙云烧饼：品牌化打造产业化发展［N］．中国旅游报，2019-06-17.

多次进行义卖活动，多次救助七里乡杜塘村10岁白血病女孩徐誉珊；把“缙云烧饼”富民产业引入南江，通过缙云烧饼技能扶贫拉近两地的距离，帮助贫困户就业创业，实现脱贫致富，不但实现了授人以“鱼”，更实现了授人以“渔”。生态保护方面，开发出了无烟环保的电烧饼桶；用可回收纸袋代替塑料袋，减少白色污染。创新创业方面，开发出了红极一时的榴莲烧饼、牛油果烧饼；举办烧饼培训班，帮助村民开展相关技能培训，4万缙云农民实现创业。国际交流方面，多位国际友人到缙云学习缙云烧饼制作，2016年6月西班牙开出了第一家缙云烧饼店，目前缙云烧饼示范店已开到西班牙、意大利、美国、澳大利亚等世界几十个国家。

（二）缙云烧饼 IP 的经济价值

缙云烧饼在仙都建立了总部，还建立缙云烧饼文化展馆，促进了仙都旅游的发展，增加旅游吸引力，提高旅游收益；与音乐结合，发行《缙云烧饼》歌曲，缙云烧饼 IP 红遍大江南北；与文学融合，出版《缙云烧饼——乡愁的记忆》等研究成果，增加缙云烧饼 IP 的文化内涵。此外，缙云烧饼 IP 产品体系建设逐渐完善，其2019年产值达到22亿元。同时，相关产业如缙云菜干等在2019年的产值提升到8000万元。在2020年全国美食地标城市高峰论坛中，“小烧饼”撬动“大产业”走出乡愁特色富民路的经验更是提升了缙云烧饼在全国的影响力。缙云还出台了《关于缙云烧饼品牌建设的实施意见》《缙云县“草根创业”专项行动方案（2016—2020年）》等专项政策，协助缙云烧饼 IP 建设标准化。此外，缙云烧饼 IP 建设帮助当地脱贫致富，带动当地经济发展、解决百姓就业等问题。

（三）缙云烧饼 IP 的文化价值

提到缙云，人们首先想起的就是缙云烧饼，缙云烧饼已然成为缙云符号之一，也是游客游缙云必吃的一道美食。仙都缙云烧饼总部建立了缙云烧饼淘宝店，实现了线上销售，以便利游客网购缙云烧饼。缙云榴莲烧饼、牛油果等烧饼口味成为网红，吸引众多游客到缙云仙都旅游品尝。缙云烧饼的传说把缙云烧饼与人文始祖轩辕黄帝联系起来，拉长了历史，抬高了身价，之后编成的婺剧《烧饼缘》在全市品牌故事演绎中获得第一名，并进行了大规模的巡演，这些故事都是宣传社会主义和谐思想和新农村建设的正能量。婺剧《烧饼缘》、戏剧《缙云烧饼》、歌曲《缙云烧饼》的演艺、传播、巡演等文化艺术表达形式，让缙云烧饼更快速地被大众接受并广为流传。此外，举办烧饼研学活动、2020 烧饼节暨扶贫日活动及缙云县多场对外文旅推介会等，都增加了缙云烧饼 IP 的影响力，较好地展示了缙云的当地文化。

五、缙云烧饼 IP 发展启示

传统小吃制定标准化操作的背后，是越来越多的人意识到，在新的消费环境下，小吃快餐作为餐饮业赛道最长、增长最快的餐饮业态，孕育着不可限量的市场机会与发展潜力。不少特色小吃的价值尚未被发掘，传统小吃还处于自然发展的状态。同时，日益多元且快速变化的消费需求，又要求特色小吃迅速转型升级。目前地方特色小吃仍处于“多品类、少品牌”的发展状态，品牌集中度较低。与此同时，未来 IP 的打造是餐饮企业快速成长的助推器。通过在品牌张力、品牌活跃度、品牌美誉度上发力，某一特色小吃就很有希望成为单一品类的“霸主”，进而打造下一个百亿元级小吃爆品。

为当地小吃打响品牌是赢得消费者的必要举措，品牌知名度对于地方特色小吃的规模化具有重要意义。随着生活水平的提高，人们对于品牌认知更加敏感，更加注重质量、品位与特色。通过对传统小吃的品牌化、标准化、规模化、产业化运作，为本地的特色食品寻找精准发力的突破口。在标准化、品牌化经营理念引导下，地方特色小吃逐渐从路边摊转向规模化经营，互联网快速营销为地方特色小吃跨越地域走向全国、吸引年轻人提供可行之道。

地方小吃难以品牌化有两个主要原因：一是品牌化仅仅等同于标准化的建立和复制，而没有系统化的营销；二是在营销方面过度强调地域性，虽然地域性的确能吸引同乡和好奇的食客，但很难被主流大众市场所接受。

拥有巨大市场潜力的地方特色小吃都有相似之处，一是能够适应互联网营销方式，如社交平台推广、短视频推送等，以流量占据头部市场位置；二是能够适应现代人快节奏、便利化的消费习惯，并不断创新产品品类；三是保留传统地方特色美食的文化历史基因，食材、用料经得起时间检验并严格传承，让消费者成为“铁杆粉丝”。

第三节 云南映象 IP

旅游演艺产业是我国文化民族文化产业的重要组成部分，是我国经济发展的支柱性产业之一，尤其随着我国对文化产业的不断重视，旅游演艺产业的未来会发展得更加迅速。旅游演艺产业主要具有娱乐性、地域性、观赏性、参与性、季节性和商业性等特点，其主要是实景演出和剧场表演的形式，而《云南映象》作为我国大型民族文化演出市场中最具有品牌形象和效应的产品之一，它在打造 IP 体系和品牌延伸方面做出的探索，都对我国后来的文旅演艺市场和民族文化演出市场具有一定的借鉴意义。

一、云南映象 IP 简介

全国首部大型原生态歌舞集《云南映象》，是由我国著名舞蹈艺术家杨丽萍出任艺术总监和总编导并领衔主演倾情打造的艺术精品，成为继《五朵金花》《阿诗玛》之后，诞生在云南的又一经典力作。《云南映象》是一部融传统和现代于一体的舞台新作，将原生的原创乡土歌舞精髓和民族舞经典全新整合重构，展现了云南浓郁的民族风情。

《云南映象》于 2003 年在云南首映，一炮而红，现如今已经在国内外多地巡演，成为云南的一张名片。云南映象 IP 的打造便是源于《云南映象》歌舞集的成功出圈，在 2004 年申请了云南映象的商标，并作为一个独立的品牌进行管理和运营。云南映象 IP 涉及基础的剧集演出、故事内容版权以及一些衍生品，如云南映象普洱茶、云南映象矿泉水等。

二、云南映象 IP 发展历程

（一）云南映象 IP 的开发

云南映象 IP 的形成和发展与舞蹈艺术家杨丽萍有着不可分割的联系，《云南映象》歌舞集原汁原味的真实服装道具，不加雕琢的唱腔和原始自在的舞技，将传统歌舞、新锐舞蹈和现代舞美完美融合，在现实的基础上增加了浓郁的云南民族风情，对云南民间歌舞完美的展示和传播。这部长达 100 分钟的舞蹈集，倾注了杨丽萍的巨大心血。为了创作《云南映象》，她用一年时间在云南各族的田间地头采风寻觅，观看了无数民间舞蹈，再将其中精彩的动作“剪辑”下来，浓缩在歌舞集中。舞蹈中充满了原汁原味的云南民族元素，3/4 的舞蹈演员是那些山寨里土生土长的村民，[①] 2003 年，《云南映象》在云南昆明的首次公演，就取得了巨大成功，并且为《云南映象》提出了“立足云南，走向全国，打入世界”的发展思路，这便是云南映象 IP 开发的萌芽。

（二）云南映象 IP 的发展

从 2004 年中国专业舞蹈“荷花奖”决赛中获胜并取得几大奖项后，《云南映象》受到全国观众的追捧。之后《云南映象》被评为国家舞蹈精品工程，2006 年在杨丽萍的带领下开始走向欧美，从此云南映象这个 IP 在国内外走红。从 2004 年以来，《云南映象》剧团兵分两路，同时开始开拓国内、国际市场，一批在国内外各城市进行巡演，另一批在云南昆明艺术剧院演出。《云南映象》问世的十几年来，创下了史无前例的舞台演出场次与票房纪录，是民族歌舞演出剧史上的神话。继《云南映象》演出成功后，杨丽萍又去往云南香格里拉采风，之后，《香巴拉映象》应运而生，这部剧成为继《云南映象》和《阿诗玛》之后的又一云南经典力作。《香巴拉映象》的演出扩大了云南香格里拉的影响力，并且不仅局限于云南本省，而是把目光投向了国内外市场。这部剧的推广完全按照《云南映象》的推广模式，舞台剧依旧是采用本地的演员，由土生土长的特色歌舞配上杨丽萍的编舞，创新了一部新的舞台剧，在云南映象这个成功 IP 的基础上不断地突破与创新。之后，由《云南映象》掀起的“印象”系列这个 IP 在市场上逐渐打响了自己的名号。

之后，公司立刻注册了官方网站，确立了自己的品牌标识等。杨丽萍的“云南映象”已经不单单是一台舞台剧，而是逐渐转化成为一个文旅 IP，它作为歌舞类的民间非物质文化遗产的代表，为同类非遗的发展提供了未来发展的借鉴道路，而并未就此止步的“云南映象”又为民间艺术市场或者其他行业如文旅产业的发展提供了发展道路的指引。

---

① 杨丽萍．我与云南映象［J］．中国民族，2004（5）：64-65.

三、云南映象 IP 的开发应用

（一）云南映象 IP 的解码

在民间歌舞非遗的发展进程中，《云南映象》出现之前，从未有过类似的IP，大多数的歌舞表演只存在于民间的日常生活中或者作为景区旅游的附加表演的形式，结合旅游业的发展而发展。《云南映象》问世之后，虽然带来了很大的影响力，但不是真正意义上的品牌打造，在缺乏市场和资金的情况下，很容易昙花一现，所以杨丽萍认识到要想保持《云南映象》的经久不衰，必须要与市场接轨，不断进行创新发展，打造出自身的 IP 和品牌。在杨丽萍本人孜孜不倦的努力及云南省政府的鼎力支持和协助下，一些企业的加入，这样一部具有传奇色彩的文艺作品逐渐开始走入市场，与市场接轨。

云南映象这个 IP 确立之后，在导入市场的阶段，通过利用市场营销和包装的方式，开始不断在外部市场上有了新的突破，对“原生态”“非遗民间舞蹈”“杨丽萍”等词汇的营销，逐渐吸引了大众的眼球，从此有了自己 IP 独特的标识。①

（二）云南映象 IP 的传播

《云南映象》通过自身的不断发展在市场上逐渐占有一席之地，以歌舞表演综合演出的方式，逐渐转化成大众喜爱的文艺作品，通过与市场的紧密结合打造出了属于自己的特色文旅 IP。它也没有停下发展的步伐，通过继续探索这种模式的可持续性发展，也为其他歌舞非遗类的项目传承与发展提供动力和经济支持。云南映象 IP 除了本身的歌舞演出的模式之外，也开始探索如何利用已经打造的 IP 进行更加多元化的发展，进行不断的市场探索，以《云南映象》为基础，向文化产业、艺术行业等各类行业不断延伸扩展，逐步形成了一种具有鲜明特色的文化产业集群，这个多元化的横向发展也反向促进了云南映象这个 IP 的发展。

（三）云南映象 IP 的应用

《云南映象》在演出大爆成功之后就明确地往市场方向靠拢，依托后来注册成立的云南文化公司，向企业化和市场化进行迈进。公司而后在新三板挂牌上市，一系列的行动表现了云南映象这个 IP 的衍生性和拓展性，除了传统的

① 刘凡．“云南映象”品牌传播的融媒介实践研究［D］．昆明：云南师范大学，2019.

巡演之外，杨丽萍还在其他相关产业成立了专门的公司，如舞台科技、影视制作、演出运营等，进一步拓展事业版图。

目前，“云南映象”逐渐成为一个综合性大型的文化企业，并且具备了现代公司所具有的特点，经过长年的持续演出与合作，它早已形成一定规模。今天的杨丽萍云南映象效应，其背后已经是具有一定规模的文化产业，从最初的《云南映象》打出名堂，到如今由此 IP 发展出来一系列的衍生产品，其他相关产业如雀之恋酒业、舞蹈培训班及合作产业如映象火锅系列、鲜花饼等也都在借助云南映象这个 IP 不断发展。这些项目发展的同时带来了一定的经济收益，而这些经济收益也在持续不断地为其他和《云南映象》的歌舞类民间非遗提供经济支持，促进了文化产业的发展。

四、云南映象 IP 的价值创造

（一）云南映象 IP 的经济价值

一个成功的文旅 IP 的打造和发展离不开市场的开发运营，云南映象这个 IP 的发展和杨丽萍的个人舞蹈事业发展及对舞蹈和非遗文化的热爱息息相关。它是现代民间歌舞艺术与传统非物质文化遗产的交流和碰撞，这个 IP 的成功创立为此类艺术表演形式和文化产业的发展开辟了新的道路，也为其自身的发展带来了新的机遇与挑战。

结合新媒体的宣传，主创人员通过高频率的采访和曝光，演出场次和频率的提升，都为云南映象这个 IP 的宣传起到了重要作用。在内部管理方面，云南映象团队也效仿企业的管理模式和制度，打造更加专业化和制度化的团队，为其稳定持续的发展提供了制度基础，通过内部化更加精细的管理和精准化的市场营销，云南映象这个 IP 成功地导入了市场。并且《云南映象》作为一种表演和普通企业所不同的是，它可以通过不断的巡回演出保障这个 IP 的经久不衰，不断地活跃在大众的视野，维持了经济的稳定性和可持续发展性。

（二）云南映象 IP 的文化价值

在云南映象这个 IP 的影响下，各地纷纷复制这个 IP 的成功经验，并且邀请杨丽萍进行指导，于是之后又诞生了《藏迷》。《藏迷》展现了藏族的原生态民族文化，这对藏文化的发展与传承具有深远的意义。《藏迷》演出后不久，杨丽萍筹备的又一部云南歌舞剧《云南的响声》也开始上线，这部剧在推广和创作上有了更多的创新。并且在编舞期间，各地的演出商就已经买断了50场次的全国演出，能够直接去市场对接，也免去了更多的后顾之忧。之后云南映象这个IP的模式不断被复制，《黄山映象》将传统中国旋律与现代广电艺术相结合的新媒体情景剧，运用了世界一流的新媒体舞台视觉效果；以海文化为背景的《平潭映象》，在表演中加入众多特色民俗元素，形成宏大和瑰丽的神话意境；《春之祭》以新的方式，以一种东西结合的思想内涵和舞蹈诠释了西方经典中人与自然的和谐关系。这些歌舞剧的成果模式脱胎于《云南映象》，但是又在不断地进行创新和发展，结合本地的特色，迎合不同地区观众的喜好，通过改编，逐渐扩大自身的影响力，也带动了当地文旅产业的发展。

五、云南映象IP发展启示

（一）融合现代元素，迎合观众需求

歌舞类非遗传承与其他非遗传承活动一样需要一定的生存空间，需要歌舞类传承人进行传播与发展，和其他非遗活动能够产生和创造有型的物品并且能够被人们所利用的特性所不同的是，歌舞类非遗需要有受众进行欣赏，如果失去了观众，歌舞类非遗也就失去了存在的价值和意义。传统非遗歌舞反映了古代的祭祀和庆祝活动，和古代人民的生活息息相关，随着现代社会的发展，快节奏的生活使得能够静心欣赏传统非遗歌舞的人越来越少，传统非遗歌舞的生存空间不断受到挤压，传统非遗歌舞的传承之路令人担忧。

而《云南映象》发展的成功，探索出了传统非遗歌舞自主运营之路，能够维持歌舞团的生存和发展，这条道路是具有自发性和能动性的，是不依赖政府扶持的自我式造血发展。《云南映象》的发展模式，充分体现非遗活动的本身特色，并善于结合当下，改造成大众喜爱的样式，但也保留原有的本土元素精髓，使非遗类歌舞焕发新生。

除此之外，这种模式发展的成功，一方面是通过自身的传承和发展，不断寻找市场来体现经济效应，从而维持自身的发展和调动传承人的积极性，吸引更多的人才愿意去继承和弘扬传统非遗类项目。另一方面，通过生产与再造，让这些非遗项目更加贴近大众，通过不断地融合现代元素，更好地迎合观众的需求，不断扩大云南映象这个IP的知名度，为歌舞类非遗后续的发展奠定基础。

（二）注重 IP 打造，形成产业

杨丽萍的非遗与传承发展的模式从不避讳与市场经济挂钩，她深知经济基础的重要作用，在《云南映象》大获成功之前，杨丽萍就十分注意市场的影响力，《云南映象》这个品牌建构和传播力的重要性。在《云南映象》大获成功之后，杨丽萍就注册了品牌标志，以云南映象这个 IP 进行包装和宣传，但是市面上目前为止还是有许多模仿的宣传品，由此可见《云南映象》的知名度和传播性还是很高的。之后，在《云南映象》的姊妹篇《云南的响声》上映之后，杨丽萍根据原有的经验进行运营，更加重视 IP 的打造和媒体宣传的重要作用，更加游刃有余地在市场运营上创作。然而，杨丽萍并没有停下发展的脚步，开始致力于文化产业方向的发展，[①] 除了在舞蹈上更加精益求精之外，杨丽萍的文化产业也逐渐覆盖了人们生活的方方面面，衣食住行应有尽有。由云南映象 IP 所延伸的文化产业不断开始扩大它的影响力，真正地由一个 IP 发展成为文化产业，而文化产业的蓬勃发展也对非遗类歌舞的传承与发展奠定了一定的经济基础和提供了动力支持。

（三）借助新媒体，创新 IP 传播方式

杨丽萍在传承和发展非遗类歌舞的道路上，始终坚持创新和与时俱进，积极地把《云南映象》这个舞台剧融入新的现代媒介技术，为舞台表演的艺术效果增光添色，让前来欣赏表演的观众能够更加身临其境地感受非遗类艺术的美，也为非遗类歌舞艺术发展寻找新的出路。在打造云南映象这个 IP 时，杨丽萍也不断借助新媒体的传播性广、受众性多的传播优势，如建立官方网站和微博、创立微信平台等，定期进行内容的宣传与推广，吸引更多的粉丝和潜在的流量，并且在抖音等流量平台也有入驻，通过这些多媒体的传播方式，不断扩大云南映象这个 IP 的影响力和传播力，在给非遗类歌舞剧带来人气的同时，也促进了云南旅游业的发展。

① 缪开和.《云南映象》的艺术魅力和市场秘诀［J］. 民族艺术研究，2005（6）：60-68.

第四节　宋城千古情 IP

一、宋城千古情 IP 简介

宋城是中国最大的宋文化主题公园,《宋城千古情》是其代表作和核心项目。纵观宋城演艺这 20 年的发展，宋城演艺以“主题公园 + 旅游演艺”的模式迅速占领了国内部分一线旅游景区，打造了“宋城千古情”品牌。《宋城千古情》是一台立体全景式大型歌舞，是目前世界上演出场次最多的和观众接待量最大的剧场演出。该剧以杭州的历史典故、神话传说为基点融合世界歌舞、杂技于一体，运用了现代高科技手段营造如梦似幻的意境，生动地演绎出那些流传在杭州的故事。《宋城千古情》从 1997 年开始到现在已演出 2 万余场，宋城演艺连续多届获得“全国文化企业 30 强”称号并创造了中国旅游演艺市场的多项第一。

宋城演艺早期项目以自投、自持、自营模式为主，通过景区门票、演艺票以及物业租赁取得收益，直到推出了以“宋城千古情”为核心要素的首批 IP 衍生品，产品种类涵盖服饰类、生活用品类、文具类、3C 产品类等多个类别，收入规模迅速增长。宋城千古情 IP 以《宋城千古情》剧集为起点，起初以演艺为主，随着名声的不断扩大，宋城演艺公司看到了市场潜力；以《宋城千古情》为范例，宋城打造了“千古情”系列，项目在多地落地，宋城千古情 IP 进一步得到丰富。如今，宋城千古情 IP 已经发展了《三亚千古情》《丽江千古情》及《九寨千古情》等“千古情”项目，宋城千古情 IP 成为行业的标杆。

二、宋城千古情 IP 发展历程

早在 1994 年，有军人背景的黄巧灵受到一件《清明上河图》模型启发，随后想把几千年前的宋代古城“搬”到现代，于杭州投资 1.8 亿元开发宋城。现如今宋城景区已成为中国最大的宋文化主题公园。1997 年，黄巧灵巧妙地模仿迪士尼，将自己原创的文化表演引入宋城。“给我一天，还你千年”如此豪气的口号也体现了宋城与其他主题乐园的与众不同。最初，《宋城千古情》仅仅作为宋城旅游的一个演艺节目进行演出，由于《宋城千古情》的高质量以及团队对于整个剧目的更新调整，使得《宋城千古情》被引入不同的地方，再根据当地的文化进行创新性调整，最终让“千古情”这一 IP 剧目响彻国内外。

三、宋城千古情 IP 的开发应用

（一）宋城千古情 IP 的解码

“千古情”IP 目前是国内规模最大、剧院数第一、座位数第 、演出场次最多、年观众量最多的中国演艺品牌。它作为宋城的原创剧目，带有极强的原创性外，随着宋城演艺对于市场的开拓，不断在作品中融入了当地文化。比如，在杭州的《宋城千古情》中，融入了大量的良渚文化。同时，由于在剧目里，加入了大量先进的声、光、电科技手段和舞台机械，“千古情”这个 IP 才能够在中国的众多演艺剧目中脱颖而出，深受观众的喜爱。

宋城的核心竞争力为文化演艺的创作能力及旅游市场的营销网络，基础竞争力为主题公园连锁经营。通过线下线上服务结合，以旅游 O2O 运营模式，持续提升宋城未来的核心竞争力。宋城景区主要基于两宋文化的主题公园，其中文化旅游资源主要分为以下几项（见表 13–1）。

表 13–1　宋城景区文化资源种类

资源分类	种类	细分	数量
动态文化旅游资源	演艺产品	大型歌舞《宋城千古情》	1
	人文活动	手工操作作坊	18
		瓦子勾栏表演	11
		节庆活动（泼水节、火把节、民俗节、大庙会）	4
静态文化旅游资源	建筑	特色景观建筑	12
		广场景观	3
		建筑小品	6
		宗教建筑	3
		服务设施	4

续表

资源分类	种类	细分	数量
静态文化旅游资源	展示品	工艺品展示	1
		生产工具展示	1
	文化环境	自然文化环境	4
		意境文化环境	1
	旅游商品	大众旅游商品	1
		特色旅游商品	1
	游乐项目	体育游乐项目	5
		水上游乐项目	2
		情景剧表演	2
		特色婚俗表演	2

（二）宋城千古情 IP 的传播

《宋城千古情》除了作为固定剧目在宋城进行演出传播外，宋城演艺也根据当下宣传的效果、接触面及流量方面对这个 IP 进行了推广。宋城演艺尝试了很多符合年轻人品位的创意内容和活动，如花痴节、辣椒节、汉服成人礼、美女与野兽等。媒体渠道方面的宣传，如《三亚千古情》《宋城千古情》还在头部综艺《极限挑战》《二十四小时》中进行了原生植入。不断向人们强化宋城 IP 这一概念，获得可持续的发展。

宋城演艺在通过“千古情”IP 盈利的同时，于 2013 年 12 月以 1.2 亿元参股深圳盛大国际传媒，获得 35% 的股权。此外，宋城还涉足电影产业链，参与电影项目投资，扩充盈利空间，同时也利用电影广告植入为自己的品牌营销，并通过整合上游电影制片和下游电影宣发放映资源，打通产业链上中下游。此外，公司还于 2014 年 4 月以现金增资和授让股权的方式投资杭州本末文化创意，持有 60% 的股权。2014 年 7 月设立控股子公司宋城娱乐，拍摄宋城的微电影和宣传片，在探索业务边际的同时，也能够提升品牌的影响力。

宋城演艺于 2019 年联手腾讯公司签署了战略合作协议，联手打造文旅产业数字营销体系。在腾讯的加持下，结合数字化营销运营，能够对用户进行精确推广，扩大宣传效果。

除了传统媒体平台的宣传外，在社交新媒体中，宋城演艺在微博平台坐拥超 135 万粉丝，在抖音拥超 53 万粉丝。宋城演艺在微信公众号的每一篇文章，浏览量都在 1 万人次左右。另外加上“宋城旅游”等账号矩阵、微信小程序以及 OTA 等平台的宣传辅助，都能够对于宋城演艺这个 IP 进行一个有效的宣传。

（三）宋城千古情 IP 的应用

宋城有三大发展三大模式，分别为产业模式、竞争模式、盈利模式。其中，宋城产业模式主要为“主题公园+文化演艺”，辅助产业包括“主题酒店+景观房产+电子商务”。其未来产业链如表 13–2 所示。

表 13–2　宋城未来产业链

未来产业链	内容
主题景区	宋城核心景区 + 区域文化景区
主题乐园	城市综合乐园 + 主题动漫乐园
主题酒店	会议主题酒店 + 温泉休闲酒店
文化演艺	千古情主题戏 + 文化主题影视
景观房产	旅游休闲小区 + 主题功能地产
电子商务	旅游电商平台 + 智能支付服务
营销管理	宋城品牌管理 + 旅游咨询规划
教育培训	特色基础教育 + 旅游高等教育

宋城产业战略是中国旅游休闲产业航母战斗群，致力于成为中国旅游休闲帝国。

除了异地复制，宋城还学习迪士尼，引入轻资产运营模式。所谓轻资产运营模式，是指线下的、有别于重资产扩建景区的扩张模式，即只提供服务，不自建园区。自 2015 年起宋城演艺开始尝试轻资产和收购的模式，次年宋城演艺进一步加快扩张步伐，开始了宋城演艺管理输出、品牌输出、创意输出的轻资产运营模式。2015 年，宋城演艺还收购六间房，布局视频直播领域，而六间房就属于轻资产模式运作。主播在网络演播室进行才艺表演，观众向主播赠送虚拟礼物，平台则销售虚拟礼物和特权产生收益的这种商业模式，主要依赖的是粉丝所形成的高强度黏性。随后，宋城演艺陆续收购了 SPACE、VR/AR/MR+ 演艺联动。宋城负责日常运营推广，SPACE 则给予技术支持，优势互补 VR、AR 主题公园。此外，宋城演艺设立的现场娱乐投资基金和互联网娱乐基金，先后投资嘻哈包袱铺、暖暖游戏、布卡动漫等数家企业，加速布局 IP 内容板块。目前，宋城演艺正走在转型的路上，从原来"主题公园 + 现场演艺"模式的输出扩张，逐渐将发展领域拓展至互联网娱乐、科技娱乐，发展成为一个以创意为核心竞争力的泛娱乐 IP 帝国。①"IP 创造—培育—变现"的全封闭链条现场演艺，仍为宋城演绎的主要收入来源。宋城在立足于"主题公园 + 旅游演艺"的基础上，从单一模式走向多元化发展之路。

宋城演艺上市后依托大量超募资金，开始它的扩张之旅。宋城旅游区在三亚、丽江等地相继落地，其他地方政府纷纷伸出橄榄枝，希望引进宋城旅游园区以及"千古情"这一大 IP 剧目，从而带动当地旅游经济。截至 2020 年年底，宋城演艺已在杭州、三亚、九寨、丽江、张家界、桂林、西安、上海、佛山等地建造数十大旅游区、三十大主题公园、上百台千古情及演艺秀，并拥有千古情演艺谷等数十个文化娱乐项目。除了国内热门旅游城市外，宋城演艺还将在澳大利亚建设跨国的旅游景区。

宋城演艺通过异地复制，完成多地宋城旅游区以及中国演绎谷等数十个文化项目，同时依然保持着一直以来的重资产投资扩张思路。三亚宋城是其第一个异地项目，同样秉承了"主题公园 + 文艺演出"的战略模式，在选址上宋城演艺往往选择 5A 级旅游景区和大型旅游城市，以景区游客带动自身运营，将宋城千古情 IP 传播开来。这意味着重资产异地扩张的策略是可行的，只是需要选择人流量大、休闲游健全的城市目的地会更容易成为爆款。对于扩张，宋城演艺选择了"复制"一词来形容，言下之意即为"高效"和"可重复性"。同时，通过成立 IP 能够对于"千古情"系列演出的知识产权进行有效保护，也能全面保障演出创作人的相关权益。

① 王才升. 文化科技融合视域下中国主题公园演艺娱乐产业的创新发展研究［D］. 南昌：南昌大学，2019.

四、宋城千古情 IP 的价值创造

（一）宋城千古情 IP 的经济价值

《宋城千古情》已经连续演出了 20 多年，至今仍然具有较大的影响力和知名度。千古情 IP 创造了文化演艺收入、利润、观众人数、演出场次全国第一的多个奇迹，宋城演艺成为中国旅游演艺的第一股。千古情的导演黄巧灵还被业界誉为“中国旅游演艺第一导演”。他两次被评为风云浙商，成为登上《福布斯》封面的第二位浙商。《宋城千古情》更被海外媒体评为与拉斯维加斯“O”秀、法国“红磨坊”比肩的“世界三大名秀”之一。

宋城“主题公园 + 旅游文化演艺”盈利模式的主要盈利点是门票、房地产和股票，次要盈利点为酒店收入、商业收入、教育收入及其他。宋城未来的新增主要盈利点主要集中在电商平台及智能支付两个方面，次要盈利点为旅游咨询及旅游教育收益。在如今这个游客不断提高个性化旅游需求和精神文化娱乐要求的发展背景下，“一个公园 + 一台演出”的模式为宋城创造了独特性并且不断增加收益。

（二）宋城千古情 IP 的文化价值

宋城演艺的发展并不局限于对传统文化的发掘与弘扬。对于当前流行的粉丝文化和泛娱乐化现状，宋城也在积极地打造属于自己的娱乐文化体系。为了跟上年轻人的脚步，在宋城演艺 20 周年庆典发布会上推出了女子团体“树屋女孩”，并不定期在各地举办握手会、生日会、小型演唱会、在线直播节目等，公司仍在不断探索新的演出内容和变现模式，在宋城这个大 IP 下去孵化一些小的 IP。宋城娱乐将依托公司强大的演艺核心竞争力、艺术人才资源和国内外顶级的文化、演艺、娱乐资源，为“树屋女孩”打通线上、线下渠道，将其培养成一支具有独特个性和全方面表演才能、具备长期盈利能力的团体，从而打造粉丝经济，强化宋城文旅 IP 的形象，同时对于宋城演艺也存在一定的宣传效果。

五、宋城千古情 IP 发展启示

（一）“主题公园 + 旅游文化演艺”的盈利模式

“主题公园 + 旅游文化演艺”具有很强的复制拓展性，我国主题公园和旅游文化演艺市场拥有巨大的市场潜力，这种模式对于其他企业具有良好的借鉴意义。旅游文化演艺则受益于游客不断提高的个性化旅游需求和精神文化娱乐需求，宋城演艺通过室内展馆、微缩景观、情景老街及丰富的表演等全面展示了宋文化主题，并且在大众客群的基础上又分设了针对香客、儿童、情侣、中老人的专项产品。对于旅游市场来说，“历史文化 IP+ 主题公园”是一个商品，而文旅 IP 就是这类商品的标志。

（二）开创“内涵关联”产业链

文化是宋城的灵魂，它表现在园区内的自然山水、园林建筑、民俗风情、社会人文之美上，它模糊了时空概念，缩短了时空距离。投资文化旅游业的基础是对文化资源的开发。宋城提出“建筑为型、文化为魂”的理念，以文化先行、体验式活动开发、持续创新发展、旅游演艺与主题公园结合等为要素，塑造自己的文旅 IP，成为引流焦点，扩大受众人群的范畴。

宋城始终坚持以主题公园为载体，以文化演艺创作能力为核心竞争力，方寸之地展现大乾坤，形散而神不散。此外，让休闲旅游与文化产业“联姻”，在国家鼓励发展文化产业的政策下，宋城抓住机遇，加大投入，努力创新，逐步形成了以演艺为龙头的产业态势。宋城注重文化的发掘，将主题文化的提纯和生活情趣进行多形式的演绎，在宋城中的每一立方米都给人以足够的旅游信息和文化浓度。同时，景区和剧院演出相辅相成、缺一不可，宋城被誉为“文化和旅游相结合的典范之作”，合理的 IP 定位为宋城插上了腾飞的翅膀。与此同时，宋城演艺引入非物质文化遗产作为产业支撑，注重作坊表演，市井街内大铁铺、棉花铺、酒坊、染坊、陶泥坊、特色小吃等七十二行老作坊鳞次栉比。将作坊的生产加工、销售与表演、展示有机融合在一起。除此以外，作为中国非物质文化遗产集聚地，宋城还创作了木偶戏、越剧等非物质文化项目表演。

文化产业的兴起是大众文化产业发展的必然结果。宋城选择以人文主题公园的形式把宋城千古情 IP 再现在游客面前，让历史文化以生动活泼的形式呈现，这就是文化资源 IP 化的产物。文化品格是景区品质的生命力，根据每个地区的人文资源不同，为其确定一个明确的主题，使之具有独特性。[①]

① 李建国．对文化资源进行有效的商品开发［N］．中国文化报，2002-01-12（03B）．

（三）实现“服务关联”产业链贯通

首先，“主题公园 + 旅游文化演艺”的产业链上游为内容制造，包括演艺制作、剧本创作；产业链中游为票务、经纪、策划、包装；产业链下游为演艺平台运营，包括景区、主题公园、剧院、互联网平台等。其次，旅游演艺市场又可分为剧场演出、实景演出和主题公园演出。而宋城演艺，则是囊括了整个演艺产业链上中下游。

高增值性的房地产、餐饮、酒店、购物、会展、教育等都包含在宋城产业布局中。随着国家对住宅市场的调控，旅游地产趋热，迎来了发展的良机，延伸文化产业链成了宋城演艺当下必须考量的问题。在产业链延伸方面，收购将是其最主要的方式。宋城凭借着在文化演艺行业的丰富经验和竞争优势，积极拓展文化产业链，布局影视行业等领域。宋城演艺的发展模式是一个比较独特的旅游和文化相结合的商业模式，也是国家鼓励的发展模式。未来国内文化市场和旅游市场巨大的发展空间也给宋城演艺的发展提供了利润增长的空间。

（四）多方位营销

纵向挖掘的深发展策略。在历史文化演艺这个主打产品方面，要进行深度挖掘，开发出更多、更好、更动人的演艺节目，把演艺产品纵深发展成为文旅 IP 的核心产品体系。

横向联合的宽发展策略。整合营销的横向传播，用“沟通”来取代“促销”。在旅游演艺主打产品的基础上，逐步推出旅游房产、旅游购物、旅游酒店、旅游网站、旅游支付、旅游教育、旅游咨询等一系列旅游关联产品，形成一个“一主多辅”的宽发展产品链。在实施过程中，注重不同传播工具及优势手段的整合，降低文旅 IP 宣传成本，使文旅 IP 的价值形象与信息在最短的时间内传达给消费者。

旅游观赏体验与生活情景体验相结合。通过现有主题公园、文化演艺等让观众享受旅游观光和视听欣赏体验，感受文旅 IP 所带来的魅力。同时，通过设置主题乐园和其他区域的联动，让更多游客沉浸式体验文旅 IP 主题空间内的氛围。

高空立体化宣传与低空微领域宣传相结合。首先，通过报纸、电视、网络、电台、户外等传统媒体进行立体化的宣传推广，形成高空宣传攻势，营造良好氛围。其次，通过大众流行的社交软件，如微博、微信、微视频等微领域进行低空宣传推广，深入人们生活的每个角落。

创意小公关与年度大公关相结合。首先，通过不同时节、不同事件策划开展一些小规模的创意公关活动，以小博大，制造阶段性热点，保持营销公关的高密度性和连续性。其次，通过策划年度大关活动，把文旅 IP 塑造成营销品牌，推动文旅 IP 的产品销售，最大限度提升文旅 IP 的影响力和号召力。

第五节 西班牙法雅节 IP

一、法雅节 IP 简介

法雅节（Las Fallas）是属于西班牙瓦伦西亚的传统节日，在每年 3 月 12 日至 19 日举行，已成为西班牙极有特色的节庆。法雅节也成为文旅 IP，在当地政府的开发利用下为当地带来经济和文化价值。关于法雅节的起源，各地说法不一，但这并没有阻碍人们对于法雅节的热情。所谓的 Fallas 是指上过彩的木头或纸板雕塑而成的作品。瓦伦西亚居民每年 3 月都要欢庆法雅节，纪念当地的保护神圣何塞。节日期间，这个城市的大街小巷都会摆满用木料、纸板和泡沫塑料做成的玩偶，创意独特，形态各异，栩栩如生，这些玩偶被称作法雅。这个节日又因以焚烧人偶的方式迎接春天而被称为火节。法雅节的重头戏是烧法雅，庆典期间法雅被陈设在街道上，到了 3 月 19 日，除了部分法雅得以进入博物馆陈列外，其余的法雅都会遭到焚烧。烧法雅的当天晚上，在 10 点左右，开始烧小法雅，12 点开始烧大法雅。经年累月，这种迷信的文化变成了西班牙瓦伦西亚的观光活动，每年都吸引着大量的游客前往。与此同时，当地也由此产生了法雅文化和产业，现在的法雅是由专门的法雅工匠和艺术家制造的，在法雅节当天女性会穿着具有浓烈地域气息的服装，这都为法雅节增添了仪式感。此外，法雅小姐的风采也是节日的一大亮点，她们是法雅节的代言人，也是法雅节文化和精神的传播者。法雅节 IP 代表的是一切与法雅节有关的人与物，其来源当然是对法雅节的开发。

二、法雅节 IP 发展历程

法雅节 IP 的形成是历史发展的产物，关于法雅节，最早的文件记载是在 18 世纪后期，那时就已经出现了管理和规范法雅节活动地点的法律，目的是避免火灾的发生。因为当时活动都是在很窄的街道上举行，因此与街旁的居民住所距离比较近。法雅节来自民间，没有任何基督教的意味，在创作上也非常接地气。因为有特殊的豁免权，人们在法雅节可以尽情地表达自己，因此这个节日受到了大家的欢迎。年复一年，工匠们的工艺日益精巧，选取的材质也越来越好，所做的模型越来越大，包含的题材越来越广，但其讽世傲俗的初衷却始终不变，哪怕在独裁统治的佛朗哥时期也没有中断过。2016 年，瓦伦西亚法雅节正式入选非物质文化遗产，法雅节 IP 的形成具有了更权威的认证。

法雅节发展到至今，已经成为一个世俗的节日，也成为具有地域特色的节日 IP。经过多年演变，如今的法雅是指摆放在街头各种形式的玩偶。作为节庆的对象和主题，法雅是城市文脉的标志与象征，是法雅节 IP 的中心，具有临时的纪念性，并带有复杂的批判性与讽刺性等特质。一般它们是由 3~30 米高的精致纸板和木偶部件组成，造型各异，主题也不尽相同。每年 3 月 16 日开始，法雅评委会对当年法雅节的人偶进行评选，并且通过网络投票最终选出排名第一的法雅。① 获得特别奖的法雅人偶将避免被焚烧的命运，被送进法雅博物馆收藏，法雅博物馆成为法雅节 IP 形成的见证者。同时，随着法雅节的标准化发展，其背后已经有专门的组织对每年的活动进行筹备，节庆活动项目也变得丰富多彩，包括铜管乐队表演、烟花爆竹秀，类似向圣母献花的宗教活动，以及各类有趣的户外活动等，最终以午夜焚偶达到高潮。法雅节俨然成为当地独特且隆重的习俗。

三、法雅节 IP 的开发应用

（一）法雅节 IP 的解码

法雅节又叫作火节，而这种对火的崇拜和狂欢，是阿拉伯统治时期所遗留下来的一种精神信仰和寄托。这座城市最初只是一个古希腊人建的小村落，公元前 13 世纪，古希腊人用一匹木马攻克了特洛伊。相传，一部分特洛伊人幸

① 王韧，李传 . 西班牙瓦伦西亚法雅节［J］. 公共艺术，2019（2）：97-101.

运地躲过了杀戮，一路逃到西班牙境内。在地中海岸边，他们见到这座名为Valentia（拉丁语，指力量与勇气）的小镇。特洛伊人按照自己的语言，把这个名字翻译成了“罗马”。近千年之后，古罗马人占领了这座“罗马”城，为了与亚平宁半岛上的那个罗马区分开来，“罗马”又变回了“València”，最终，瓦伦西亚之名得以流传下来。

古罗马人为瓦伦西亚带来了语言和文化，西哥特人的短暂停留留下了一段至今还未完全被破解的历史，其后，它又被北非穆斯林摩尔人所占领，最终在13世纪被天主教徒光复。人们更愿意相信，“瓦伦西亚是由古罗马人建造的，但却是由阿拉伯人来发展的”，阿拉伯人为瓦伦西亚带来了水稻和财富，把它变成了一座美丽的大花园，也埋下了对火的崇拜的种子，也形成了当地特有的文化传统。

法雅节作为西班牙瓦伦西亚的特色节日，其独特性的表现便是在城市中树立大大小小奇形怪状的各种木偶，并且会在节日结束的当天把木偶付之一炬，这种大型的焚烧活动和对火文化的崇拜在整个世界也是绝无仅有的，并且每年法雅节都会绘制不同图案的logo进行宣传，吸引全世界各地的游客游览参观。

（二）法雅节 IP 的传播

法雅节的活动在每年举办期间就通过新闻媒体上进行预热，在活动举办过程中，也会有电视媒体进行实况转播。法雅节期间的圣母献花活动就是如此，会有专门的电视台进行全程跟踪拍摄。时间会持续一天一夜，不仅现场会有很多人聚集围观，转播的电视台在法雅节活动期间收视率也火爆。通过借助新闻媒体的宣传手段，很好地传播了法雅节这个IP。

为了适应法雅节的发展，瓦伦西亚推出了一系列的活动，其中法雅小姐的选举活动是一大亮点。法雅小姐的选举需要经过层层选拔，也会在网络上进行投票，大大小小的衍生活动在传承法雅节IP时，也对法雅节IP进行了传播。

（三）法雅节 IP 的应用

法雅节脱胎于城市的传统文化，城市为法雅节的发展提供了活动和发展的空间，而法雅节的发展也在不断重塑和支撑着瓦伦西亚的文化，发展成效之一就是推动了城市文化遗产的保护。作为联合国教科文组织登记在册的人类非物质文化遗产，法雅节不仅仅是一种传统庆祝活动的延续，它更重要的意义在于以节庆为契机带动其他文化遗产的保护和发展。正是这种以协会为主、政府为辅、社会支持的多元赞助模式，构成了一种文化遗产保护的可持续发展模式。①

瓦伦西亚人建造法雅时有一个习俗，即每建一件大法雅的同时还会造一件“迷你版”。节日期间，大小两件法雅会同时陈列在街道上。每年法雅节上评选出法雅冠军后，它的“迷你版”就会被保留。而另一些建造精美的法雅，其局部也会被保留下来，珍藏在当地的法雅博物馆里，法雅博物馆成了众多游客的打卡热点。2018 年一支以墨西哥人为主组建的法雅协会制作了以迪士尼电影《寻梦环游记》中人物为原型的法雅雕塑，颇受大众欢迎。法雅节 IP 在当地被广泛应用，涉及建筑、服装等行业，成为当地特色文化标志。

四、法雅节 IP 的价值创造

（一）法雅节 IP 的社会价值

法雅节在发展历程中成为当地人和移民群体之间沟通的桥梁，促进了社会融合。瓦伦西亚是一座多元文化交融的欧洲大型都市，仅城市就有 12% 的外来人口，多元文化并存既是城市文化多样性的宝贵财富，也会因为不同国家语言、文化和习俗的差异而形成社会隔离问题。法雅木偶具有各种跨文化的个性和特性，通过对各种法雅木偶的塑造，从而更进一步增强了当地不同种族和人群的文化认同感。而在木偶的制作过程中，这些移民人群也能够通过制作和宣传的方式参与到法雅节的举办和筹备过程中，无形中拉近了他们和本地人之间的距离。并且每年法雅节举办期间都会吸引大量不同国家慕名而来的游客，也为当地瓦伦西亚本土居民接触到不同国家的人创造了机会，增强了他们接受其他文化和文明的包容性。通过筹办和宣传法雅节，促进了当地的社会融合，提高了社会的稳定性。

（二）法雅节 IP 的经济价值

因为有着法雅节这个 IP 的加持，瓦伦西亚大区每年在法雅节举办期间，都会吸引大批的游客来游玩和参观，带动了当地旅游业和服务业的发展，刺激消费，拉动了经济增长，也推动了城市相关文化产业的发展，带来了巨大的社会和经济效应。作为一种独特的文化资本，法雅节有效地拉动了城市对文化

---

① 王韧，李传 . 西班牙瓦伦西亚法雅节［J］. 公共艺术，2019（2）：97-101.

和创意活动在特定时间段内的巨大消费，其中仅法雅的制作费用就高达上千万欧元。与此同时，法雅节也推动了当地文化旅游市场的发展。近年来，节日期间的到访游客在 150 万人次左右，几乎是瓦伦西亚城市常住人口的两倍，并仍在呈逐年递增的趋势。而游客的大幅增长拉动了城市交通、餐饮、住宿和其他服务业的需求，为这些行业创造了新的就业岗位，间接地促进了城市的经济增长。法雅节 IP 已经成为瓦伦西亚城市经济和社会发展的重要推动力量。[①]

（三）法雅节 IP 的文化价值

法雅节强化了瓦伦西亚人的文化认同和文化自豪感，这种认同和自豪感是在瓦伦西亚人民反抗佛朗哥主义的单一文化论和对抗加泰罗尼亚分裂主义运动中，并在对法雅节庆活动的实践和理论化中逐渐树立并得到强化的。20 世纪 70 年代中期之前，西班牙长期处在佛朗哥政权的独裁统治之下，国家推行高压的文化政策，在扶持卡斯蒂利亚语言与文化的同时，压制其他民族的语言与文化，以实现文化一元化的政治目标。而作为地方性节庆的法雅节成为当时保护瓦伦西亚语言的少数方式之一。在后佛朗哥时代，西班牙经历了从极权政治向民主化的转型，其文化政策也从一元独尊转向多元并举。一方面，随着文化上的解禁，不同民族的语言文字和文化传统逐渐得到恢复和发展。瓦伦西亚人更加重视本民族的法雅节，并通过大张旗鼓地举办法雅节在全国推广瓦伦西亚的语言和文化。另一方面，与佛朗哥极权主义相对的是加泰罗尼亚分离主义。由于瓦伦西亚与加泰罗尼亚两个地区在语言上相近、地理上毗邻，又具有深厚的历史渊源（都属于古代阿拉贡王国的组成部分），所以加泰罗尼亚分离主义运动也对大部分的瓦伦西亚地区提出了领土主张。作为对分离主义的回应，瓦伦西亚人，尤其是其中的知识分子，试图通过对法雅节的制度化和学术性研究凸显自身历史和文化的独特性，以此与加泰罗尼亚文化进行切割。[①]总而言之，法雅节成为当代瓦伦西亚人民应对以上两种威胁的主要抓手，并在此进程中逐渐树立并强化了瓦伦西亚人民对自身的文化认同和民族意识。

---

① 王韧，李传．西班牙瓦伦西亚法雅节［J］．公共艺术，2019（2）：97-101.

五、法雅节 IP 发展启示

（一）挖掘特色内涵

好的文旅 IP 的打造需要挖掘其特色内涵，挖掘出其与众不同的特色出来，不能千篇一律，没有自身的特色，使游客产生审美疲劳，这样打造出来的文旅 IP 也是失败的。如法雅节就是根据法雅节的特色木偶法雅来宣传和打造这个节日，法雅木偶有大有小，有代表西方神话故事的，也有具有东方神话故事内涵的；有极具现代特色个人主义的，也有恶搞和抨击时政的。这些法雅木偶是法雅节的关键，也是别的地区不可复制的特色，而法雅节利用这些千奇百怪的法雅木偶打造了法雅节这个成功的超级 IP。

（二）注重流程打造

节庆活动 IP 的打造，要注重对活动流程的设计。如法雅节在节庆活动期间，每天都有不同的活动内容，如给圣母献花、法雅小姐评比以及最后的高潮烧法雅等，不断吸引着游客的眼球，提高了他们在法雅节活动期间的夜宿率。对比我国目前的节庆活动打造，大部分节庆活动持续时间短，内容形式简单，缺乏核心吸引力，很难留住游客。通过对法雅节活动经验的借鉴和学习，对于活动流程的长短和活动内容的设计上要做到推陈出新，在结合当地特色基础上做到更有趣、更好玩，才能长久地吸引游客，形成良好的文旅 IP 发展体系。

第六节　查干湖冰雪渔猎文化旅游节 IP

一、查干湖冰雪渔猎文化旅游节 IP 简介

查干湖冰雪渔猎文化旅游节 IP，是通过著名的查干湖冬捕活动的传播，逐步发展而来的。查干湖，原名查干泡、旱河，蒙古语为“查干淖尔”，意思是白色圣洁的湖。[①] 查干湖地理位置为东经 124°03′~124°34′，北纬 45°09′~45°30′，

① 关博，王智慧. 非物质文化的再生产：蒙古族渔猎文化的传承与反思——以查干湖冬捕渔猎祭祀文化为例［J］. 体育与科学，2019，40（3）：61-66+73.

地处吉林省西北部，位于内蒙古自治区、黑龙江省和吉林省的金三角地区，大部分位于吉林省西北部的前郭尔罗斯蒙古族自治县境内，西邻乾安县，北接大安市。作为全国十大淡水湖之一、吉林省内最大天然湖泊的查干湖不仅拥有丰富的生态资源，更以深厚的历史底蕴与浓郁的人文气息吸引着世界的目光。查干湖片区的冬季以冬网捕鱼展现查干湖悠久渔猎文化为主要内容，夏季以大湖湿地、草原风光及蒙古族风情为特色，形成了集观光、娱乐、休闲、度假、餐饮、购物等功能为一体的综合性旅游区，这一系列的活动为查干湖冰雪渔猎文化旅游节 IP 的形成奠定了基础。

查干湖冬捕完整传承了古老智慧生态的传统捕鱼技法，采用的人工凿冰、布网、马拉绞盘等捕鱼方式，已成为人类原始渔猎文化的活化石。为传承古老的渔猎文化，拉动旅游经济发展，每年的 12 月在查干湖都会举行盛大的冰雪渔猎文化旅游节，至今已经成功举办了十九届。查干湖渔民进行大规模捕鱼作业的黄金时间一般是在每年 12 月中旬到来年 2 月中旬左右，由于沿用传统而古老的捕鱼工具和方式，使得整个冬捕都充满着神秘、古朴、原始的韵味，也最大限度地传承保留了其独特的文化内涵。发展至今，查干湖冬捕已经成为国家非物质文化遗产，查干湖冰雪渔猎文化旅游节也成为当地最具吸引力的旅游项目之一。

二、查干湖冰雪渔猎文化旅游节 IP 发展历程

（一）查干湖冰雪渔猎文化旅游节 IP 的形成

查干湖冬捕一直以来就吸引着周边的游客，同时由于查干湖独特的地理位置，湖中的鱼别有一番风味，为美食爱好者所追捧。顺应旅游经济的发展，打吉林省西部最佳生态、民族特色旅游品牌，合力构建“东看长白山 西品查干湖”的吉林省大旅游发展格局，当地于 2002 年推出查干湖冰雪渔猎文化旅游节。查干湖冰雪渔猎文化旅游节 IP 的形成离不开查干湖冬捕背后的历史渊源，这些历史背景也为 IP 的形成提供了精神内涵和亮点。据史料记载，渔猎文化的形成最早可以追溯到旧石器时代晚期，查干湖边的青山头人以捕鱼打猎为生。从宋辽时期开始，渔猎文化得到了进一步发展，辽代的皇帝曾把“春捺钵”设置于查干湖地区，借渔猎的契机，大宴群臣和使节，约见各族首领，接纳贡品，商议国事。从辽代圣宗皇帝耶律隆绪，到天祚皇帝耶律延禧，每年的

春季皇帝都会携带嫔妃和大臣千里迢迢地从京城前往查干湖渔猎，在帐篷里把脚下的冰刮薄，可以看见鱼儿在冰下游动，打开薄冰后，各种鱼类竞相跳出冰面，称为“春捺钵”。为笼络部落群臣，届时分别在“头鱼宴”“头鹅宴”上把捕获到的头鱼、头鹅赐给群臣食用。后来这种行政手段不复存在，但其形式却得以流传，即现有的查干湖冬捕雏形。在蒙古人统治时期，出于对山水的崇拜，在征服辽金古城塔虎城后开始祭湖。查干湖周边的蒙古族部落世代逐水草而居，在蒙古人游牧文化中，“祭湖・醒网”中“祭湖”是游牧文化的体现，“醒网”是渔猎文化的体现，二者原本分开进行。满蒙游牧文化因佛教信仰同渔猎文化相冲突，后来迫于生计而接受渔猎文化。为了寻求心灵的安慰，他们就通过邀请喇嘛诵经、跳查玛舞，以祈求佛祖的认同，在“祭湖・醒网”中间起到调和作用。与早期的“春捺钵”中醒网仪式相结合的“祭湖・醒网”仪式，成为渔猎文化的重要组成部分。随着社会经济迅猛发展，地区人口逐渐增多，农耕文化、游牧文化和渔猎文化三者间相互交融、相互碰撞、相互影响，经过长期创造、积累、发展，演化成为具有独特地域属性的查干湖文化，成为人类宝贵的文化遗产和精神财富。[①] 自 2002 年以来，查干湖每年都举办冰雪渔猎文化旅游节，延续与再现了查干湖冬捕的古老习俗，进而形成了查干湖“春捺钵、夏赏荷、秋观鸟、冬渔猎”的独特旅游品牌和查干湖冰雪渔猎文化旅游节 IP。

（二）查干湖冰雪渔猎文化旅游节 IP 的发展

查干湖旅游业的发展，始终坚持以生态为前提，以文化为支撑，主要围绕生态节庆旅游品牌做大做强，尤其是查干湖冰雪渔猎文化旅游节，以它为核心打造了一系列活动。查干湖蒙古族民俗文化旅游节是专为夏季打造的活动，而渔猎文化旅游节专为冬季精心策划，通过这两个节庆支撑起来冬夏两个季节的查干湖。除此之外，在秋天的时候，还打造出一个查干湖秋季观鸟文化节，充分体现了查干湖以生态为中心的理念。在保护生态环境的基础上，查干湖地区同时开展“生态 + 节庆”“生态 + 研学”的旅游活动，全面引领生态旅游业的发展，这些活动使得查干湖冰雪文化旅游节 IP 能够可持续发展。为进一步

① 邵兵，崔宇贺 .Proceedings of 2019 5th International Conference on Humanities and Social Science Research（ICHSSR 2019）[J]. Advances in Social Science，Education and Humanities Research，2019（319）：4-26.

提升查干湖冰雪文化旅游节 IP 的价值，当地围绕旅游节每年都会举办一系列的活动，提高活动的趣味性和增加吸引力，如查干湖年货大集、圣湖渔家冰雪情、冰雪风情嘉年华等。查干湖冰雪文化旅游节 IP 在不断地被丰富，成为当地各产业相互协作的媒介。

三、查干湖冰雪渔猎文化旅游节 IP 的开发应用

（一）查干湖冰雪渔猎文化旅游节 IP 的解码

查干湖是中国北方现存的最后的渔猎部落，作为人类文化遗产的查干湖渔猎文化，已得到了世界瞩目，被世界文化学者所关注。查干湖渔猎文化的存活与传承，是对世界人类渔猎文化历史的延伸，与世界其他渔猎文化相比较，在社会、地域、人文等方面更具有鲜明的独特性。查干湖得天独厚的气候造就了它独一无二的渔猎场面，能够吸引大批游客观赏捕鱼，同时也注重对渔猎文化的挖掘与保护，将民间故事、传统习俗、渔猎观念等进行传承，形成旅游文化当中具有核心竞争力的地域性标志，促进当地文旅的良好发展。[①]查干湖冰雪渔猎文化旅游节 IP 旨在为进一步深入挖掘查干湖的渔猎文化内涵，加快推进查干湖旅游产业持续健康发展，真正把“绿水青山，冰天雪地都是金山银山，生态保护和发展生态旅游相得益彰”[②]的战略构想转变为全面建成“两个城市”的内生动力，努力将查干湖打造成“生态查干湖、四季查干湖、世界查干湖”，守护好“查干湖这块金字招牌”。

（二）查干湖冰雪渔猎文化旅游节 IP 的传播

查干湖旅游经济开发区管理委员会开发区建设了东北亚文化产业园，成立了世界湖泊协会，发展了安代舞、乌力格尔、好来宝等民间文化，整理了蒙古族婚礼习俗、祭湖·醒网、祭敖包仪式，举办了查干湖春捺钵美食节，新建了成吉思汗召、蒙古大营等一批旅游景点，成功举办了“查干湖蒙古族民俗旅游节”“查干湖冰雪渔猎文化旅游节”等，在全国乃至全世界范围内起到了巨大轰动效应。2020 年，查干湖景区运营公司组建基本完成，顺利推动了查干湖 5A 级旅游景区创建工作，在北上广杭等国内一线城市举办了多场查干湖旅游

① 宋清诗卉，魏志宇，黄志丹．地域旅游文化资源对乡村经济的作用与创新性探索——以查干湖冬捕渔猎文化节为例［J］．商展经济，2020（10）：76–78.

② 朱兴涛，刘晓春．查干湖乡村旅游市场培育的启示［N］．中国民族报，2021–03–23（006）.

推介会，吸引近百家企业洽谈，电影《青春作伴好还乡》《奔腾吧兄弟》，综艺《了不起的挑战》，纪录片《舌尖上的中国》等影视项目在查干湖进行取景拍摄。每年冬捕仪式除了中央领导、省长、市长等政府要员外，还会邀请演艺界明星到场为文化旅游节做形象代言。2020 年“第十九届查干湖冰雪文化旅游节”更是注册了官方快手以及抖音账号，再结合地方政府官方网站以及微信公众号等新媒体宣传平台，另外还邀请了一些网络达人实地深入体验，多层面加大对查干湖旅游 IP 的宣传，提升了查干湖的旅游热度。

（三）查干湖冰雪渔猎文化旅游节 IP 的应用

21 世纪初，反映查干湖畔劳动人民迎合时代、转变生产生活方式的农村题材影视作品《圣水湖畔》应运而生，展现查干湖渔猎文化影响下的村庄建设与发展，也展现了人文价值。查干湖旅游经济开发区管理委员会为提升旅游区的文化品位，重点创作出版《最后的渔猎部落》《齐王秘史》等具有丰富内涵的文学精品。2018 年，央视《舌尖上的中国》纪录片还推出了《查干湖冬捕》专题。此外,《查干湖》特种邮票于 2020 年 10 月 18 日正式在松原市发行，该套邮票由中国著名邮票设计家杨文清设计，内容主要展现查干湖自然风光、生态特色，展现冬捕蔚为壮观的宏大场面。该邮票是自中华人民共和国成立以来，中国邮政发行的吉林省地方题材第 8 套纪特邮票。松原邮政分公司陆续推出全区邮政网点宣传、出租车 LED 宣传、路演等多种模式进行邮票宣传活动。通过邮票这枚小小的方寸艺术，让松原市和查干湖的独特魅力得到更好展现，推动习近平总书记重要指示精神在松原落地生根、开花结果。发行《查干湖》特种邮票，是邮政行业擦亮查干湖金字招牌，宣传吉林省自然生态旅游资源和民俗渔猎文化，助推松原乃至吉林生态旅游、经济发展的实际行动。

四、查干湖冰雪渔猎文化旅游节 IP 的价值创造

（一）查干湖冰雪渔猎文化旅游节 IP 的社会价值

在相关部门的治理下，查干湖从日渐干涸，恢复了往日的秀丽。水美鱼肥的查干湖在多年来的冬捕中，屡次打破“规模最大的冬网捕鱼”的吉尼斯世界纪录，成为每年查干湖冰雪渔猎文化旅游节的亮点之一。查干湖景区于 2006 年被国家旅游局评定为国家 4A 级旅游景区，同年被国家水利部评为国家

水利风景区，也因为渔猎文化的独特性，让查干湖渔猎文化在2008年被国家列入了国家非物质文化遗产名录，2009年入选“吉林八景”之一，成为吉林省“东游长白山，西品查干湖”中旅游布局的重要一块。查干湖冰雪渔猎文化旅游节在2016年获得了“最美中国榜——首批最具影响力特色节庆”的殊荣，吸引了来自全球各地的游客慕名前来参观多项传统文化仪式，助力了当地的旅游发展。

（二）查干湖冰雪渔猎文化旅游节IP的经济价值

在坚持生态保护与经济发展双赢的前提下，查干湖有计划、有规律地进行捕鱼活动能够促进当地农村经济的发展，为周边村镇与城乡带来巨大的经济效益。查干湖冰雪渔猎文化旅游节所渔猎的“头鱼”拍卖价格从2003年的1388元，上涨到了2020年2999999元的天价。2019年，查干湖累计接待游客人数460万人次，实现创收40.5亿元，同比增长了110%。2020年冰雪渔猎文化旅游节更加突出冰雪元素、绿色元素、文化元素，设计了“冰湖渔猎丰收季”和“冰雪风情嘉年华”两个板块，共计19项系列活动，为游客提供了吃、住、行、游、购、娱等多维度的服务，为前郭县的交通、餐饮、住宿、商场等众多行业带来了蓬勃发展的机会，也提升了游客在文化旅游节游览过程中的体验感。

（三）查干湖冰雪渔猎文化旅游节IP的文化价值

查干湖冰雪渔猎文化旅游节IP是以渔猎文化为核心打造的节庆旅游项目，涵盖冰雪、渔猎、生态、休闲、运动等诸多方面。查干湖渔猎文化历史发展悠久，艺术文化资源丰富，传承着当地多个民族的共同价值信仰和生产生活方式。当地政府将查干湖文化与旅游、经济、政治、生态等深度结合，形成具有地域鲜明特色的品牌核心，并且以特色记忆为符号在全国推广，更加增强其民族认同感。同时查干湖渔猎也吸引着社会各界人士主动了解查干湖文化和东北地区民俗文化，为查干湖渔猎文化带来大量的受众群体，从而通过文化认同感促进文化自信，使其不断丰富和发展。

五、查干湖冰雪渔猎文化旅游节IP发展启示

（一）注重传统文化资源的挖掘与保护

我国历史文化资源特色明显、内涵丰富，许多地区在历史文化挖掘和保护

方面做了大量工作。在文旅 IP 的打造过程中，要从更深层次挖掘、研究、整理、升华历史文化资源价值，保护好历史文化遗产，精心打造具有当地特色的文化地标，使传统文化资源积极融入地域文化建设和旅游发展。如查干湖冰雪渔猎文化旅游节 IP 注重对渔猎文化的挖掘与保护，将民间故事、传统习俗、渔猎观念等进行传承，形成文化旅游当中具有核心竞争力的地域性标志，促进当地文化和旅游的良好发展。① 在现代快节奏的生活下，传统的文化旅游资源逐渐被淡漠，甚至退出大众视野，但合理的挖掘和开发利用资源可以促进地区文化复苏与经济发展。通过将民间故事、传统习俗、特色工艺等进行包装与加工制作来丰富历史文化内涵，拓展文化发展空间，唤起文化生机与活力，积极满足群众精神文化需求。

（二）注重乡村旅游市场的培育与开发

乡村旅游最初的游客群体是面向城市人群，是一种近地市场。随着乡村旅游产品的日益丰富，其市场结构也呈现多元化趋势。乡村旅游市场的培育与开发是一个系统性的工程，涉及多阶段、多因素、多部门的协调配合。查干湖的乡村旅游市场培育在 2001 年被纳入前郭县“十五”发展规划纲要，当地根据实际情况编制了多个条例和规划。查干湖冰雪渔猎文化旅游节 IP 在市场培育过程中，充分考虑了乡村旅游的特点，发挥了当地政府的带动与领导作用，也注重企业的市场带动作用，成立综合协调、市场营销、安全保卫等 10 余个工作组，涉及 30 余个政府部门、企业和社会组织，建立了完善的联动机制，实现全面性、系统性的整合。乡村是众多历史记载、民俗文化、传统技艺等地方集体记忆的主要载体，文旅 IP 在乡村的培育与开发中需要明确参与者的角色及其责任，明确市场培育的多重性，才能够推动乡村地区的转型升级和可持续发展。

（三）注重产品内容的创新与开拓

随着人们生活水平的提高，对旅游产品需求不再是满足于“量”的多少，更多的是追求“质”的体验，因此在现有资源基础之上，要对文化和旅游内容进行变革、创新，为文化和旅游业发展注入新的生机和活力。例如，查干湖冰雪渔猎文化旅游节在研究消费者需求的基础上，开发出适合不同消费群体的旅

① 宋清诗卉，魏志宇，黄志丹. 地域旅游文化资源对乡村经济的作用与创新性探索——以查干湖冬捕渔猎文化节为例［J］. 商展经济，2020（10）：76-78.

游项目和旅游产品，进一步细化旅游市场，提供更加细化的服务项目，为查干湖冰雪休闲体育旅游产业的发展增添动力。旅游产品作为一种公共性、公益性非常强的产品，和周围的事物有着密切的关系，有些关系直接影响到产品创新的成功与否。旅游产品同样是以顾客需求为中心，在开发中要坚持以人为本，满足人们的生理、生活、审美等需要。

参考文献

［1］埃米尔·涂尔干．社会分工论［M］．上海：三联书店，2000.

［2］爱上博物馆：法国印象［J］．青年与社会，2007（3）：26–35.

［3］曹权玺．文创产品 IP 设计方法应用研究［J］．商丘职业技术学院学报，2020（2）：67–70.

［4］陈晖．文旅融合背景下大唐不夜城夜经济发展的经验与策略［J］．当代旅游，2021，19（4）：68–69.

［5］2018 中国文化 IP 产业发展报告［R］．中国文化 IP 发展高峰论坛，2018.

［6］陈振．战略性新兴产业与传统产业耦合评价及影响因素研究［D］．西安：西安工程大学，2019.

［7］程超功．文化旅游产品评价体系研究［D］．无锡：江南大学，2009.

［8］程民选，刘嘉．文化领域中政府与市场的关系探析——基于无形文化与有形文化划分的视角［J］．当代经济研究，2011，4（12）：35–40+93.

［9］程秀彦．试论体验营销在我国国际旅行社中的应用［J］．呼伦贝尔学院学报，2020（28）：32–37.

［10］初晓彤．2 亿美元投影视 新西兰经济不走寻常路［N］．北京商报，2017–05–15.

［11］戴斌．文化遗产不只是繁华记忆［N］．中国文化报，2019–05–11（007）.

［12］单霁翔．从功能城市走向文化城市［C］．城市文化国际研讨会暨第二节城市规划国际论坛文集，北京：中国城市出版社，2007.

［13］邓超群．浅析旅游纪念品的形态设计［J］．文艺研究，2016.

［14］董向慧，张小蕾．新媒体与新文旅结合 打造“网红城市”［N］．天津日报，2019-12-23（009）．

［15］范周．文旅融合的理论与实践［J］．人民论坛·学术前沿，2019（11）：43-49.

［16］冯卫红，邵秀英．旅游产品设计与开发［M］．北京：中国科学技术出版社，2006.

［17］付博文．地域文化在城市品牌形象设计中的应用研究［D］．成都：西南交通大学，2016.

［18］傅才武．论文化和旅游融合的内在逻辑［J］．武汉大学学报，2020，73（2）：89-100.

［19］干永福，李卫宁．乡村旅游产品实务——乡村旅游案例百则［M］．北京：中国旅游出版社，2018.

［20］高搏，汪宁．吉祥物设计［M］．上海：上海人民美术出版社，2007.

［21］高江虹，马静．搭乘 5G 快车，文旅驶向智能新时代［N］．21 世纪经济报道，2019-09-09（010）．

［22］高原．文化 IP 在城市文旅产业中的设计应用［J］．艺术科技，2019，32（8）：100-101.

［23］龚霏菲，王珩．日本卡通形象熊本熊版权新规正式实施［N］．中国知识产权报，2018-02-06.

［24］关博，王智慧．非物质文化的再生产：蒙古族渔猎文化的传承与反思——以查干湖冬捕渔猎祭祀文化为例［J］．体育与科学，2019，40（3）：61-66+73.

［25］关月．良渚：“美丽的水中陆地”［J］．艺术品鉴，2019（22）：86-91.

［26］关占阁，葛雪梅．IP 主题餐厅发展现状及对策探析［J］．现代营销（经营版），2019（5）：60-61.

［27］郭嘉豪．国际法视野下的企业知识产权合规文化建设［J］．东方企业文化，2020（S2）：35-36.

［28］《关于促进旅游业改革发展的若干意见》，2014.

［29］何少琪．基于旅游 IP 视角的红河州哈尼族民族文化旅游产品构建研

究［D］. 昆明：云南财经大学，2019.

［30］横店影视城 . 推动影视文化和旅游融合的“横店探索”［N］. 中国旅游报，2020-05-07（008）.

［31］侯兵，周晓倩 . 长三角地区文化产业与旅游产业融合态势测度与评价［J］. 经济地理，2015，35（11）：211-217.

［32］胡水堂，陈静 . 标志设计艺术［J］. 大舞台，2010（8）：88.

［33］胡智勤 . 良渚文化品牌 IP 化的构建与传播设计［D］. 杭州：浙江大学，2019.

［34］黄军 . 旅游地品牌形象视觉设计地域性研究［D］. 无锡：江南大学，2006.

［35］黄云志 . 知识产权保护对创新的影响［J］. 区域治理，2019（42）：96-98.

［36］解志翔 . 房地产企业全面预算管理中存在问题的思考［J］. 财经界，2011（2）：54.

［37］金华市委宣传部 . 金华市文化产业发展情况报告，2018.

［38］李碧海 . 我国原创儿童绘本的发展现状与策略［J］. 编辑学刊，2021（2）：19-25.

［39］李大伟，柴婷 . 卢浮宫的运营特色及其借鉴意义［J］. 江南论坛，2020（11）：38-40.

［40］李冬梅，王家民 . 地域文化与视觉符号设计［J］. 新西部，2007（20）：205-206.

［41］李芳 . 新媒体时代的内容营销及传播［J］. 新闻研究导刊，2017，8（8）：180-181.

［42］李建国 . 对文化资源进行有效的商品开发［N］. 中国文化报，2002-01-12（03B）.

［43］李克纯 . 华谊兄弟布局影视小镇 是真正的发力点还是“圈地”噱头？［N］. 中国房地产报，2017-04-24（011）.

［44］理查德 · 道金斯 . 自私的基因［M］. 北京：中信出版社，2012.

［45］栗一 . 品牌跨界联名，各显神通［J］. 销售与市场（管理版），2021（4）：40.

［46］梁丹，唐世纲.高校大学生主流意识形态认同教育评价体系构建——新时代高校大学生主流意识形态认同教育研究系列论文之三［J］.教育观察，2020，9（1）：40-43.

［47］梁明洪.论中国文化产业品牌战略［J］.西南民族大学学报（人文社科版），2007（8）：113-115.

［48］林敏.一句话，激活一座城——“南孔圣地·衢州有礼”城市品牌打造历程［N］.衢州日报，2019-12-01.

［49］刘敦荣.文化旅游学［M］.天津：南开大学出版社，2007.

［50］刘凡.“云南映象”品牌传播的融媒介实践研究［D］.昆明：云南师范大学，2019.

［51］刘芳，吕昂.依托良渚IP助推文旅融合大发展［J］.金融世界，2020（9）：100-101.

［52］刘峰.视觉元素在旅游产品设计中的运用［J］.美术教育研究，2016（16）：54.

［53］刘凌霄.吉祥物在旅游品牌推广中的设计与应用［D］.曲阜：曲阜师范大学，2019.

［54］刘铁生，刘玉寒.“文旅融合”背景下小郁竹艺在文创产品设计中的应用研究［J］.科技资讯，2019，17（30）：166-167.

［55］刘艳峰.文化旅游项目的整合营销传播研究［D］.南昌：南昌大学，2018.

［56］马九艳.当代我国文化自信研究［D］.南京：东南大学，2019.

［57］毛利霞.放大格局，奋力提升中心城市核心竞争力［N］.衢州日报，2020-09-10.

［58］孟祥芳.区域战略性新兴产业选择评价研究——基于天津的实证分析［C］// 中国科学与科技政策研究会.第六届中国科技政策与管理学术年会论文集，2010.

［59］闵家胤.社会文化遗传基因（S-cDNA）学说［M］.桂林：漓江出版社，2012.

［60］缪开和.《云南映象》的艺术魅力和市场秘诀［J］.民族艺术研究，2005（6）：60-68.

［61］穆筱蝶 .“互联网 +”背景下博物馆文创开发策略研究——以北京故宫博物院为例［J］. 新闻研究导刊，2017，8（21）：251–252.

［62］宁犬祥 . 市场经济下的企业经济管理模式研究［J］. 现代营销（下旬刊），2019（10）：159–160.

［63］任海平 . 株洲方特公司营销策略研究［D］. 长沙：湖南大学，2019.

［64］索绪尔 . 普通语言学教程［M］. 高明，译 . 北京：商务印书馆，1980.

［65］邵兵，崔宇贺 . Proceedings of 2019 5th International Conference on Humanities and Social Science Research（ICHSSR 2019）［J］. Advances in Social Science，Education and Humanities Research，2019（319）：4–26.

［66］社会治理与公共服务治理精准化［J］. 宁波经济（财经视点），2017（10）：28.

［67］沈强 . 浅谈书籍设计中的色彩系统应用［J］. 艺术科技，2012，25（4）：66–67.

［68］沈悦 . 王星记“扇”变［J］. 国企管理，2019（9）：98–101.

［69］盛世华章　大唐不夜城［J］. 诗选刊（下半月），2009（5）：132.

［70］宋楚乔 . IP 视域下迪士尼娱乐产业的实践与探索［D］. 长沙：湖南师范大学，2019.

［71］宋清诗卉，魏志宇，黄志丹 . 地域旅游文化资源对乡村经济的作用与创新性探索——以查干湖冬捕渔猎文化节为例［J］. 商展经济，2020（10）：76–78.

［72］宋洋洋，冯颖 . 文旅产品创新的核心是技术应用创新［N］. 中国旅游报，2019–09–16（004）.

［73］孙华 . 乡村振兴视阈下城市 IP 建设的路径分析——基于成都城市形象传播的分析［J］. 今传媒，2020，28（2）：90–91.

［74］孙萍 . 基于云模型的文化产品商业价值评价指标研究［J］. 商业时代，2014（11）：14–15.

［75］唐婷婷 . 大数据时代广告的精准投放及其传播策略研究［J］. 科技传播，2017（9）：1–2 + 21.

［76］田素美．新媒体时代中华优秀传统文化传承视野下课程教学模式改革研究——以“文化产业概论”为例［J］．中华文化与传播研究，2019（2）：122–135.

［77］万路．跨越新产品入市的门槛［J］．企业改革与管理，2008（10）：76–77.

［78］汪仁正．文旅 IP 的建设路径与价值创造［J］．当代农村财经，2020（2）：29–31.

［79］王才升．文化科技融合视域下中国主题公园演艺娱乐产业的创新发展研究［D］．南昌：南昌大学，2019.

［80］王丹．文旅产业发展大会视觉形象设计研究［D］．石家庄：河北科技大学，2019.

［81］王韧，李传．西班牙瓦伦西亚法雅节［J］．公共艺术，2019（2）：97–101.

［82］王诗培．缙云烧饼：品牌化打造产业化发展［N］．中国旅游报，2019–06–17.

［83］王西涛，邵娟．文化基因在历史街区旅游开发中的应用［J］．蚌埠学院学报，2017，6（5）：158–161.

［84］王忆萍．王星记——扇子的王国［J］．老字号品牌营销，2020（12）：1–2.

［85］维克托・A. 金斯伯格，戴维・思罗斯比．艺术与文化经济学手册［M］．王家新，等，译．大连：东北财经大学出版社，2018.

［86］文锐．复盘熊本熊成名之路：解读超级 IP 养成密码［N］．证券时报，2019–02–20.

［87］吴采净．旅游“伴手礼”要具有本土气息［N］．三亚日报，2017–10–10（004）.

［88］吴福平．文化基因如何解码？［N］．台州日报，2019–07–24（005）.

［89］吴鹏飞．IP 形象在品牌传播中的应用价值［J］．营销界，2020（24）：151–152.

［90］吴秀梅．民间传统手工艺的传承保护与市场开拓——以“王星记”扇为例［J］．企业经济，2012，31（6）：94–96.

［91］向勇，白晓晴．新常态下文化产业 IP 开发的受众定位和价值演进［J］．北京大学学报（哲学社会科学版），2017，54（1）：123–132.

［92］向勇．文化产业导论［M］．北京：北京大学出版社，2015.

［93］熊洁芬．国产动漫 IP 价值转化的创新分析［J］．出版广角，2020（16）：38–40.

［94］徐恒醇．设计符号学［M］．北京：清华大学出版社，2008.

［95］徐静，李臻昊．考虑品牌效应的大规模定制企业竞争决策［J］．品牌研究，2020（2）：98–100.

［96］徐磊．论文旅品牌传播策略的优化路径——以西安大唐不夜城为例［J］．人文天下，2020（22）：49–55.

［97］徐仁立．旅游产业与文化产业融合发展的思考［J］．宏观经济管理，2012（1）：61–62+65.

［98］徐学超．文旅行业利好政策频发，风口已经来临［J］．现代商业银行，2019（20）：90–93.

［99］徐亦凡．日本吉祥物形象熊本熊走红的动因分析［J］．东南传播，2016（3）：41–43.

［100］薛汪祥．基于文化层次理论的广州城市特色风貌要素研究［D］．广州：华南理工大学，2018.

［101］颜国清．南丰做优做强蜜橘品牌［N］．抚州日报，2018–11–30（A01）.

［102］颜鑫．长三角城市群文旅产业发展水平及其耦合度研究［D］．上海：上海师范大学，2020.

［103］阳翼．数字营销·6 课堂教你玩转新媒体营销［M］．北京：中国人民大学出版社，2015.

［104］杨丽媪．一只小猫的商业传奇［J］．现代营销（学苑版），2007（6）：74–76.

［105］杨丽萍．我与云南映象［J］．中国民族，2004，4（5）：64–65.

［106］杨睿．文化创意产业与旅游产业融合发展研究［D］．昆明：云南财经大学，2018.

［107］杨晓燕，杨虎德．文化产业如何实现经济价值与精神价值并举［J］.

人民论坛，2017（31）：230-231.

［108］杨志浩.做商品与做文化——从《云南映像》看市场经济影响下的中国民族民间舞蹈创作［J］.中国校外教育，2016（30）：119-120.

［109］易开刚，胡怀雪.文旅IP的建设路径与价值创造［N］.中国旅游报，2019-12-10（003）.

［110］于光远.旅游与文化［J］.瞭望周刊，1986（14）：35-36.

［111］于林娟.人地关系视角下的查干湖渔猎文化探析［J］.农村经济与科技，2019，30（20）：3-4.

［112］于婷婷，王加林.场景时代——不可忽视的线下广告投放［J］.国际品牌观察，2020（29）：76-77.

［113］雨妮.感受欧洲（五）——卢浮宫·建筑［J］.中外建筑，2014（2）：25-29+24.

［114］玉妮.乡村振兴战略背景下民族特色文化旅游演艺业发展研究——以《坐妹·三江》演艺项目为例［J］.歌海，2020（1）：29-32.

［115］喻学才."山以贤称 境缘人胜"——中国旅游文化的重人传统［J］.湖北大学学报（哲学社会科学版），1987（6）：67-71+95.

［116］詹诗.旅游与文化产业融合发展样式研究［D］.贵阳：贵州大学，2015.

［117］张超.品牌视觉形象设计中的色彩应用［D］.苏州：苏州大学，2013.

［118］张朝枝.文化与旅游何以融合：基于身份认同的视角［J］.南京社会科学，2018（12）：162-166.

［119］张佳仪.中国旅游产业创新与IP发展研究［J］.中国旅游评论，2020（3）：65-73.

［120］张晶，寇方译.文旅IP构建路径探究［J］.当代旅游，2020，18（8）：12-13+16.

［121］张莉.振兴地方经济的二次元萌物——从熊本熊看日本地方吉祥物［J］.文教资料，2019（31）：90-92.

［122］张倩.故宫IP产品的整合营销传播研究［D］.济南：山东师范大

学，2020.

［123］张融 . 传统文化 IP 的传播策略研究——以北京故宫博物院为例［D］. 上海：华东师范大学，2019.

［124］张益晓，叶永永 . “入戏”横店：文旅产业转型发展新版本［N］. 金华日报，2020-07-01（A03）.

［125］张振鹏 . 文化旅游的 IP 运营经［N］. 中国文化报，2017-03-18（006）.

［126］赵娟 . 几何图形在标志设计中的运用［J］. 文理导航（中旬），2011（7）：73.

［127］赵君香 . 中国城镇化进程中的文化传承［J］. 山东大学学报（哲学社会科学版），2014（4）：34-43.

［128］赵俊利 . 全域旅游视角下旅游小镇发展模式研究［D］. 上海：上海师范大学，2017.

［129］赵衎 . 湖北巴东纤夫文化旅游品牌整合营销传播研究［D］. 武汉：中南民族大学，2015.

［130］赵璐 . 基于文创 IP 的旅游纪念品价值开发［J］. 艺术教育，2020（2）：207-210.

［131］赵平 . 基于设计符号学的旅游产品设计——以台儿庄古城文化为例［J］. 美术观察，2020（5）：156-157.

［132］赵彤彤 . 北京故宫文创产品的开发与运营策略研究［D］. 烟台：烟台大学，2019.

［133］赵炜 . 横店影视城新媒体营销研究［D］. 兰州：西北师范大学，2020.

［134］赵萱 . 艺术宝库卢浮宫［J］. 科学大观园，2009（14）：32-34.

［135］赵亚男 . 城镇文创产业文化品牌建设研究——以杭州创意良渚基地为例［D］. 杭州：浙江大学，2012.

［136］赵智慧，刘红艳，鱼文英 . 查干湖渔猎文化旅游节发展策略［J］. 旅游纵览（下半月），2017（10）：169.

［137］浙江省文化和旅游厅 . 浙江省文旅 IP 综合评价指南（试行），2020.

［138］郑维荣．旅游目的地事件营销案例解析［N］．中国旅游报，2009-07-10（011）．

［139］郑艳红．微博营销的沉与浮［J］．中外企业家，2013（35）：55+57.

［140］郑钰潇，张广源．后 IP 时代的故宫文创［J］. 中华手工，2019（2）：66-69.

［141］中共中央政治局．关于《中共中央关于深化文化体制改革推动社会主义文化大发展大繁荣若干重大问题的决定》的说明，2011.

［142］中华人民共和国旅游法［J］．中华人民共和国全国人民代表大会常务委员会公报，2013（3）：444-454.

［143］中华人民共和国文化和旅游部．“十四五”文化和旅游发展规划，2021.

［144］周沛霖．故宫文创品牌“超级 IP”塑造策略研究［D］．湘潭：湘潭大学，2020.

［145］周庆山．传播学概论［M］．北京：北京体育大学出版社，2005.

［146］周志东，吴伟福．浅谈校园文化建设——以广州华商职业学院为例［J］．科教文汇（上旬刊），2013（4）：154+156.

［147］朱兴涛，刘晓春．查干湖乡村旅游市场培育的启示［N］．中国民族报，2021-03-23（006）．

［148］庄严．推动文化产业与旅游产业深度融合［N］．经济日报，2014-09-18（014）．

［149］Hernández I，Mdrti G.Los Esrudios Falleros: El Desarrollo de La Investigación Social sobre las Fallas de Valencia［J］. Revista Andaluza de Ciencias Social，2006（6）：93-114.

［150］Hotelling H. Stability in Competation［J］. The Economic Journal，1929，39（153）：41-57.

［151］Mitroff I，Kilmann R H.Stories Managers Tell：A New Tool for Organizational Problem Solving［J］.Management Review，1975，64（7）：18-28.

［152］Richard G.The Development of Cultural Tourism in Europe［M］.

Córdoba：Estudios Turísticos，2001.

［153］Tajel T.The Social Identity Theory of Intergroup Behavor Psychology of Intergroup Relation［M］.Chingo：Nelson–Hall，1986.

［154］UNWTO.Tourism Definitions，2019.